T0245747

El
Cerebro
Despierto

Título original: THE AWAKENED BRAIN
Traducido del inglés por Elsa Gómez Belastegui
Diseño de portada: Editorial Sirio, S.A.
Maquetación: Toñi F. Castellón

© de la edición original
2021 de la Dra. Lisa Miller

Publicado inicialmente en Estados Unidos por Random House,
un sello y división de Penguin Random House LLC, Nueva York.

© de la presente edición
EDITORIAL SIRIO, S.A.
C/ Rosa de los Vientos, 64
Pol. Ind. El Viso
29006-Málaga
España

www.editorialsirio.com
sirio@editorialsirio.com

I.S.B.N.: 978-85-18531-91-0
Depósito Legal: MA-798-2022

Impreso en Imagraf Impresores, S. A.
c/ Nabucco, 14 D - Pol. Alameda
29006 - Málaga

Impreso en España

Puedes seguirnos en Facebook, Twitter, YouTube e Instagram.

 El papel utilizado para la impresión de este libro está **libre de cloro** elemental
(ECF) y su procedencia está certificada por una entidad independiente, no
gubernamental, que promueve la sostenibilidad de los bosques.

Dra. LISA MILLER

con Esmé Schwall Weigand

El
Cerebro
Despierto

LA NUEVA CIENCIA DE LA ESPIRITUALIDAD
Y NUESTRA BÚSQUEDA DE UNA VIDA ILUMINADA

EDITORIAL
SIRIO

A Phil, con amor

Nunca dejes de contemplar con
la curiosidad de un niño
el Gran Misterio en el que hemos nacido.

Albert Einstein

ÍNDICE

NOTAS DE LA AUTORA

El propósito de este libro es proporcionar información útil sobre los temas que en él se estudian. No está concebido como guía para diagnosticar ni tratar ninguna afección médica. Asegúrate, por favor, de consultar a tu profesional sanitario de confianza antes de tomar ninguna decisión que pueda influir en tu salud.

Los nombres y datos identificativos de algunas de las personas retratadas en el libro se han modificado.

 INTRODUCCIÓN

TODA VERDAD SE PUEDE DEMOSTRAR

Era el verano de 2012. En la Facultad de Medicina de la Universidad de Columbia, recorrí a toda prisa el estrecho pasillo del laboratorio de psiquiatría bajo los tubos de luz fluorescente, un café en equilibrio en una mano, la mente acelerada. Ese día, al fin, el equipo encargado de las IRM (imágenes por resonancia magnética) estaba a punto de presentarnos los resultados de meses y meses de investigación. Ravi, el analista estadístico, me alcanzó en el pasillo, los ojos abiertos de par en par, una expresión de asombro en su rostro habitualmente sereno. Sujetaba entre las manos temblorosas un montón de papeles. «He comprobado los datos muchas veces —dijo—. Es de lo más asombroso».

Durante cerca de un año, nuestro equipo se había dedicado sin descanso a diseñar y llevar a cabo un innovador estudio para escrutar el cerebro y descubrir todo lo que fuera posible sobre cómo prevenir la depresión. Ravi era el encargado de los aparatos y las estadísticas, el que continuamente pulsaba botones, recogía datos, hacía cálculos, creaba modelos simulados con la información obtenida. Hoy iba a mostrarnos un primer avance de los resultados, que nos diría si la espiritualidad puede o no prevenir la depresión o protegernos de ella. Me apasionan todos los aspectos de la investigación científica: el magnetismo que ejerce una pregunta, el desafío de encontrar el método de verificación más preciso..., pero me entusiasma especialmente *esta* parte de la investigación: el primer cara a cara con los datos. Estábamos a punto de tener la primera noticia de hacia dónde apuntaban las cifras, y confiábamos en que nos hablaría de una nueva forma de aliviar el sufrimiento mental.

Vivimos en una época de malestar emocional sin precedentes. La depresión, la ansiedad y el abuso de sustancias psicoactivas han alcanzado proporciones de epidemia en todo el mundo. En 2017, 66,6 millones de estadounidenses —más de la mitad de los que contestaron a la Encuesta Nacional sobre el Uso de Drogas y la Salud— declararon haber bebido en exceso durante el último mes, y veinte millones presentaban características propias de los trastornos por abuso de sustancias psicoactivas.[1] El treinta y uno por ciento de los adultos estadounidenses desarrollará un trastorno de ansiedad generalizada en algún momento de su vida, y el diecinueve por ciento en el curso de un año.[2] La Organización Mundial de la Salud informa de que doscientos sesenta y cuatro millones de personas en el planeta están deprimidas;[3] la depresión ocupa el tercer lugar entre las discapacidades más costosas en todo el mundo.[4] Cada año, diecisiete millones de adultos estadounidenses sufren de depresión. Más del dieciséis por ciento de los jóvenes se enfrentan a ella en los últimos años de la adolescencia, y la influencia determinante de la depresión en el suicidio la convierte en *la segunda causa principal de muerte* en los adolescentes, solo superada por los accidentes de tráfico.[5-6]

En la Universidad de Columbia, donde doy clases, ocho estudiantes se suicidaron en el curso 2016-2017. Un estudio de más de sesenta y siete mil universitarios de ciento ocho instituciones de Estados Unidos, publicado en 2019, reveló que el *veinte por ciento* admitía haberse autolesionado, infligiéndose cortes, por ejemplo; el *veinticuatro por ciento* decía haber tenido ideas suicidas, y el *nueve por ciento* había intentado suicidarse.[7]

Aunque a consecuencia de la actual crisis de salud mental a veces sea realmente la vida lo que está en juego, sin llegar a ese extremo somos muchos los que sufrimos trastornos psicológicos menos debilitadores, pero aun así dolorosos: estrés crónico y agotamiento, dificultad para concentrarnos y relacionarnos, soledad y aislamiento o la sensación de vivir desconectados, de tener una vida próspera en muchos aspectos pero a la vez limitada y hueca. Incluso en medio de la satisfacción por nuestros logros, quizá sintamos que nos falta algo para ser felices, que la vida podría ser más alegre, más gratificante, tener más sentido.

No conozco a nadie que no tenga un padre, una madre, un hermano, algún amigo cercano o a su pareja con algún problema de depresión, ansiedad, adicción a alguna sustancia o estrés crónico. Y no hay mucho donde elegir, para los que estamos preocupados por un ser querido o somos nosotros mismos los afectados. Los tratamientos habituales para la depresión —que son la psicoterapia y los medicamentos antidepresivos, normalmente los ISRS (inhibidores selectivos de la recaptación de la serotonina)— procuran cierto alivio en algunos casos, pero en otros tienen resultados decepcionantes. Solo en *la mitad* de los pacientes desaparecen los síntomas al cabo de un año de tratamiento, mientras que en otro veinte por ciento la reducción de los síntomas es solo parcial; y en cualquier caso, los efectos positivos que se consiguen con la medicación no son duraderos: en cuanto se dejan de tomar los fármacos, la depresión o la ansiedad suelen reaparecer.[8]

Aquella mañana confiaba en que la reunión en el laboratorio revelara aunque solo fuera un indicio de haber dado con una solución viable a esta devastadora crisis de salud mental. Entré en la sala abarrotada delante de Ravi, y nos abrimos paso para ocupar los dos últimos asientos que quedaban libres en torno a la larga mesa de madera laminada. Le oía tamborilear los dedos sobre el montón de papeles.

Ravi había hecho su trabajo con el desapego y relajado escepticismo habituales en él.

—Podemos analizar los datos del escáner —me había dicho hacía unas semanas— pero dudo mucho que encontremos nada.

Myrna, la colega más veterana del equipo de IRM, y la que había conseguido la financiación para el estudio, había estado de acuerdo:

—Sí, me sorprendería mucho que encontráramos algún tipo de asociación entre la espiritualidad y la depresión, pero ya veremos.

La psicoterapia contemporánea tendía a concebir la espiritualidad y la religión como muletas o defensas, un conjunto de creencias reconfortantes en las que apoyarse en tiempos difíciles. En nuestro campo, la espiritualidad era una variable apenas estudiada, casi invisible. En los últimos veinte años de trabajo, yo había encontrado sorprendentes pruebas clínicas y epidemiológicas de que podía beneficiar y proteger la salud mental, pero ¿era posible discernir el efecto fisiológico concreto que tenía la espiritualidad en nuestra salud y nuestro desarrollo? Es decir, el hecho de que hasta ese momento nadie hubiera «visto» la espiritualidad en el cerebro ¿se debía a que era insignificante para la salud mental e imposible de medir, o era invisible porque todavía nadie la había buscado?

Myrna se aclaró la garganta y dio comienzo a la reunión. «Vamos a dedicar unos momentos a repasar los resultados iniciales de la resonancia magnética —dijo—. Creo que Ravi ha sintetizado en un folleto los resultados finales».

Nuestro equipo había trabajado con la muestra multigeneracional que Myrna había reunido y estudiado a lo largo de los años, constituida por mujeres clínicamente deprimidas y no deprimidas y por sus descendientes de segunda y tercera generación. Habíamos obtenido imágenes por resonancia magnética de aquellos individuos que, por razones genéticas, tenían un alto y un bajo riesgo de depresión, para ver si algún patrón se repetía en las estructuras cerebrales de los participantes deprimidos y no deprimidos que nos permitiera desarrollar tratamientos más específicos y eficaces.

Y luego habíamos añadido un nuevo, y controvertido, interrogante al estudio. Pedimos a todos los participantes que respondieran a una pregunta esencial que se utiliza en la investigación clínica para cuantificar la vida interior: «¿Qué importancia tiene para ti la religión o la espiritualidad?». Además de comparar las estructuras cerebrales de los participantes deprimidos y no deprimidos, queríamos ver cómo se asociaba la espiritualidad con la estructura cerebral y qué influencia tenía en el riesgo de depresión.

Ravi, con expresión todavía aturdida y manos nerviosas, me pasó la pila de folletos, que se fueron repartiendo por toda la sala. Tenía ante mí dos hojas a color calientes aún de la impresora. Recorrí rápidamente con los ojos la primera página, atenta a cada resultado, queriendo descubrir qué era lo que a Ravi le había impresionado de aquella manera. Tardé solo un momento en verlo.

En la mitad superior de la página había un rectángulo negro que contenía dos imágenes del cerebro. El escáner de la izquierda mostraba una imagen de la composición del cerebro de los participantes con baja espiritualidad, es decir, los que habían respondido que la religión o la espiritualidad tenía para ellos una importancia media, leve o baja. El escáner de la derecha mostraba la composición del cerebro de los participantes con una espiritualidad alta y establecida, los que habían dicho que la religión o la espiritualidad era para ellos de suma importancia.

La diferencia entre las dos imágenes hizo que se me acelerara el corazón; me recorrió la espalda un escalofrío.

El cerebro de la imagen izquierda, el de baja espiritualidad, estaba salpicado de pequeñas manchas rojas intermitentes. Pero el cerebro de la imagen derecha, el que mostraba la estructura neuronal de las personas con una espiritualidad estable y elevada, tenía enormes franjas rojas, al menos cinco veces más anchas que las pequeñas manchas visibles en el otro escáner. El resultado era tan claro y sorprendente que me cortó la respiración.

El cerebro altamente espiritual tenía un aspecto más sano y robusto que el de baja espiritualidad.[9] Y ese cerebro altamente espiritual era más grueso y fuerte *exactamente en las mismas zonas* que se debilitan y marchitan en los cerebros deprimidos.

Había en la sala un silencio absoluto.

—Ni remotamente esperábamos ver algo así —dijo Ravi.

El aire acondicionado se puso en marcha, un sonoro rugido que atravesó la quietud general. Luego se oyó una risa al fondo de la sala.

—Vaya, vaya, Lisa —dijo alguien.

Mis colegas más cercanos y queridos se habían mostrado escépticos hasta entonces. Pero los datos eran convincentes. Al parecer, la espiritualidad nos protegía del sufrimiento mental.

LOS RESULTADOS OBTENIDOS en aquel estudio de IRM marcaron un momento crucial en mi investigación, que culminaría con el gran descubrimiento de que todos los seres humanos tenemos un **cerebro despierto**. Todos estamos dotados de la capacidad natural para percibir una realidad que nos trasciende y para conectar conscientemente con la fuerza vital que se mueve dentro, a través y alrededor de nosotros. Tanto si participamos de una práctica espiritual o nos adherimos a la tradición de una fe como si no, y tanto si nos consideramos o no personas religiosas o espirituales, nuestro cerebro tiene una inclinación natural hacia la conciencia espiritual y una base de conexión con ella. El cerebro despierto es el circuito neuronal que nos permite tener una visión más completa del mundo y, por tanto, un mayor bienestar individual, social y global.

Cuando despertamos, nos sentimos más plenos y más a gusto en el mundo, y nos relacionamos y tomamos decisiones con una perspectiva más amplia. Pasamos de la soledad y el aislamiento a la conexión; de la competitividad y la división a la compasión y el altruismo; de la obcecación en nuestras heridas, problemas y fracasos a una fascinación por el viaje de la vida. Empezamos a entender de un modo nuevo lo que constituye nuestra identidad. Abandonamos la idea fragmentada que teníamos de lo que somos los unos para los otros y cultivamos una forma de ser basada esencialmente en la conciencia, el amor y la interconexión, dejando que la vida nos guíe y nos sorprenda.

Yo no me había propuesto expresamente estudiar la espiritualidad. Si descubrí el cerebro despierto fue porque quería comprender a fondo la capacidad humana de resiliencia y ayudar a quienes sufrían. Pero, poco a poco, una serie de datos llamativos, sumados a varias transformaciones asombrosas que habían experimentado algunos de mis pacientes, me hicieron ver que la experiencia espiritual era un componente fundamental, aunque ignorado, de la curación.

¿Y qué es la espiritualidad? Muchos hemos tenido experiencias que podríamos calificar de espirituales: un momento de profunda conexión con otro ser o con la naturaleza; un sentimiento de asombro o trascendencia; una experiencia de sorprendente sincronicidad, o una ocasión en que apareció alguien desconocido e hizo algo que nos cambió la vida; un instante en el que nos sentimos sostenidos, inspirados o animados por algo que nos trascendía..., un poder superior quizá, o tal vez la naturaleza, o el universo, o incluso una oleada de conexión en un concierto o un encuentro deportivo.

Soy científica, no teóloga. Las tradiciones religiosas hablan extensamente de cuestiones ontológicas: la naturaleza de la realidad, por qué estamos aquí, la existencia y la guía de Dios o de un poder superior. Como científica, no me ocupo de esas cuestiones. Estudio cómo estamos constituidos los seres humanos y cómo nos desarrollamos a lo largo de nuestra vida.

He descubierto que el cerebro despierto no solo es inherente a nuestra fisiología, sino que tiene un valor incalculable para el funcionamiento del organismo y la salud. El cerebro despierto incluye un conjunto de capacidades perceptivas innatas, que existen en todos los seres humanos, a través de las cuales experimentamos amor y conexión, un sentimiento de unidad, así como la sensación de que la vida nos guía y de vivir en diálogo con ella. Cuando hacemos uso de estas capacidades perceptivas —es decir, cuando aprovechamos plenamente el modo en que estamos constituidos—, la estructura del cerebro se fortalece y facilita la conexión, lo cual nos reporta beneficios psicológicos insuperables: menos depresión, ansiedad y adicciones, y más rasgos psicológicos positivos como la valentía, la resiliencia, el optimismo, la tenacidad y la creatividad.

El cerebro despierto es más que un modelo de salud psicológica. Nos ofrece un nuevo paradigma en cuanto a forma de ser, liderar y relacionarnos que nos puede ayudar a actuar con más claridad y eficiencia a la hora de enfrentarnos a los grandes retos de la humanidad. Podemos hacer que la cultura laboral y la académica entren en una nueva dimensión y adquieran mayor propósito y significado. Podemos revisar nuestros gobiernos, instituciones sanitarias y servicios sociales para que nos sean de más ayuda a todos. Podemos considerar las decisiones que tomamos y las consecuencias que tendrán nuestros actos desde una perspectiva de interconexión y responsabilidad compartida. Y podemos aprender a abrirnos a una conciencia expandida que nos ponga más en contacto con nuestras capacidades innatas, con los demás y con la esencia de la vida en todas sus manifestaciones.

Hay un cerebro despierto al alcance de todos, aquí mismo, en nuestros circuitos neuronales. Pero tenemos que elegir activarlo. Es un músculo que podemos aprender a fortalecer, o dejar que se atrofie. Con el tiempo, me he dado cuenta de que los problemas que tenemos en relación con el poder, la educación, la justicia social, el medioambiente y la salud mental son distintas emanaciones de un mismo problema: la conciencia *no* despierta. Estamos dotados, universalmente, de una capacidad curativa que no hemos cultivado ni reconocido, a la que ni siquiera le hemos dado una oportunidad. El problema está en nuestro interior. Y la solución también.

Todos y cada uno tenemos la posibilidad de desarrollar plenamente nuestra capacidad innata para vivir con conciencia del amor y la interconexión y apreciando cómo se manifiesta la vida. Más allá de las creencias, más allá de los razonamientos que nos hacemos y de las explicaciones que nos damos de cómo son las cosas, el cerebro despierto es la lente interior que nos muestra una realidad, no solo más expansiva, sino verdadera: la realidad de que la vida en su totalidad es sagrada, de que nunca caminamos solos. Nuestro cerebro está hecho para percibir y recibir aquello que eleva, ilumina y cura.

Mi larga trayectoria clínica, epidemiológica, neurocientífica y personal me ha llevado por territorios diversos: desde una unidad de hospitalización psiquiátrica donde un paciente angustiado hizo una petición poco convencional hasta sesiones con parejas de mediana edad bien situadas que intentaban asimilar las infidelidades y el divorcio; desde adolescentes rurales atrapados en el sistema penal juvenil hasta los más altos dirigentes del Pentágono; desde análisis estadísticos de investigaciones de amplio alcance hasta minuciosos estudios de imágenes cerebrales y exámenes del ADN en tiempo real; desde la evolución y curación en las vidas de mis pacientes y alumnos hasta una sorprendente transformación en la mía propia.

Este libro es la historia de cómo descubrí el cerebro despierto, por qué es importante y cómo podemos cultivarlo en la vida cotidiana.

Y es la historia de las posibilidades humanas, de las distintas formas en que se nos reduce y aísla en la vida, y de cómo hacernos seres completos.

CAPÍTULO 1

NO SE PODÍA HACER NADA

Un aullido largo y profundo rompió el silencio de primera hora de la mañana en la unidad de psiquiatría, seguido de un grito. Salí a toda prisa del pequeño despacho abarrotado donde los internos rellenábamos las historias clínicas, dispuesta a atender a quien se quejaba de aquella manera. Antes de que pudiera localizar de dónde provenía el grito, una enfermera dobló la esquina corriendo con una bandeja en las manos llena de frascos y jeringas estériles y desapareció en el interior de una de las habitaciones. Un instante después todo volvió a quedar en silencio. Las luces fluorescentes se reflejaban en las paredes color parduzco y los suelos de linóleo gris.

Era el otoño de 1994. Yo había terminado hacía poco el programa de doctorado en la Universidad de Pensilvania y, para hacer las prácticas de psicología clínica, había elegido la unidad de hospitalización de un centro psiquiátrico de Manhattan, que estaba incluido en la red de hospitales universitarios más vanguardistas en el estudio de la salud mental y la aplicación de tratamientos psicoterapéuticos. Dado que el enfoque clínico y la calidad de la atención habrían sido parecidos en cualquier otro gran hospital urbano de Estados Unidos, llamaré a este pabellón simplemente Unidad 6. Los pacientes de la Unidad 6 (he cambiado todos sus nombres y detalles identificativos) eran de las más diversas etnias y edades, muchos de ellos pobres, muchos con vidas muy duras y diagnósticos recurrentes, muchos además con problemas de drogodependencia. A veces, la policía los traía contra su voluntad al servicio de urgencias para impedir un suicidio o un homicidio.

No era el hospital que alguien elegiría prioritariamente —quienes tenían un buen seguro solían ir a otros centros— pero tampoco era el *summum* de la fatalidad terminar allí; nada que ver con que a uno «lo enviaran al norte», como eufemísticamente se referían muchos médicos y pacientes a un instituto psiquiátrico del norte de Nueva York. Sin embargo, todos los pacientes que conocí habían ingresado y vuelto a ingresar una y otra vez; tenían unos expedientes de ocho o diez centímetros de grosor. Yo era una de los cuatro internos de la planta, donde atendíamos cada uno a dos pacientes hospitalizados y a otros ocho en régimen ambulatorio. La jornada empezaba cada día a las ocho en punto con una reunión de equipo, en la que psiquiatras, psicólogos, trabajadores sociales, enfermeras y auxiliares nos reuníamos alrededor de una mesa para escuchar todo lo ocurrido desde la noche anterior: qué habían comido los pacientes, si se habían aseado, cómo habían dormido o si había habido algún episodio disruptivo. «El señor Jones tenía mal olor esta mañana» o «La señora Margaret se negó a cenar», informaba por ejemplo una auxiliar. No hay duda de que los hábitos básicos de higiene y aseo personal pueden tener relación con aspectos de la salud mental, pero siempre me resultaba extraño que en un pabellón dedicado a la curación de conflictos interiores pasáramos tanto tiempo hablando del cuerpo físico. La mayoría de los pacientes llevaban batas de hospital, en vez de ropa de calle, como si estuvieran allí a la espera de una intervención o en tratamiento por una enfermedad física que los obligara a permanecer en cama.

Ya había tenido la misma sensación la primera vez que pisé un pabellón psiquiátrico a mediados de los años setenta, cuando tenía alrededor de ocho años. Mi querida abuela Eleanor, que se había pasado años yendo y viniendo desde Iowa hasta la Universidad de Chicago para estudiar Psicología, me llevó a visitar a su amiga íntima que estaba ingresada. Habían crecido juntas y habían seguido siendo amigas toda la vida. Aunque no era pariente mía, siempre fue para mí la tía Celia. Al llegar al hospital, me confundió descubrir que no parecía estar enferma. No llevaba ningún vendaje visible, no estaba conectada a ninguna máquina, tenía una sonrisa radiante y un agudo sentido del humor. Y, sin embargo, como todos los demás pacientes de la planta, que llevaban el dolor grabado en el rostro o tenían la mirada perdida, estaba confinada en una cama estrecha en una pequeña habitación. Me impresionó el sufrimiento que percibí en muchos de los pacientes y lo aislados que parecían estar la tía Celia y los demás. Años más tarde, me enteré de que mi abuela Eleanor era muy conocida por su activa intervención para que la psicoterapia se introdujera en los hospitales estatales, donde los métodos que se les aplicaban a los pacientes eran las inyecciones, la camisa de fuerza o la terapia electroconvulsiva, y de que había abogado por que se trasladara a pacientes como la tía Celia a residencias geriátricas, donde pudieran recibir atención médica continua y disfrutar a la vez de más calor y apoyo humanos.

En muchos sentidos, el criterio para tratar los trastornos de salud mental había mejorado considerablemente en casi los veinte años que habían pasado desde aquella visita a la tía Celia. A los treinta y cinco pacientes ingresados en la Unidad 6 no se los inmovilizaba con camisas de fuerza, ni se los encerraba en un cuarto y se los olvidaba. Trabajábamos como una comunidad terapéutica. Los pacientes participaban en grupos de psicoterapia amplios y reducidos todas las semanas, además de tener a diario una breve consulta privada con el médico que se les hubiera asignado. Se movían con libertad por la planta y entablaban conversación entre ellos o hacían cosas juntos en la sala comunitaria. El personal estaba excelentemente cualificado y se interesaba de verdad por ellos.

El modelo de tratamiento psicológico que utilizábamos era principalmente psicodinámico; ayudábamos a los pacientes a «peinar» el pasado para detectar ciertas experiencias y hacerlos conscientes de ellas, con la confianza de que eso los liberaría de su sufrimiento actual. Teóricamente, si un paciente era capaz de entender su ira o sus heridas de infancia, podía desprenderse de ellas y conseguir así que no lo controlaran. La forma de dejar de sufrir era enfrentarse al sufrimiento y comprender: desenterrar los recuerdos dolorosos y revivir el malestar hasta llegar conscientemente a la raíz.

En cuanto a la parte psiquiátrica, el enfoque era psicofarmacológico, es decir, se intentaba mejorar o erradicar los síntomas con medicamentos. Yo agradecía que hubiera fármacos capaces de aliviar el dolor agudo de algunos pacientes. Sin embargo, las primeras semanas que pasé en la unidad empecé a preguntarme si no podíamos hacer más por los pacientes, ayudarlos a conseguir una curación duradera e interrumpir definitivamente el ciclo que los hacía pasar del régimen de hospitalización al ambulatorio, y vuelta a empezar.

Tras la reunión de equipo matutina, los internos íbamos a ver cada uno a nuestros pacientes; pasábamos por sus habitaciones o los buscábamos por el pabellón para ver cómo estaban. Me preguntaba cómo sería para los pacientes de cuarenta, cincuenta, sesenta años o más, que habían sufrido durante décadas, que era la sexta o séptima vez que estaban ingresados, que una interna de veintiséis años con tres semanas de experiencia se presentara sin avisar para mantener con ellos una conversación de veinte minutos, la joven interna con su atuendo profesional, el avezado paciente con una fina bata abierta por la espalda, sabiendo que el proceso entero empezaría de nuevo al cabo de seis meses, cuando la actual hornada de internos se fuera a hacer su siguiente rotatorio de prácticas. ¿De verdad sabíamos más sobre el sufrimiento de nuestros pacientes que ellos? ¿No era posible hacer las cosas de otra manera, analizando y «patologizando» menos y escuchando más?

Cuanto más cerca estaba el otoño, más frustración me causaba aquella forma de trabajar que, en el mejor de los casos, resultaba inútil y, en el peor, tenía un trágico final. Podíamos ofrecer cierto alivio temporal de los síntomas dolorosos, inducido por la medicación, o la posibilidad de comprender un poco mejor por qué determinado trauma infantil había tenido un efecto tan desestabilizador. Ni lo uno ni lo otro prometían una auténtica curación. Y cuando un paciente se abría de verdad y empezaba a expresar algo, si no encajaba del todo en nuestro molde psicoanalítico a veces ni le hacíamos caso.

Me tocó dirigir unas sesiones de grupo semanales con un compañero de prácticas que tenía una perspectiva del trabajo fuertemente, casi inflexiblemente, teórica. Pensaba que el propósito del psicoanálisis de grupo era interpretar nuestras proyecciones para liberarnos de ellas. Quería que los pacientes representaran lo que pensaban unos de otros y se dieran cuenta así de que se malinterpretaban mutuamente debido a las proyecciones de sus respectivas psiques heridas. Una semana, una mujer a la que se le había diagnosticado esquizofrenia se salió de la coreografía.

—Me gusta mucho rezar —dijo—, pero cuando tengo síntomas y trato de rezar, no oigo mis oraciones de la misma manera.

Me volví hacia ella.

—Qué interesante —le dije, inclinándome e invitándola a seguir hablando. Pero mi compañero la cortó. Ella intentó hablar de nuevo y él agitó la mano con impaciencia, con desdén. La sala se quedó en silencio.

—¿Qué ves en mí ahora? —le preguntó a la mujer—. ¿A un matón? ¿Ves que soy yo el que manda?

Supuestamente la paciente debía entender que mi compañero pretendía ayudarla a interpretar lo que veía en él en ese momento como la proyección de un sentimiento o experiencia de cuando era niña. Todavía me arrepiento de no haber insistido y haberle dado a aquella paciente la posibilidad de expresarse, de no haberme dirigido a ella y haberle dicho: «¿Qué decías sobre tu vida de oración?». Decidí que no volvería a permitir que a un paciente se le cerrara la puerta. Que si él o ella abrían una puerta, yo la sostendría abierta.

A veces tenía la sensación de que, en lugar de ayudar a los pacientes a mejorar, solo conseguíamos que empeoraran. Que la carga que llevaban les pesara más, debido a la perspectiva determinista que les dábamos y a enseñarles que el conjunto de su vida nunca sería más que la consecuencia inevitable de cualquier experiencia atroz que hubieran tenido en el pasado. Que lo máximo a lo que podían aspirar era a entender con más claridad cómo habían sufrido y cómo ese sufrimiento había dictado el resto de sus vidas. El grueso de nuestros pacientes había vuelto a ingresar en aquel pabellón de salud mental numerosas veces a lo largo de los años, y un psicoanalista tras otro los habían ayudado a estructurar un relato cada vez más sólido de cómo los había destrozado lo que vivieron en la niñez.

Uno de mis primeros pacientes del pabellón fue el señor Danner, un hombre de cincuenta y tantos años cuya colección de pantalones de campana, chaquetas de cuero y sombreros con plumas parecía recién salida de los clubs nocturnos de Harlem de los años setenta donde, de joven, había sido traficante y se había hecho adicto a la heroína. Casi todos sus amigos de aquella época habían muerto. Él seguía consumiendo; las marcas de los pinchazos le recorrían de arriba abajo las piernas, los brazos y el cuello. En los últimos veinte años, había estado ingresado en el pabellón tantas veces por comportamiento agresivo y delirantes arrebatos psicóticos que su expediente llenaba dos carpetas, de más de doce centímetros de grosor cada una.

Tenía cincuenta y seis años pero parecía que tuviera ochenta y seis: encorvado, demacrado, los afilados omóplatos en punta bajo la camisa. Andaba con bastón, arrastrando una pierna, tan rígida que casi no la podía mover. Los mechones desiguales de pelo, el rostro ensombrecido y la ropa sin lavar aumentaban la sensación de deterioro que transmitía, pero en su mandíbula cuadrada y sus expresivos ojos de color castaño claro pude vislumbrar también algo del hombre que había sido, de su buen aspecto y su pavoneo.

En nuestra primera sesión, fue directo a su trauma de infancia: «Era un invierno frío en Carolina del Norte. Tenía cuatro años y miraba el ataúd de mi madre».

Me conmovió su historia de orfandad y desolación, cómo había ido pasando de un pariente a otro, al morir su madre, hasta aterrizar al fin en Nueva York siendo un adolescente y lanzarse en busca de fiestas y drogas, como intentando caldear aún el frío de aquel imborrable día de invierno.

La segunda vez que nos vimos, inició la conversación de la misma manera. «Tenía cuatro años y miraba el ataúd de mi madre». De nuevo, en nuestro tercer encuentro, la misma historia, igual de triste e inquietante que siempre. Pero en esta ocasión, a medida que pronunciaba las palabras, lo hacía de una manera cada vez más mecánica y disociada, como si al contarla estuviera cumpliendo una obligación. Revisé las anotaciones más antiguas de su expediente y encontré referencias al mismo recuerdo de infancia en cada página de las notas clínicas. Durante décadas de tratamiento, aquel hombre había revivido sin cesar el mismo momento de frío y desamparo. Me pareció que, hasta cierto punto, la terapia que había recibido en aquel hospital había contribuido a que siguiera viviendo allí. Durante años, en cierto momento le daban el alta y, cada vez que volvía a ingresar, un nuevo psicólogo en prácticas le hacía las mismas preguntas: qué sentía al recordar aquel momento, qué había descubierto con el tiempo sobre aquel momento. Se le había enseñado a centrar toda su atención en ese recuerdo, pero, cuando hablaba de él, no parecía que las palabras vibraran con su energía psicológica actual.

Empecé a hacerle preguntas que se salían del molde psicoanalítico: «¿Qué tal le va *ahora*? ¿Qué ha hecho esta semana? ¿Ha pasado algo nuevo?», preguntas que lo traían de vuelta al presente. Él se acomodaba en la silla, erguía la espalda, cambiaba de posición el bastón que sostenía entre las piernas y se inclinaba hacia delante, mirándome a los ojos. «Un día, hace unos años, viajé en el metro justo al lado de una mujer que llevaba un abrigo de piel —me contó en uno de los encuentros—. Estuvimos charlando. Todo aquel rato que estuve sentado a su lado, ella no sabía que yo tenía una pistola debajo del abrigo, que estaba a punto de hacer algo malo».

A los psicoanalistas se les enseña a tomarse este tipo de comentarios como un desafío y a intentar retomar el control diciendo: «¿Estás intentando provocarme?». Pero cada vez que aquel hombre me contaba algo malo que había hecho —y había hecho cosas muy crueles, había cometido robos a mano armada, se había acostado con su esposa sin decirle que era seropositivo— tenía la sensación de que básicamente me estaba preguntando: «¿Puedo contar contigo? ¿Te importo de verdad, o soy para ti un tipo indigno?».

En el psicoanálisis, a veces la distancia emocional preceptiva puede tener algo de amoral. El paciente reconoce sus sentimientos de rabia, o de odio, y el terapeuta le dirige una mirada inexpresiva y asiente con la cabeza. A menudo, no hay conexión ni nada estimulante en la interacción con el paciente. Este modelo terapéutico puede ayudarlo a ser más capaz de controlar sus impulsos, pero no siempre anima u orienta a su yo más noble y auténtico. Yo era joven e inexperta, y procuraba sobre todo no hacer nada que fuera poco profesional. Pero presentía que no podía haber curación con esa distancia afectiva, que la conexión y el interés sincero debían formar parte de la ecuación. Así que me aparté del programa estrictamente psicoanalítico. Escuché, fui testigo, consideré que mi papel no era escarbar en las heridas del señor Danner ni presionarlo para que se responsabilizara de sus errores, sino tratarlo con consideración y un profundo respeto. Al escribir esto ahora, diría todavía más: diría que lo traté con amor.

Poco a poco, noté cambios. Empezó a bañarse con regularidad y se cortó el pelo. Dijo que tenía pensado mantenerse alejado de las drogas cuando saliera de allí. Y así fue. Durante las primeras semanas que lo traté en régimen ambulatorio, consiguió mantenerse alejado de la heroína. Un día entró en la clínica casi con brío, en lugar de con su habitual andar fatigoso. «Quiero contarle una cosa», me dijo. Por primera vez desde ni siquiera recordaba cuándo, nada más cobrar la pensión por discapacidad había entrado en un restaurante. «Me senté. El camarero vino y me preguntó qué quería. Pedí un filete. El camarero vino con la comida. Desenvolví el cuchillo y el tenedor. Me la comí. Pagué la cuenta». Se irguió en la silla y me dedicó una gran sonrisa, los ojos le brillaban de satisfacción.

Aparentemente, era un acto de lo más simple: había pedido una comida y la había pagado. Pero me contó la experiencia con un sentimiento de compromiso y dignidad. Esto no era girar inútilmente una vez más en torno al viejo trauma. Era una experiencia nueva, que demostraba un renovado respeto por sí mismo y un interés por la vida. Seguía sin techo y librando una batalla interior. Y se consideraba digno de comer en un restaurante, de pedir lo que quería, de que le sirvieran.

Al terminar la cita se puso en pie, con la cabeza alta.

Tiempo después me enteré de que se mantuvo limpio una larga temporada, la más larga desde que había empezado a consumir heroína con dieciocho o veinte años. La buena racha no duró. Empezó a consumir de nuevo, y volvió a ingresar en el pabellón dieciocho meses después de que yo dejara de tratarlo. Diez años más tarde, leí en un boletín policial que lo habían arrestado por robo a mano armada. Aunque yo era una joven idealista cuando lo traté, nunca me engañé pensando que no fuera a ser dura la vida que le esperaba, o que no le resultaría difícil recuperarse de décadas de adicción, más aún teniendo que batallar con la pobreza y el aislamiento, entre otras muchas adversidades. Pero los cambios clínicos tan favorables que había presenciado en él me bastaban para confirmar que la conexión afectiva tiene un papel importante en la curación; que el marco psicoanalítico de proyección, transferencia, contratransferencia, ego y rabia es un concepto, *a priori*, útil hasta cierto punto, pero no siempre sensible en lo que se refiere a la evolución y la recuperación.

Yo no sabía que al tratar de aquel modo al señor Danner había dado el primer paso para definir un nuevo modelo de tratamiento. Pero veía cada vez con más claridad que la asistencia que ofrecíamos era limitada, y había empezado a tener el oído y la mirada atentos a otras posibilidades.

DISPENSADAS LAS MEDICACIONES, la planta volvió a quedar en calma aquella mañana de septiembre y, a paso lento, varios pacientes salieron al pasillo y empezaron a caminar hacia la sala comunitaria donde celebrábamos a diario las reuniones, obligatorias para todos los pacientes y los profesionales que los atendían. En los casi tres meses que llevaba en el pabellón, había aprendido lo provechoso que era caminar con los pacientes, pues a menudo era en aquellas situaciones informales cuando alguien habitualmente retraído o silencioso decidía contar algo importante. Al final del pasillo mi nuevo paciente, Lewis Danielson, estaba plantado a la entrada de su habitación delante de la puerta medio abierta.

Era un hombre esbelto de cuarenta años, de pelo oscuro y pálido de piel, con la mirada a menudo desenfocada y dificultad al vocalizar por efecto de la medicación que se le administraba para mitigar el dolor. Aquella mañana se lo veía inusualmente alerta y animado.

—Doctora Miller —dijo, haciéndome una seña con la mano—. Acérquese.

Así era la geografía del pabellón: las comunicaciones más importantes tenían lugar en rincones escondidos, en los apretados triángulos que quedaban detrás de las puertas medio abiertas.

—Doctora Miller —repitió en tono apremiante.

Pero justo cuando me acerqué a él, una enfermera que aún no había terminado su ronda de medicación matutina se presentó en la habitación y le entregó un vaso de cartón lleno de pastillas hasta el borde.

—Me quedo mientras te las tomas —dijo.

Lewis me dirigió una mirada rápida y lúcida, luego bajó los ojos al suelo mientras se tragaba obedientemente las pastillas.

Lo acompañé a la sala comunitaria, con la esperanza de que me contara aquello de lo que quería hablarme con tanta urgencia, pero no levantó la vista del suelo ni dijo ni una palabra más. Lo mismo que a muchos otros pacientes de la planta, a Lewis se le administraban medicamentos para suprimir las alucinaciones y delirios. A la mayoría de los pacientes de la Unidad 6 se les había diagnosticado o un trastorno esquizoafectivo, como en el caso de Lewis, o un trastorno bipolar o depresivo mayor. Pero establecer el diagnóstico de los pacientes era a menudo como lanzar dardos contra una diana colgada de la pared: mitad cálculo aproximado y mitad azar. A falta de un tratamiento claro o eficaz, se les administraban rutinariamente diversos fármacos para calmar el dolor o prevenir los comportamientos explosivos y a veces violentos. El jefe de la unidad, un hombre italoamericano de cincuenta y tantos años, moreno y de baja estatura, apreciado en el pabellón por su interés sincero por los pacientes y su amable sonrisa, me dijo una vez: «Que la medicación exista es una bendición». Tenía razón. Era cierto que los fármacos calmaban a los pacientes y les evitaban los arrebatos. Pero la medicación los dejaba también aturdidos y aletargados, a veces no eran capaces de controlar los movimientos musculares. Con frecuencia babeaban o experimentaban sacudidas involuntarias de las extremidades. Empezaba a preguntarme si nuestro papel consistía más en acallar sus síntomas que en curar su sufrimiento profundo.

Cuando Lewis y yo nos unimos al resto de los pacientes y del personal para la reunión diaria, no había la menor calidez en la sala, ni siquiera con el sol de otoño que entraba por los grandes ventanales. Por más que el objetivo de las reuniones fuera crear un sentimiento de comunidad que facilitara la terapia de grupo, todo resultaba impersonal. El mobiliario deteriorado y la decoración escueta eran todo menos acogedores. Las sillas de plástico estaban dispuestas formando un enorme óvalo, y las mesas de formica apartadas contra la pared del fondo. El aire olía a desinfectante y a comida de autoservicio.

Lewis y los demás pacientes estaban encorvados en sus sillas, con los brazos cruzados y el cuerpo rígido, mirándose los pies, y hablaban solo si se los obligaba. Incluso antes de que empezara la reunión, se los veía ansiosos, reacios a estar allí, impotentes y paranoicos. Más que reuniones, parecían audiencias en las que se les fuera a imponer una pena, todos aterrorizados de que una palabra incorrecta los condenara a seguir en el pabellón otra semana más. Yo no sabía si tal vez el personal provocaba deliberadamente aquel estado de ansiedad para estimular la percepción en los pacientes, pero desde luego no parecía que los ayudara a curarse.

Ocupé mi sitio en el óvalo de sillas y saludé a varios pacientes que tenía cerca: Rebecca Rabinowitz, de treinta y ocho años, morena, de ojos azules, que llevaba más de quince años sufriendo episodios depresivos agudos y había ingresado hacía poco en el pabellón tras un intento de suicidio por sobredosis; Bill Manning, de cuarenta y dos años, al que el trastorno bipolar había dejado casi incapacitado desde que estaba en la universidad; Jerry Petrofsky, uno de mis pacientes de psicoterapia individual, de sesenta y tres años, ingeniero municipal y conocido de todos por haber recorrido la costa oeste en bicicleta, que había ingresado tras intentar suicidarse durante una crisis depresiva aguda a raíz de haber recibido el diagnóstico de leucemia.

Busqué con la mirada a Esther Klein, una mujer de setenta y tantos años que siempre me había recordado a las mujeres que conocía de la sinagoga a la que mi marido, Phil, y yo íbamos a veces. Tenía un aspecto robusto y sano, pero yo sabía por las reuniones de personal que era una superviviente del Holocausto. Su médico pensaba que, para curarse, tenía que enfrentarse a su sufrimiento, y lo mismo en la terapia de grupo que en las sesiones individuales la presionaba para que reviviera sus peores recuerdos una y otra vez. A regañadientes, había hablado algunas veces en las reuniones matinales sobre cómo había escapado a los campos de exterminio viviendo en la clandestinidad. Una vez contó que un día la habían obligado a lamer vómito del suelo. A pesar de las buenas intenciones de su médico, exigirle que describiera sus peores recuerdos no parecía ayudarla. Últimamente, yo había notado que tenía una expresión cada vez más vacía y distante, y que se estrechaba el cuerpo entre los brazos con más fuerza. Estaba visiblemente más ansiosa y ausente, como si su pasado atroz la succionara. Aquella mañana no la veía por ninguna parte.

El psiquiatra que dirigía la reunión se inclinó hacia delante en la silla y se aclaró la garganta, señal de que la reunión había empezado.

—Me gustaría presentaros a nuestro invitado, el señor Lawrence, de la Administración del hospital.

Señaló al visitante, al que yo no conocía, un hombre con aire de autoridad que vestía un traje oscuro.

—Sí, buenos días —dijo el señor Lawrence—. Tengo que comunicarles una triste noticia. —Levantó con la mano un grueso expediente clínico—. Lamento informar a la comunidad del fallecimiento de una de nuestras pacientes más antiguas, Esther Klein.

Se me cayó el alma a los pies.

El compañero de prácticas que estaba a mi lado se inclinó y me susurró al oído:

—Se suicidó anoche. ¿Te lo puedes creer? Justo antes de Rosh Hashaná.*

—Esther tuvo una vida larga y dolorosa —siguió diciendo el señor Lawrence—. He leído su expediente. Es triste lo que ha ocurrido, pero no se podía hacer nada.

Al mirar alrededor de la sala a las docenas de pacientes, de repente me parecieron todos víctimas de la institucionalización, en lugar de personas que recibían la atención que necesitaban: Lewis, en quien la necesidad urgente de contar algo se había desvanecido

---

* N. de la T.: En la festividad de Rosh Hashaná, que en el calendario hebreo marca el fin de año y comienzo del Año Nuevo, desde la noche del 6 de septiembre hasta finalizar el día 8 la comunidad judía celebra la creación del mundo y del ser humano.

tras la niebla provocada por la medicación, y que ahora tenía la mirada vacía clavada en la pared; Rebecca, que hablaba siempre en tono de disculpa, como justificándose por su ineptitud; Bill, conocido en el pabellón por sus cambios de humor repentinos, que intentaba salvar el abismo que lo alienaba haciendo uso de la intimidación y las conductas perturbadoras: arrebatos de ira, burdas insinuaciones sexuales, puñetazos contra la pared; Jerry, perpetuamente taciturno, que rara vez se levantaba de la cama. Quizá salieran de allí por un tiempo, y luego volverían. ¿Qué les estábamos ofreciendo realmente?

El señor Lawrence cerró el expediente de la vida de Esther y la reunión continuó, pero todo el mundo estaba en tensión, los rostros inexpresivos, los cuerpos rígidos, las manos agarradas a los brazos de plástico de las sillas. Esther había muerto: una de nosotros, alguien que había formado parte de nuestro círculo. La noticia nos la había dado un extraño, que había tratado aquella situación crítica de una manera aséptica, lacónica, sin darnos tiempo ni espacio para procesar lo sucedido ni llorar la pérdida. Estábamos allí reunidos con el propósito de hacer terapia y, sin embargo, el tono y el proceso eran todo menos terapéuticos. Sabía que más tarde el personal celebraría una reunión *post mortem*, pero con la finalidad sobre todo de eximir de responsabilidad al hospital. No se nos preguntaría qué pensábamos personalmente sobre la muerte de la señora Klein, ni se nos invitaría a reflexionar sobre las técnicas clínicas que habíamos empleado, ni sobre el hecho de que el único tratamiento que se le había ofrecido la había obligado a revivir su trauma hasta que la angustia se había vuelto insoportable. Debíamos seguir con nuestro trabajo como si no hubiera ocurrido bajo nuestra supervisión una muerte que podía haberse evitado.

De repente mi paciente Jerry rompió el silencio. Colorado y con la voz entrecortada, dijo en tono imperativo:

—¿Qué se va a hacer para Yom Kipur?

Muchos pacientes, médicos y psicólogos, yo incluida, éramos judíos. Yom Kipur, el Día de la Expiación, es el día más sagrado del judaísmo, un tiempo de perdón y renovación después de Rosh Hashaná, el comienzo del Año Nuevo judío. Antes de pedir perdón a Dios, uno pide perdón a aquellos a quienes ha hecho daño, y se limpia así de sus pecados. Gran parte del personal se ausentaría para celebrar la festividad. Pero en el pabellón se hablaba de religión tan poco que, aunque Jerry era mi paciente, yo no tenía ni idea de que fuera judío. Por otra parte, tampoco había caído en la cuenta de que no se había organizado nada para que los pacientes judíos celebraran aquella fecha.

El psiquiatra que presidía la reunión dijo que no había nada planeado.

Rebecca levantó los ojos como buscando a alguien, y luego los dejó caer. Bill empezó a darse puñetazos en los muslos:

—¿No hay planeado *nada*? —Estaba fuera de sí—. ¿Nada?

ESA NOCHE ESTUVE un rato esperando el metro —el laboratorio viviente, como lo llamaba—. El andén estaba lleno de estudiantes de secundaria que iban y venían en manadas, gritando y bromeando; había gente mayor de aspecto agotado cargada de bolsas de la compra; un hombre terriblemente delgado que sostenía un cartel: SEROPOSITIVO, RECIÉN SALIDO DEL HOSPITAL, NECESITO DINERO PARA COMER, DIOS TE BENDIGA. El aire caliente y pegajoso olía a neumático quemado y a sótano. Cuando el tren se detuvo tras un largo chirrido, salté a bordo y encontré un hueco entre las madres y niñeras que entraban empujando sus cochecitos, o que de un tirón se sentaban a los niños en el regazo, y los hombres elegantes y repeinados, vestidos con suntuosas chaquetas de ante o de raya diplomática y corbatas de seda, que echaban mano de los periódicos en cuanto encontraban un espacio donde agarrarse a la barra de seguridad, de expresión concentrada y ausente a la vez. Observé con atención los rostros que había a mi alrededor. Visiblemente, mucha de aquella gente sufría: la mujer canosa de cejas pobladas y pelo encrespado teñido de color naranja metalizado, con las mejillas llenas de manchas y de arrugas profundas, que despotricaba y murmuraba sin cesar; la joven de suave piel tostada que recorría el vagón medio cantando su súplica: «Mi hijita y yo necesitamos un dólar para llegar al refugio esta noche»; el hombre enfundado en un raído abrigo largo de lana al que le temblaba todo el cuerpo por el esfuerzo que le había costado sentarse.

Otros pasajeros no mostraban signos externos de angustia. Parecían tener casa, dinero y buena salud; llevaban maletines o bolsas de algunos grandes almacenes con papel de seda asomando por el borde. Sus rostros no estaban desfigurados por la desesperación, la preocupación o las tensiones. Pero sus miradas delataban el mismo aislamiento: el ceño fruncido, los ojos clavados en el periódico o en el regazo. Se los veía tan insatisfechos, agobiados, desencantados... Como si llevaran el mundo a cuestas y les faltara algo vital.

El término clínico que damos a este estado de ánimo es *distimia*, una insatisfacción moderada pero persistente. Un sentimiento de vacío. Carencia. Desilusión. La vida no es lo que uno esperaba. La distimia es una versión menos aguda de lo mismo que yo veía a diario en los pacientes de la Unidad 6: una sensación de oscuridad, desconexión, aislamiento y futilidad.

Y es lo que reconocí en mi marido y en muchos de nuestros amigos. Éramos jóvenes, teníamos veintitantos años, rebosábamos de energía y de ganas de abrirnos camino en nuestras profesiones, nos sentíamos comprometidos a vivir y trabajar de un modo que aportara algo al mundo. Pero a veces las prisas y el ajetreo hacían que el día a día se pareciera más a una carrera sobre la cinta eléctrica que a seguir nuestra vocación. Phil detestaba especialmente los viajes de ascensor para subir al despacho de abogados donde trabajaba y, después, para volver a bajar; la forma en que la gente montaba, en que alguien levantaba una mano en señal de saludo y luego se quedaba mirándose los pies. Decía que era como vivir en una representación bidimensional, un decorado en vez de una oficina: de lejos daba el pego, pero de cerca todo era falso y terriblemente solitario. Con nuestros amigos, hablábamos sin cesar de proyectos de trabajo y de hacer mejoras en nuestros apartamentos. Casi todas las frases empezaban con un: «Si consigo...» esto, aquello o lo de más allá, entonces podré avanzar, podré descansar, podré ser feliz. Teníamos una buena vida y, sin embargo, a juzgar por nuestras conversaciones, no era suficiente con haber conseguido la educación, las oportunidades, los trabajos, los amigos y las parejas con los que siempre habíamos soñado; en nuestro interior seguía habiendo un vacío. Un ansia casi constante. Una sensación de que la vida no tenía tanto sentido ni era tan placentera como parecía posible. Como si viviéramos en una escalera interminable hacia la plenitud, y la felicidad se nos escapara siempre por un poco.

Al parecer, el sufrimiento en el mundo era omnipresente e implacable. Decidí que, como mínimo, intentaría hacer algo por Jerry, Bill y los demás pacientes de la Unidad 6.

CAPÍTULO 2

LA COCINA VACÍA

—¿Así que ahora vas a hacer de rabina? —me preguntó Phil aquella noche cuando le conté lo que había preguntado Jerry.

Estábamos hombro con hombro en la cocina diminuta repartiendo en dos platos desparejados la comida china que acabábamos de comprar. Aunque era un apartamento muy pequeño, habíamos mejorado mucho desde el anterior, que consistía en una sola habitación en el primer piso de un edificio estrecho y cuya única ventana daba al callejón oscuro que había entre nuestro edificio y la pared de ladrillo del edificio de enfrente, llena de manchas. Manhattan tenía muy poco que ver con los espacios abiertos de mi niñez y mi adolescencia: la calle de Iowa bordeada de robles donde nací y el barrio residencial de las afueras de San Luis en el que había crecido. Aun con todo, me encantaba aquella habitación; había sido mi primer hogar con Phil. El nuevo apartamento al que nos habíamos mudado hacía poco estaba en uno de esos edificios neoyorquinos de ladrillo y arenisca roja construidos a principios de siglo, de varias plantas, sin ascensor, en la esquina de la calle 76 Oeste y Colombus, cerca del Museo de Historia Natural y del lado oeste de Central Park, adonde solía ir a correr; un barrio lleno de floristerías en el que había al menos una docena de pequeños restaurantes donde solíamos reunirnos con nuestros amigos.

Llevamos a la mesa la comida humeante y abrí una ventana. Subían voces desde la calle, sonido de bocinas, el ajetreo de quienes se apresuraban por llegar a casa antes de que anocheciera.

—Es una festividad importante —le dije—. He pensado que al menos podría ofrecerles un sitio donde oficiar un servicio, a aquellos que la quieran celebrar.

El hospital estaba en uno de los barrios de mayor concentración judía del mundo. Me parecía una negligencia no ofrecer unos servicios ese día. Además, aunque yo no era judía ortodoxa, lo cierto es que me gustaban mucho las oraciones y los rituales. Tal vez un servicio informal traería un poco de paz al pabellón.

—Pensaba que estar hospitalizado sería la mejor excusa para *no* ir a los servicios —dijo Phil riéndose, mientras levantaba del plato un rollito de primavera.

Cuando bromeaba, me volvía la imagen del que era cuando nos conocimos en el verano de 1985. Yo tenía diecinueve años, era el primer día de unas prácticas universitarias de verano para reformar la financiación de las campañas electorales, en Washington D. C. Llegué temprano a la oficina de orientación, tan temprano que la encontré todavía a oscuras, con la puerta cerrada. Acababa de sentarme a esperar en una de las sillas del pequeño vestíbulo cuando sonó el ding del ascensor y salió Phil. Era alto, larguirucho, moreno, con el pelo rizado, y llevaba un traje oscuro y una corbata a rayas azul brillante y verde esmeralda.

—Eres tú —dijo.

Por lo visto, esa mañana mientras venía hacia la oficina por el barrio noroeste casi vacío, se había fijado en una chica que iba andando por la calle K más o menos una manzana delante de él, con paso decidido, la cola de caballo rubia subiendo y bajando como un pistón. El recorrido que ella hacía coincidía exactamente con el de él: cada vez que giraba, volvía a verla delante.

—Daba la impresión de que estabas muy concentrada en tu destino —dijo—. Ahora entiendo por qué.

Me dedicó una sonrisa irónica y señaló la puerta de la oficina.

Nuestro romance floreció rápidamente aquel verano, y siete años después seguíamos locamente enamorados; éramos la única pareja casada de entre nuestra veintena de amigos. Sin embargo, en otros aspectos parecía que estuviéramos precipitándonos por una pendiente que nos alejaba cada vez más de aquella chispa de los primeros tiempos. En tercero de carrera, Phil había elegido la especialidad de Filología Inglesa en la Universidad Duke. Pero luego trabajó un tiempo como orientador y asesor en temas de drogodependencia en Camden, Nueva Jersey, en el momento álgido de la epidemia de *crack*, y a raíz de la experiencia decidió estudiar Derecho: quería ser fiscal del distrito y meter entre rejas a los capos de Miami. Para cuando se licenció, yo había conseguido que entendiera lo peligrosa que podía ser esa vida, así que acabó pasando directamente de la facultad de Derecho a su actual trabajo en el piso cincuenta y seis de un rascacielos del centro de Manhattan. Ahora teníamos una vida segura y confortable. Pero en mitad del ruido y las pequeñas tensiones diarios, del esfuerzo por intentar seguir el hilo de un pensamiento mientras me abría paso por la estación de metro abarrotada o corría hacia el ascensor, a veces tenía la impresión de que habíamos cambiado la verdadera riqueza por vacío, la expansividad por estrechez. De que, al elegir la seguridad, nos estábamos apartando de una vida realmente plena. «Voy a trabajar otros seis meses, luego lo dejo», me había dicho Phil hacía poco. Pero dentro de seis meses, ¿lo dejaría de verdad? ¿O decidiría trabajar un año más, y así podríamos ahorrar para tener un bebé, o para nuestro próximo apartamento, que sería solo ligeramente menos pequeño que en el que vivíamos ahora?

Aunque entonces no tenía la base científica para explicarlo, estábamos empezando a sufrir las consecuencias de las decisiones que habíamos tomado con lo que luego descubriría que es nuestro «cerebro de logro»; las consecuencias de habernos fijado unos objetivos sensatos –progresar, protegernos– que nunca nos llenarían, que nos acarrearían estrés, miedo y desconexión, porque los objetivos externos no pueden ser un sustituto de la auténtica búsqueda de un sentido profundo. Estábamos viviendo medio dormidos, y yo no sabía aún lo importante que era despertar..., mucho menos cómo hacerlo.

Mientras Phil recogía la cocina después de la cena, rebusqué en las cajas donde guardaba los libros de psicología de la universidad. Y al final lo encontré: allí estaba el viejo libro de oraciones de mi abuela. Antes había sido de su madre, mi bisabuela, que lo había traído en el barco desde Rusia. Mi abuela había hecho grabar su nombre y dirección en el interior de la portada: *Harriet Aliber Friedman, 311, 51st Street, Des Moines, Iowa*. Tal vez era frecuente que sus compañeros de congregación del templo B'nai Jeshurun regresaran a casa con el libro de oraciones de otra persona, y mi abuela quiso asegurarse de que nadie se llevaba el suyo. Era el mismo libro que mi madre había utilizado cuando estudió para su *bat mitzvah* al cumplir los cincuenta años. Siempre fue una mujer muy dulce y espiritual, y llegar a la segunda mitad de su vida fue una especie de catalizador de su espiritualidad. Los cuadernillos se habían despegado del lomo, la cubierta de tela estaba deshilachada por los extremos y las páginas, gastadas de tantos años de uso. Lo sostuve con cuidado, casi temiendo que fuera a deshacérseme en las manos.

UNA SEMANA DESPUÉS, llegué al hospital para celebrar Yom Kipur y, cuando entré en la cocina de la Unidad 6 —una habitación aséptica y sin ventanas, con una mesa redonda de plástico sobre un suelo de linóleo blanco y *beige* viejo y deslucido—, ya estaban allí: cuatro participantes judíos y sus asistentes. Habían venido Rebecca, Bill y Jerry, y también Sol Stein, un hombre de treinta y ocho años al que se había admitido en la Unidad por haberse atrincherado en la habitación de un hotel del centro y haber forcejeado luego con los agentes de policía que finalmente consiguieron sacarlo. Tenía tanto miedo a todo el mundo que cualquier interacción social podía causarle una psicosis. Resolvía la fobia social con un aislamiento extremo; rara vez salía de su habitación.

Habían colocado las sillas en círculo y se habían sentado alrededor de la mesa como si estuvieran en la cocina de su casa, creando en aquella habitación deprimente un clima íntimo de cálida solemnidad. Era la primera vez que veía a unos residentes interactuar así. Lo habitual era verlos en la sala común con las sillas arrimadas a la pared, o a los de carácter más explosivo buscando pelea. En cambio, no cabía duda de que Rebecca, Jerry, Bill y Sol estaban allí para conectar. Se habían puesto pantalones y camisas de vestir, jerséis. Rebecca se había pintado los labios de un tono rosa oscuro.

Sabiendo lo retraídos que eran los cuatro, especialmente Sol, no estaba segura de cuánto participarían en las oraciones. Pero en cuanto empecé el servicio, de inmediato los cuatro empezaron a cantar y formaron un coro de voces potentes. Jerry, aunque hasta hacía una semana nunca había mencionado que fuera judío, recitó de memoria pasajes enteros del texto hebreo. Bill daba golpecitos con el pie al compás de las oraciones, y Rebecca, normalmente distante y reservada, tenía el torso inclinado hacia delante, sin defensas. Conversábamos sobre el servicio de tanto en tanto, con cortesía y espíritu de colaboración, leyendo por turnos secciones en inglés, interpretando las oraciones, haciendo cada cual su aportación. Los cuatro auxiliares, a quienes normalmente se recurría para que ayudaran a sujetar a un paciente o se encargaran de hacer cumplir las normas, parecían estar igualmente absortos en el ritmo fluido de las oraciones; aunque no estaban familiarizados con el servicio, contribuían con su presencia y sensibilidad a la atmósfera de reverencia.

Fuimos oficiando el servicio siguiendo los pasos que recordaba de mi infancia. No era ni mucho menos una entendida, así que me basé en lo que mi madre me había explicado que era el propósito de Yom Kipur: reconocer nuestros pecados y pedir perdón, expresar gratitud por nuestra vida, confirmar nuestra identidad de judíos. Los pacientes se fueron animando visiblemente a medida que el servicio avanzaba; se les iluminaba la mirada mientras leíamos y cantábamos. Rebecca se irguió aún más en su silla y cantó con voz potente, sin sombra de su habitual tono apagado. Jerry leyó con seguridad. Sol nos corrigió en algunos detalles del servicio y empezó a oficiar él. Si llegábamos a alguna parte del texto hebreo que nos costaba pronunciar, él nos guiaba. Bill, a pesar de que rebosaba de energía, no tuvo ningún arrebato maníaco. Se balanceaba tranquilamente con los ojos cerrados mientras cantaba. Los auxiliares, aunque no eran judíos, cantaron también. Cantamos los nueve unidos en una insólita congregación universal.

Cuando nos acercábamos al final, detuvimos un momento el servicio formal para que cada uno de los que estábamos allí ofreciera unas palabras sobre su experiencia individual de Yom Kipur. Jerry dijo:

—¿Cómo es posible no creer en un todopoderoso Dios de bondad cuando se mira alrededor y se ve la belleza del universo?

Me dejó atónita oír una declaración de fe tan categórica de mi paciente, que se pasaba el día en la cama sumido en un desesperado sentimiento de futilidad.

La siguiente fue Rebecca:

—Gracias por el servicio, no tengo nada que decir.

Llegó mi turno:

—Yom Kipur para mí es muy importante porque cometo errores —dije—. Me equivoco mucho. Es un momento en el que pido perdón a las personas que hay en mi vida, y en última instancia pido perdón a Dios.

Sol se volvió hacia mí.

—Dios la perdonará —dijo—. Dios perdona a todo el mundo.

De nuevo, me quedé perpleja. Sol, que temía tanto a la gente que se había atrincherado en una habitación de hotel, quería tranquilizarme, había hecho el esfuerzo de salir de sí mismo para atenderme.

Cuando le llegó el turno a Bill, confesó tímidamente:

—Me gustaría pedirle perdón a Dios por haber hecho trampas en la dieta para la diabetes... pero Dios lo sabe desde el principio.

Todos nos reímos.

La habitación daba una sensación limpia, como si se hubiera purificado el aire; los que estábamos alrededor de la mesa nos sentíamos más conectados, entre nosotros y con algo mucho mayor. Pero no tenía ninguna razón para creer que aquel cambio de actitudes o de ambiente se trasladaría a la vida normal de la Unidad 6.

UNAS HORAS DESPUÉS, estaba en nuestro despacho de internos rellenando unos informes cuando alguien llamó a la puerta. En el umbral apareció Sol, muy erguido, sacando pecho. Extendió la mano. «Quiero darle las gracias de nuevo por el servicio —dijo. Y luego repitió lo que me había dicho antes—: Dios la perdonará. Siempre perdona».

Esa noche, terminada la jornada, estaba cruzando el vestíbulo para irme a casa cuando oí a mi espalda que alguien se acercaba

corriendo. Era Rebecca. «He comprendido algo durante el servicio —dijo—. Yo ya sabía que Yom Kipur significaba que una podía
hacer penitencia por sus pecados. Sabía que podía admitir que había hecho algo mal. Pero el servicio me ha enseñado que Dios me
puede perdonar. Nunca me había dado cuenta de eso».

En sus largos años de depresión mayor, Rebecca había reducido su existencia entera a una disculpa. Parecía que se sintiera
culpable de existir. Y ahora estaba comunicando algo totalmente
contrario a la idea esencial que tenía de sí misma.

A Sol y Rebecca, y a los otros dos pacientes, el servicio los había
liberado durante unas horas de la sensación de control carcelario.[1]
No era solo que la ceremonia los hubiera animado, sino que cada
uno de ellos estaba más restablecido y conectado precisamente en
aquellos aspectos de su psicología que habitualmente estaban su-
primidos. Era como si, con la precisión de un láser, la ceremonia
hubiera iluminado el rincón más oscuro de cada uno. En las palabras de Rebecca se traslucía un sentimiento de amor a sí misma;
Sol mostraba un interés sincero por los demás y una profunda conexión; a Bill se lo veía más tranquilo e integrado, y Jerry expresaba
admiración y gratitud por la vida. Yo no tenía ni idea de cómo había
sucedido ni por qué, ni tenía el menor motivo para confiar en que
duraría. Pero en aquella cocina había pasado algo que la asistencia
médica primaria no conseguía ni con medicamentos ni con psicoterapia. Y la curación, por más que finalmente resultara temporal,
se había obrado en aquel aspecto concreto de cada paciente que
más la necesitaba.

Como profesional clínica, y como científica, quería saber:
¿qué había pasado realmente en nuestro Yom Kipur? ¿Habían sido
los recuerdos sensoriales de una celebración familiar lo que les
había elevado el ánimo a los pacientes, el sentirse culturalmente
como en casa al practicar los rituales que conocían desde niños? ¿O

había sido la dignidad de asistir a una reunión, no como pacientes con un historial de enfermedades y tratamientos, sino como fieles, lo que había obrado aquella mejoría, el que nos hubiéramos reunido en aquella cocina como habríamos podido reunirnos cualquier otro año en la sinagoga del barrio? ¿Había en la iluminación súbita que había recibido cada uno de ellos algo de vital importancia para los profesionales que los atendían, algo que pudiera ser relevante para una curación duradera?

Estas son las preguntas que ese día, antes de irme a casa, le expuse a mi supervisora clínica. Me escuchó con atención. Cuando terminé, dijo: «Mira, Lisa, ha sido un verdadero detalle que hayas venido a trabajar en un día festivo, y veo, por lo que me cuentas, que el servicio les ha sentado bien a los pacientes. Pero, por desgracia, la realidad es que van a seguir sufriendo una enfermedad mental toda su vida. Estos pacientes están muy trastornados. Y esa es la realidad para nosotros también. Esto es un hospital».

Estaba claro lo que quería dar a entender: la espiritualidad estaba fuera de lugar en nuestra profesión. Yo acababa de romper una norma tácita y acababa de desacreditarme, dejándome embelesar por un sistema de creencias que no estaba en consonancia con el rigor de la medicina.

La conversación había terminado.

SALÍ A CORRER esa noche. Al llegar a la calle Central Park West, doblé en dirección norte hacia el Museo de Historia Natural, allí crucé para entrar en el parque y recorrí los senderos que serpenteaban por las East y North Meadows, rodeé el estanque, al llegar a la Ramble atravesé el bosque y bajé hasta la Fuente de Bethesda. Me hice corredora de fondo en la época del instituto. A mi padre, que era profesor de teatro en la Universidad Washington en San

Luis, le ofrecieron un puesto en la escuela de arte dramático de la Universidad de Boston, y, para que pudiera aceptarlo, nos trasladamos al este la familia entera. Allí empecé a correr en serio y, como quería anotarme la mayor cantidad de kilómetros posible, entré en el equipo masculino de campo a través, participaba en carreras de larga distancia y, a los quince años, corrí de modo no oficial la Maratón de Boston, cuando todavía estaba permitido unirse espontáneamente y hacer la carrera. Me entrevistaron en la línea de salida, en Hopkinton; al parecer, era la participante más joven hasta la fecha. En la línea de meta, en Boston, dos chicas del nuevo instituto, a las que solo conocía de vista, me abrazaron como si fuéramos amigas íntimas, con los ojos llenos de lágrimas. Nadie de mi familia podía imaginarse que sería capaz de hacer los cuarenta y dos kilómetros y llegar a la meta, así que no estaban allí para felicitarme. El encargado de un Wendy's tuvo la amabilidad de invitarme a entrar en el restaurante y pedir lo que quisiera, para celebrarlo. La semana siguiente mi madre me llevó al médico, preocupada por si podía perjudicarle a una adolescente correr distancias tan largas, algo tan poco frecuente en aquel tiempo como para que no tuviera ni idea. El médico dijo que me encontraba de maravilla, y yo aprendí de la maratón que para terminar una carrera solo hay que seguir corriendo, aprendí a disfrutar mucho en compañía de corredores de todo el mundo y de aquella diversidad humana maravillosa que llenaba las calles animándonos a todos y aprendí a seguir adelante hasta que la línea de meta me encuentre.

Aunque habían pasado los años, en Nueva York me seguía encantando salir a correr, sentir cómo mis pies rozan el suelo con ritmo mientras mis brazos se balancean y los pensamientos se van aquietando, kilómetros y kilómetros. Sobrevenía la ingravidez. Los conflictos y preocupaciones se desvanecían. A veces, me llegaba inesperadamente un instante de claridad, una revelación, la respuesta a una pregunta, la solución a un problema, o, simplemente, una súbita calma. Era un modo de experimentar la vida muy distinto de cuando todo giraba en torno a algún objetivo y a cómo lograrlo. Se parecía más a la admiración y el asombro que sentía de niña al contemplar un roble, como hipnotizada por la textura y las formas de la corteza; a la tranquilizadora sensación de compañía que tenía cuando escuchaba el zumbido rítmico de las cigarras, o cuando estaba sentada en el porche junto a mi perro Snoopy, con su cabeza apoyada en mis piernas, sintiendo el afecto, la paz y la conexión que fluían entre nosotros, igual de reales que el tacto de su pelaje en mi mano. ¿Cómo se producían esta clase de experiencias fugaces? ¿Qué ocurría en el cerebro en ese momento? ¿Cómo era que esos instantes disolvían sin más las preocupaciones y el estrés? ¿Tenía todo el mundo experiencias como estas? Me preguntaba si podrían cultivarse esos momentos o eran inevitable e incontrolablemente espontáneos.

Mi mentor en la escuela de posgrado, el doctor Martin Seligman, fue el padre de la psicología positiva y uno de los primeros en demostrar que podemos elegir cómo construir nuestra vida interior, y lo determinante que es esa elección para nuestro bienestar. Descubrió que gran parte de nuestro sufrimiento está causado por los hábitos de pensamiento, y que nuestra mayor desesperación es sentir que no podemos hacer nada por influir en el desenlace de una situación, pensar que hagamos lo que hagamos no afectará a los resultados. Posiblemente esto nos cree una forma pesimista de explicárnoslo todo, una manera negativa y dañina de contarnos nuestra vida.

Si suspendo un examen o mi amante me deja, puedo darme distintas explicaciones de ese hecho. Puedo utilizar el estilo explicativo pesimista, y responder a la mala nota o a la ruptura diciendo: «Soy una perdedora nata». Cuento ese fracaso o esa pérdida como si fueran la consecuencia de una condición interna (*soy una incompetente*), y además estable (*nunca conseguiré aprobar esta asignatura* o *jamás lograré ser feliz en ninguna relación*) y generalizada (*todo lo hago mal*).

Hay otra forma de explicar el mismo hecho, externa, inestable y concreta. En lugar de calificarme de incompetente o defectuosa, podría describir la realidad externa: «Era un examen muy difícil» o «Era una relación insostenible». En lugar de decidir que seguiré fracasando, en los exámenes, en el amor y en todo lo demás, podría decir: «La próxima vez tengo que estudiar más» o «Confío en que un día llegará la persona adecuada».

Los innumerables estudios de Marty Seligman demostraron que el estilo explicativo pesimista va trazando un camino hacia la depresión, mientras que un estilo explicativo optimista favorece la resiliencia. En otras palabras, que sufrimos de depresión y de otros trastornos mentales, en parte, porque hemos aprendido a sentirnos impotentes ante circunstancias que erróneamente creemos que van a durar para siempre, o que son culpa nuestra, o resultado de nuestras taras y nuestra ineptitud. La realidad es que tenemos más control sobre nuestra vida del que creemos. Marty mostró el beneficio terapéutico de desaprender las creencias falsas y negativas y elegir ver el mundo y vernos a nosotros mismos de forma diferente. Yo me preguntaba si esa elección tal vez tenía algo que ver con la sensación flotante de apertura y de paz que me sorprendía a veces mientras corría o estando en contacto con la naturaleza.

En Filadelfia, Marty y yo solíamos dar largos paseos por Walnut Street durante el verano, la temporada académica en la que realmente se piensa y se investiga. El paseo terminaba siempre con un bollo de canela en su panadería favorita. A menudo hablábamos de la posibilidad que tenemos todos de controlar nuestra cognición. Nos referíamos a aprovechar esa capacidad como «el estado apolíneo», en honor a Apolo, el dios griego del sol, la luz y la verdad. En el estado apolíneo, era posible utilizar la razón para alejarnos de las creencias que nos llevan a la desesperación —*nada va a cambiar, todo es culpa mía, no sé hacer nada bien*— y cultivar pensamientos que nos alentarán a tomar las riendas de nuestra vida.

Me acordaba de cuando a mí me enseñaron a cultivar ese estado, ya en el primer curso de preescolar. El primer día de clase entré volando por la puerta, crucé el aula y me senté delante de una de las mesas, con las manos extendidas sobre la superficie fresca y suave, esperando a recibir la que sería mi primera *lección para la vida real*. La profesora nos dio la bienvenida, y luego fue recorriendo el aula y depositando ordenadamente un objeto en cada mesa. Era un librito fino, una agenda de espiral. Regresó a pasos largos al frente de la clase. «Para llegar lejos —dijo, pronunciando despacio y con claridad cada sílaba—, tenéis que aprender a organizaros y a aprovechar bien el tiempo».

Me tomé la lección en serio. Durante todos los años de instituto, la prioridad fue sacar buenas notas para poder entrar en la universidad. En la universidad, me quedaba estudiando por las noches. En la escuela de posgrado, si dormía algo era en el suelo, con la cara aplastada contra los gráficos estadísticos (quería estar cerca del trabajo, ¡ver los números muy de cerca!). Era ambiciosa, y, como en las carreras de atletismo, las ganas de aprender y de triunfar dieron sus frutos.

«Pero, Marty —le dije una mañana al girarnos para emprender el camino de vuelta por una colorida calle de estrechas casas victorianas adosadas—, ¿podría haber otro estado interior que fuera también beneficioso?». A mi entender, el estado apolíneo tenía su importancia y posiblemente fuera curativo. Pero seguía estando dentro del ámbito del control, requería adquirir destreza, autocontrolarse, consistía en cambiar de posición las piezas de la vida.

Me preguntaba si podía haber otra forma de ver la realidad, como me pasaba al cabo de varios kilómetros cuando salía a correr, un estado en el que espontáneamente las cosas aparecen claras y unificadas, igual que si se estuviera en la cima de una montaña y se contemplara el mundo desde una perspectiva nueva y global. Le dije a Marty que ese estado mental me parecía «el estado olímpico», porque era como estar en el monte Olimpo y tener una visión integral, inmensa, sin trabas, del mundo desplegándose en todas las direcciones. Lo valioso de esa visión no era tanto tener dominio sobre las circunstancias como la visión holística en sí, la claridad con que se percibían el sentido y la proporción de las cosas. Cuando me sentía de esa manera, los habituales discursos mentales, sobre lo que había conseguido en mi vida, lo que había perdido y lo que tenía, se me caían todos a la vez igual que los palillos de mikado. Afloraba un discurso nuevo. Me sentía intrínsecamente valiosa y abierta a la posibilidad y a la aventura; confiaba plenamente en que la vida me revelaría lo que necesitara saber.

¿Era posible que los pacientes que habían estado presentes en el servicio de Yom Kipur improvisado en la Unidad 6 hubieran alcanzado algo similar al estado olímpico? El descubrimiento de Rebecca sobre su cualidad integral e inocente, la capacidad de Sol para salvar el abismo que lo hacía vivir en extremo aislamiento..., el cambio visible en los cuatro pacientes, que no había ocurrido durante una sesión de terapia ni había sido el efecto de un fármaco, sino de lo que habíamos compartido sentados alrededor de la mesa de la cocina.

Empezaba a caer la noche, los árboles se oscurecían hasta convertirse en siluetas. A Phil no le gustaba que corriera sola después de ponerse el sol, así que salí del parque en Columbus Circle y bajé corriendo las escaleras hasta el metro para volver a casa en el tren B.

Me uní a la riada de pasajeros cansados. El tren dio una sacudida y aceleró. Un murmullo se elevó por encima del chirrido metálico. Un judío ortodoxo, un *lubavitcher* con sombrero negro y barba poblada, rezaba en el otro extremo del vagón. Tenía los ojos cerrados, el rostro radiante de dicha.

¿Qué mecanismos internos la avivaban? ¿Por qué en un vagón abarrotado de gente de aspecto agobiado y estresado aquel hombre parecía tan tranquilo y libre? Me harían falta todavía muchos años de investigación para que se empezara a revelar alguna respuesta. Pero su rostro se me quedó grabado. Estaba sobre la pista.

CAPÍTULO 3

ESTRELLAS EN EL CIELO OSCURO

A finales de diciembre de 1994, el último día de mi rotatorio en la Unidad 6, me humillé rompiendo a llorar al despedirme del señor Danner en la cita de consultas externas.

—Le recordaré siempre —le dije mientras las lagrimas rodaban por mis mejillas.

Era verdad. Aquel hombre me conmovía profundamente. No aprobaba que hubiera traficado con heroína, o robado, o que hubiera puesto a su esposa en peligro de contraer VIH, pero amaba la parte de él que estaba más allá de sus heridas y equivocaciones, y me dolía formar parte de un sistema que a los internos nos sacaba por la misma puerta por la que los pacientes volvían a entrar, con lo cual nos impedía a todos cultivar relaciones duraderas que quizá habrían hecho posible la curación. Me miró enfadado al principio, cuando le dije que me iba de la Unidad 6, pero al ver mis lágrimas la tempestad se le borró de los ojos y se deshizo en una gran sonrisa.

—Gracias —dijo, sonriendo todavía mientras salía de la consulta.

EN ENERO EMPECÉ el siguiente rotatorio, en una clínica de los servicios de salud mental para la comunidad universitaria. Tenía la esperanza de que, en un centro donde se atendía a pacientes jóvenes con enfermedades menos graves que en la Unidad 6, el modelo de tratamiento fuera más innovador y no tan estrictamente psicoanalítico, pero una vez más me encontré con que se tendía a ahondar en el dolor de los pacientes sin ayudarlos necesariamente a desarrollar una mayor resiliencia o una actitud nueva ante la vida; a tratarlos durante seis sesiones y luego remitirlos a los psiquiatras para que les recetaran medicamentos y les dieran atención continuada.

En el caso de algunos de ellos, era lo apropiado. Pero de los cuarenta pacientes aproximadamente a los que traté durante los seis meses, solo un pequeño porcentaje, tal vez entre el quince y el veinte por ciento, presentaba realmente síntomas de un trastorno depresivo mayor que justificaran la medicación y la atención psiquiátrica. Los demás estaban deprimidos, pero era una depresión de carácter más bien existencial; no era una depresión profunda, sino una tristeza y una desorientación acompañadas de preguntas como «¿qué sentido tiene la vida?», «¿hay una dimensión trascendental en la existencia?», «¿por qué estoy aquí?». Son preguntas a las que es doloroso enfrentarse, pero preguntas fundamentales, también, en la transición a la edad adulta.

Eran las mismas preguntas que yo recordaba haberme hecho a los diecinueve años, durante mi segundo año en la Universidad de Yale, mientras leía a Nietzsche en pleno invierno rodeada de una cultura académica que decía que la vida no tiene un sentido intrínseco. Recuerdo que pensaba: «¿Y si es verdad? ¿Y si realmente el universo no tiene ningún sentido?». Caí en una depresión. Solía bajar al sótano de la residencia, donde había una sala que conectaba los pasillos subterráneos con distintas partes del campus. Era febrero y hacía un frío glacial, y yo no sabía si Dios existía ni si mi vida tenía ningún propósito. Me sentaba al lado de la caldera de la calefacción para calentarme y le daba vueltas a la cabeza, con miedo a no encontrar nunca la orientación que buscaba. Las preguntas eran cada vez más desoladoras. «¿Es siquiera posible el amor? —me preguntaba—. ¿Es siquiera real? ¿Volveré a sentir alegría alguna vez?».

Cuando pasaron los meses y vi que la depresión no desaparecía, fui al centro de salud del campus y empecé a acudir a terapia, pero salía de cada sesión sintiéndome aún más deprimida. La terapeuta escarbaba en busca de dolor, tal como me enseñarían a hacer a mí años más tarde; interpretaba mis preguntas no como preguntas esenciales en la vida, que formaban parte del proceso de individuación y de descubrir quién era, sino como síntomas patológicos. No le parecían preguntas válidas que indicaran una auténtica evolución y sed de comprender la naturaleza del mundo, sino señales inequívocas de algún tipo de violación cometida contra mí cuando era niña. En vez de legitimar mi viaje de descubrimiento y ayudarme a recuperar la sensación de que la vida era generosa y rebosaba de bondad, la terapeuta me preguntó: «Dices que la vida no tiene sentido. ¿Quién ha traicionado tu confianza?».

Yo no sabía dónde buscar respuestas. No confiaba en mi criterio. «Cada pregunta que me hago puede tener entre diez y cincuenta respuestas lógicas —le dije un día—. ¿Cómo elegir la más verdadera?».

Ahora sé cuánto me habría ayudado que me hubiera dicho: «Parece ser que tienes argumentos a favor y en contra de si la vida tiene sentido. ¿Hay una parte de ti que sientas en lo más hondo que tiene una respuesta? ¿Ha habido algún momento en el pasado en que hayas aceptado o autorizado tu saber más íntimo?». Pero ella estaba atascada en una indagación teórica y limitada en la que no cabían la sabiduría interior ni las múltiples formas de saber. Así que siguió escarbando y dando vueltas en busca de un trauma de infancia, y yo me sumí más y más en la deconstrucción filosófica. *Si a cada minuto cambiamos, de células y de ideas, ¿podemos decir que existimos como seres? La identidad o el sentido que percibimos ¿no son solo una fabricación mental que inventamos e imponemos?*

Ese verano llegué a Washington D. C. para hacer las prácticas que me llevaron a Phil, y, bajo la luz del sol y los frondosos árboles de Georgetown, los pensamientos del invierno nihilista echaron a volar y aterricé de vuelta en la calidez de confiar en mí misma. La alegría se me expandió de nuevo en el pecho. A menudo reía y sonreía sin otra razón que el placer de ser. El buen tiempo y la compañía de un chico al que estaba empezando a querer tuvieron algo que ver con ello. A veces sin embargo reaparecía un vestigio de depresión. Phil y yo fuimos una noche a un *pub* donde había en la pared una foto de hacía cien años.

—Ninguna de esas personas está ya viva —le dije—. Nos vamos a morir todos.

Era un pensamiento salido directamente de la filosofía existencialista que había estado leyendo todo el invierno. Phil me miró ladeando la cabeza y luego agitó los brazos como si estuviera sacudiéndose barro de encima.

—¡Uf! —dijo—. Es innecesariamente la interpretación más morbosa que se pueda hacer de esa foto.

Cierto —me di cuenta—. *Podemos elegir cómo interpretar las cosas.* Podemos usar la lógica para obtener respuestas, y es verdad que el pensamiento riguroso nos da la información necesaria. También podemos consultar nuestro saber interior y elegir qué perspectiva de la vida queremos que nos guíe.

APRENDÍ ALGO ÚTIL en aquellos oscuros días de invierno pegada a la caldera de la calefacción en el sótano de Yale. Permanecer con la duda y la tristeza, cuestionar lo que creía, me hizo traspasar los límites de una forma de conocer el mundo estrictamente intelectual y sentir la vida, lo cual acabaría llevándome de vuelta a un sentido de abundancia y pertenencia. Tuve que aprender a darme permiso para confiar en mi instinto. Con el tiempo me he dado cuenta de que esto ha hecho de mí una mejor psicóloga clínica y también una mejor científica.

Cuando volví a Yale en otoño, no sucumbí al ataque deconstruccionista del significado de las cosas, tan en boga en aquellos momentos. Me senté en las clases de psicología a aprender la taxonomía de los síntomas y participé en mesas redondas con estudiantes de filosofía, y pensaba: «¿Y si *hay* un significado profundo escrito en el tejido del universo? ¿Y si la vida tiene un sentido último? No he oído un solo argumento que lo desmienta».

Cuando empecé a tratar a los pacientes en la clínica para estudiantes diez años después de mi episodio de depresión, me comprometí a legitimar las preguntas que se hacían y a ayudarlos a conseguir lo que querían de verdad, que era no quedarse sumidos en el dolor, sino construirse una vida. Abrirse paso a través de las dudas y el miedo y encontrar un camino hacia la resiliencia y la renovación.

Me pidieron que me ocupara de un chico de diecinueve años que sufría de crisis de ansiedad. El modelo psicoanalítico imperante habría dictado que indagara en sus heridas de infancia, en las distintas maneras en que su padre lo había maltratado y traicionado. Sin duda, en alguna medida su malestar actual tenía conexión con aquel dolor. Pero el dolor causado por un padre abusivo no tiene fondo. Hacer que la terapia girara en torno a ese maltrato lo habría obligado a revivir sin fin la ira, el dolor y la indignidad del pasado. En lugar de eso, nos quedamos en el presente. Y aquí y ahora, su mayor preocupación era cómo conectar con las chicas que le interesaban. No quería zambullirse en la angustia e infelicidad de su infancia.

Quería una novia. Así que trajo los números de teléfono de algunas chicas, y practicó. Para el final del tratamiento, estaba saliendo con una de ellas, y la relación le dio muestras de su bondad y valía humana. Tenía esperanza en un futuro mejor, la esperanza de no seguir transmitiendo el carácter abusivo que había aprendido de su padre.

Otra paciente, una estudiante de intercambio universitario italiana de veinte años, vino a la clínica porque estaba embarazada y necesitaba ayuda para saber qué hacer. Mis colegas se sorprendieron de que no le aconsejara automáticamente que interrumpiera el embarazo y la remitiera a una clínica de aborto. En lugar de eso, la apoyé emocionalmente para que confiara en sí misma y encontrara ella sola la respuesta. No era una decisión que ni sus padres, ni sus amigas, ni los médicos, ni las normas religiosas, culturales o financieras pudieran tomar por ella. Yo entendía que era una decisión fundamentalmente espiritual. Ningún consejo ni información podían realmente ayudarla a decidir. Eligió tener el bebé. No sé qué pasó después; si ella y el padre, al que quería de verdad, siguieron juntos para criar al niño; si su familia aceptó o reprobó la decisión; si al cabo de los años se arrepintió o se sintió agradecida. Solo sé que, si llegó a aquella decisión, fue porque había descubierto lo que en verdad tenía un sentido profundo para ella y que mi función no era «patologizar» sus pensamientos o comportamientos ni analizar su dolor, sino escucharla atentamente y orientarla sobre cómo acoger y fortalecer a su nuevo yo.

En aquella época, a mediados de los años noventa del pasado siglo, predominaba la tendencia a medicar a los pacientes que atravesaban momentos conflictivos y dolorosos. El centro de salud para los estudiantes no hacía un uso excesivo de los medicamentos, pero sí del análisis. Cuando solo tienes un martillo, todo son clavos.[*] A

---

[*] N. de la T.: En *The Psychology of Science* [La psicología de la ciencia], publicado en 1966, el psicólogo humanista Abraham Maslow decía que «es tentador pensar que,

los psicólogos se nos enseñaba a ver en los pacientes el sufrimiento, pero no los indicios de un viaje espiritual o existencial. En busca de un mentor que me enseñara alguna perspectiva diferente, descubrí el Centro de Estudios Junguianos de Nueva York, en el que varios profesionales con experiencia, y la misma titulación que yo, trabajaban para reintegrar una parte de la psicología que se había excluido por completo de la formación y la práctica clínica regulares. El enfoque junguiano busca en los sueños la revelación de las heridas emocionales y de las posibles oportunidades de curación; se basa en los arquetipos para comprender las tendencias humanas universales y las vías de desarrollo mental, y ve en la sincronicidad entre mente y materia una vía para explorar la relación del ser humano con el yo y su fluir con la vida.

Recuerdo que fui a la charla de un joven llamado Mark Kuras, que habló de la importancia de guiar a los pacientes más allá de la conciencia individual para que descubrieran el yo trascendente, estado en el que nos convertimos en ventanas del inconsciente colectivo. Intuitivamente, sabía que lo que estaba oyendo tenía sentido, que básicamente vivimos en dos ámbitos diferentes: el mundo cotidiano, en el que compramos comida y vamos a trabajar y discutimos con nuestra pareja y vemos cómo cambian de color las hojas en el parque, y el mundo trascendente, que es mucho mayor que cualquier vida individual y al que pertenecemos todos.

En esos momentos, lo que yo sabía sobre psicología espiritual se reducía a la importancia de establecer relación y conexión con los pacientes, a lo contraproducente de centrarse exclusivamente en la enfermedad y el dolor, y a la posibilidad de que la curación

---

si la única herramienta de que dispones es un martillo, puedes tratar cualquier cosa como si fuera un clavo». Se conoce desde entonces como «síndrome del martillo de Maslow» (o «martillo de oro») a la tendencia a atribuir poderes infalibles a una estrategia concreta como solución única a problemas diferentes.

proviniera tanto del descubrimiento de nuestra sabiduría interior como de un súbito fogonazo de comprensión y sentido capaz de incidir precisamente en el aspecto más dañado o conflictivo de nuestra psicología.

RECIÉN SALIDA DEL año de prácticas clínicas, en julio de 1995, me concedieron una beca de investigación de tres años financiada por el Instituto Nacional de Salud Mental, que me permitía estudiar lo que quisiera en el campo de la psicología. De repente, disponía de cuarenta o cincuenta horas de tranquilidad a la semana para buscar y examinar datos, dar un paseo, tomarme un café y volver a contemplar las cifras. Estaba estudiando los factores de resiliencia, utilizando la base de datos maravillosamente organizada que había reunido mi colega Myrna Weiss, para ver si era capaz de detectar algún patrón común a los factores que mitigan la depresión.

Los datos procedían de un estudio longitudinal realizado a lo largo de quince años que Myrna había comenzado en 1980, en una clínica de New Haven para el tratamiento de la depresión, donde había emparejado a los participantes deprimidos con sujetos de control no deprimidos que fueran del mismo barrio y tuvieran además otras variables demográficas en común con ellos. Myrna, que estaba considerada una de las principales investigadoras de la depresión en Estados Unidos, había incluido todas las variables esenciales que se utilizaban en aquel tiempo para tratar de entender qué factores aumentan el riesgo de depresión o la resiliencia contra ella: ¿la madre del participante estaba deprimida? ¿Cómo se había criado el participante, qué tipo de educación había recibido?

Yo intentaba filtrar y medir las correlaciones entre una inmensa diversidad de datos. En aquella época no había menús algorítmicos para clasificarlos; tenía que escribir y codificar las ecuaciones a mano, utilizando un modelo estadístico llamado análisis de regresión, un proceso para examinar las relaciones entre múltiples variables. Una regresión es una fórmula que permite examinar las contribuciones relativas de múltiples variables sobre una variable en concreto, por ejemplo: $A + B + C + D = X$. En mi investigación, esa variable X era la depresión infantil. Quería saber qué factores de la personalidad, la educación y la historia personal y familiar contribuyen a que un niño sufra de depresión. El modelo de regresión lineal múltiple permite determinar que el grado en que está presente A, en que está presente B, y en que están presentes C y D culminan todos juntos en el grado en que está presente X. Podemos observar, también, el efecto aislado de la variable A si eliminamos cualquier solapamiento de A con B, C y D, así como el de cada una de las demás variables aisladas aplicando el mismo procedimiento.

Escribía una ecuación para comprobar el impacto de una combinación de variables, y esperaba a que el ordenador procesara e imprimiera los resultados. Cada vez que lo hacía, contenía la respiración, impaciente por analizar los resultados. A menudo trabajaba todo el día, perdía la noción del tiempo, y volvía a casa corriendo a cenar con Phil. Durante la cena, el pensamiento se me escapaba de vuelta a los datos. Phil daba un golpe en la mesa. «Hola, ¿en qué piensas? —preguntaba exasperado—. ¿Estás pensando en tus ecuaciones?».

Pensaba constantemente en números. Y pronto empezaron a destellar formando patrones asombrosos, como constelaciones que emergieran en el cielo oscuro. El efecto de la depresión materna en la depresión infantil: el riesgo de padecerla se duplicaba. El efecto de la pobreza en la depresión: el riesgo aumentaba en un cuarenta por ciento si iba asociado a la variable «problemas para llegar a fin de mes». El efecto de la crianza en la depresión: cuando un progenitor, padre o madre, es afectuoso pero no excesivamente controlador, el riesgo de depresión del niño o la niña es entre un dieciocho y un treinta por ciento menor.

Estos datos sobre la resiliencia eran fascinantes y útiles. Pero lo que yo realmente quería entender era qué había sucedido en la cocina de la Unidad 6 el día de Yom Kipur. ¿Qué *había sido* aquel subidón curativo y qué variables podía utilizar para medir la posible influencia de las experiencias espirituales en la depresión? Mis colegas me dijeron que ellos no recordaban haber visto nada en las bases de datos que tuviera que ver con la religión ni la espiritualidad. Pero luego la gestora de datos levantó la cabeza un día en una reunión y dijo: «Os equivocáis, creo que sí tenemos algo que se puede utilizar».

Señaló dos preguntas escondidas al final de las ochenta páginas de entrevistas diagnósticas estructuradas:

1. ¿Qué importancia tiene para usted la religión o la espiritualidad (es: muy importante; moderadamente importante; algo importante; no importante)?
2. ¿Con qué frecuencia asiste usted a un servicio religioso (una vez a la semana o más; al menos una vez al mes; varias veces al año; muy pocas veces)?

Parecía que el propósito original de las preguntas era medir la diversidad de los participantes, más que descubrir la influencia de la espiritualidad en su salud y en su actitud ante la vida. En cualquier caso, las preguntas estaban ahí, esperando a que alguien aprovechara para algo las respuestas. Utilizando métodos estadísticos de alta fiabilidad, y una de las bases de datos más fiables y mejor desarrolladas en este campo, iba a poder investigar la correspondencia entre las respuestas de los participantes a esas dos preguntas y otras variables, para ver si había algún patrón que definiera la relación entre su espiritualidad y su bienestar y salud mental.

En aquellos tiempos, solo podíamos acceder a los datos en persona, sentados en la facultad de Medicina. Empecé a hacer una semana laboral de sesenta horas. Los fines de semana me levantaba temprano para salir a correr y luego iba a mi despacho a analizar números. Un domingo por la mañana, dejé a Phil holgazaneando en casa con el periódico y me fui a pasar el día con mis ecuaciones. Era pleno verano, y el andén del tren 1/9 con dirección a las afueras estaba abarrotado y hacía un calor sofocante. Pasaban los minutos. Varias veces vimos acercarse un tren, y la gente se lanzó hacia delante a empujones en mitad del calor húmedo, pero todos los trenes pasaban de largo. Cuando finalmente se detuvo uno que iba repleto, me sorprendió ver a lo lejos un vagón que estaba casi vacío, y hacia allí fui. Mientras me acomodaba, felicitándome por haber conseguido un asiento, me di cuenta de que el vagón parecía ir medio vacío porque todos los pasajeros estaban apiñados en el extremo del vagón.

En la parte del vagón donde acababa de sentarme, había un hombre desaliñado y muy alterado gritándoles a los demás pasajeros. «Eh, ¿quieres venir a sentarte conmigo? —chillaba, mirando hacia ellos. Cada vez que el tren paraba y montaba alguien, le gritaba—: Eh, ¿quieres sentarte conmigo?».

Los que acababan de montar, nada más verlo giraban rápidamente la cabeza y se dirigían hacia la masa de pasajeros apelotonados en el extremo. Así ocurrió al llegar a la calle 96 y de nuevo en la 103. Al ver que nadie le hacía caso, el hombre se fue poniendo cada vez más nervioso. «Eh, vosotros, ¿queréis un poco de mi comida?», dijo. Y cuando la única respuesta fue un silencio sepulcral, empezó a lanzar trozos de pollo al otro lado del vagón. «¿Queréis un poco de mi comida? —gritaba, arrancando la carne de los huesos y lanzándola, y cuando la hubo arrancado toda, empezó a lanzar los huesos mientras seguía gritando—: Eh, ¿queréis comer?».

Continuaba gritando y lanzando comida cuando pasamos por la calle 110, la 116 y la 125. En la calle 145 el tren se detuvo y, al abrirse la puerta, vimos en el andén a un dúo de lo más elegante listo para montar: una abuela con un vestido verde pastel y un sombrerito sin ala de estilo *pillbox*, y una niña toda vestida de rosa, las dos con preciosos guantes blancos. Noté que los pasajeros del extremo del vagón se quedaban paralizados, como temiendo que un trozo de pollo o un hueso fueran a aterrizar en sus inmaculadas ropas dominicales.

Al hombre le faltó tiempo; estiró el cuello hacia ellas y les dijo a voz en grito, mientras las señalaba con el dedo:

—Eh, ¿queréis venir a sentaros conmigo?

La abuela y su nieta se miraron a los ojos, asintieron y caminaron con paso firme en dirección al hombre y se sentaron en los asientos de color naranja chillón, las manos en el regazo, la espalda recta, la mirada al frente. Él las miró, atónito.

—¿Qué?, ¿queréis un poco de mi comida? —preguntó, mientras sacudía otro pedazo de pollo.

Ellas se miraron, asintieron, y se volvieron hacia él diciendo al unísono:

—No, gracias.

—¿Seguro que no queréis? —preguntó él.

Con calma, la abuela y la nieta se volvieron de nuevo educadamente hacia él y dijeron:

—No, gracias.

De repente me di cuenta de que estaba presenciando el paso de la antorcha de una generación de edad avanzada a una más joven: una deliberada sensibilidad y forma de estar en el mundo, una manera de relacionarse con los demás. Tal vez porque estaba claro que iban a la iglesia, pensé en el versículo bíblico de Mateo que dice: «Cuanto hicisteis a uno de estos mis hermanos más pequeños, a mí me lo hicisteis». La abuela y la nieta vivían esa sensibilidad espiritual, y estaba tan integrada en su forma de vivir que ni siquiera necesitaban palabras para comunicarla.

Cuando llegué a la Facultad de Medicina de la Universidad de Columbia y me puse a examinar los datos, seguía teniendo en la mente a la abuela y la nieta. Me pregunté si sería posible medir lo que había visto en el vagón de metro, lo que me había parecido el paso de una antorcha espiritual. Y en caso de que fuera posible identificar la transmisión intergeneracional de la espiritualidad, ¿cuál sería su efecto sobre la depresión?

Hice algunas ecuaciones utilizando otro tipo de modelos, basándome en las parejas madre-hijo/hija, probando distintas combinaciones: una madre altamente espiritual, o no, emparejada con un hijo/hija altamente espiritual, o no, con depresión o sin depresión. Descubrí algo sorprendente: cuando la madre y el hijo o la hija tenían un alto nivel de espiritualidad, el niño o la niña estaba protegido contra la depresión en un ochenta por ciento, en comparación con las madres y los hijos que no tenían una espiritualidad concordante, o las madres y los hijos que no tenían un alto grado de espiritualidad.[1] En otras palabras, un hijo o hija tenía cinco veces menos probabilidades de estar deprimido cuando compartía con su madre una vida espiritual. El vínculo espiritual que había presenciado entre la abuela y la nieta en el tren era el antídoto contra la depresión. Y esto era así tanto si el niño o la niña tenía un riesgo alto o bajo de sufrir depresión debido a otros factores. Por tanto, aunque la depresión materna duplicaba el riesgo de depresión en el niño o la niña, acababa de descubrir que la espiritualidad se traducía en una protección quintuplicada, lo que significaba que la espiritualidad era dos veces más importante para la salud mental que la salud mental materna.

Incluso cuando añadí todas las variables que la investigación clínica más rigurosa había demostrado que estaban vinculadas con la depresión infantil –depresión de la madre, pobreza, un entorno familiar tormentoso, una crianza excesivamente fría o controladora–, descubrí que la transmisión intergeneracional de la espiritualidad ofrecía la misma asombrosa protección del ochenta por ciento. Era el mayor efecto protector del que tenía noticia; en todo lo que había estudiado y leído sobre la resiliencia hasta ese momento, no había visto nada que se le acercara.

La ciencia avanza por lo general muy lentamente. Ponemos a prueba una teoría. Estudiamos los números. Y muy de tanto en tanto, de pronto un fogonazo, tan intenso que es como el rayo de un faro que nos da de lleno en la cara, una luz tan clara e impactante que nos deja sin aliento. Algo en la transmisión intergeneracional de la espiritualidad creaba el tipo de sustrato y de ambiente en los que era muy difícil que las semillas de la depresión brotaran y echaran raíces. La luz que emitía esta verdad era tan poderosa y emocionante que supe que dedicaría el resto de mi vida profesional a seguirla.

CAPÍTULO 4

DOS CARAS DE LA MISMA MONEDA

La *Journal of the American Academy of Child and Adolescent Psychiatry* —conocida por el color de su portada como «la revista naranja», la mejor revista científica sobre salud mental infantil— publicó el hallazgo de la transmisión intergeneracional de la espiritualidad, y el artículo me valió el Premio Templeton por su interés científico y espiritual.* Pero ni que la ciencia hubiera validado el hallazgo ni que se hubiera reconocido su importancia significaba ningún avance en las conversaciones sobre la relación entre espiritualidad y salud mental. Si acaso, el silencio se hizo aún más ensordecedor. Algunos de mis colegas me preguntaban: «Sí, pero lo que estás investigando ¿es realmente *psicología*?». La espiritualidad para ellos era al parecer un simple artefacto cultural o institucional,** no la entendían en absoluto como lo que yo estaba empezando a descubrir que era: una forma de estar en el mundo.

---

* N. de la T.: Premio internacional que desde 1972 otorga anualmente la Fundación John Templeton a una persona viva que haya hecho una contribución excepcional a la afirmación de la dimensión espiritual de la vida, ya sea a través de una idea, obra o descubrimiento.

** N. de la T.: En un estudio o experimento, un artefacto es un factor que perturba la correcta interpretación del resultado.

Y luego, una mañana de primavera de 1997, solo unos meses después de que se publicara mi artículo, empecé a hojear el último número de *The American Journal of Psychiatry* mientras Phil y yo desayunábamos a toda prisa. Había dejado el trabajo de abogado en la empresa de Manhattan y cada mañana se desplazaba hasta Connecticut a trabajar con su mentor, que dirigía un pequeño e innovador fondo de gestión alternativa desde el despacho de su casa; había cambiado la colmena de ascensores y los impersonales rascacielos de cristal por una sala alfombrada con cómodas sillas de color melocotón en una casita blanca. Antes de que cambiara de trabajo, en los últimos tiempos parecía un autómata. No se quejaba, pero su descontento se traslucía en cuánto le costaba levantarse cada mañana, en las extrañas combinaciones de colores que elegía a menudo de su armario lleno de trajes primorosamente confeccionados. Cuando lo veía ponerse una chaqueta negra con unos pantalones azules, me preguntaba si tal vez había cierta rebeldía en aquella desviación del «uniforme», o si iba así vestido porque estaba agotado y le daba exactamente igual. Ahora se lo veía más interesado por su trabajo y más relajado. Tomé un sorbo de café y, en ese instante, vi el título de un artículo, tan sorprendente que estuve a punto de escupir el café. «Religión, psicopatología y uso y abuso de sustancias psicoactivas: estudio multifactorial genético-epidemiológico». El doctor Kenneth Kendler, uno de los líderes en epidemiología psiquiátrica en estudios de gemelos, describía su análisis sobre la relación entre la religión, la espiritualidad y diversos síntomas psiquiátricos.[1] Se trataba de una investigación reciente llevada a cabo por un reconocido laboratorio, y, aparte del artículo que yo había publicado unos meses antes, era la primera mención que había encontrado en la literatura científica de un estudio que examinara la intersección entre espiritualidad y salud mental.

Los estudios de gemelos son de un valor sin igual en la investigación científica porque permiten investigar qué rasgos están más influenciados por los genes y cuáles por el entorno. Aunque no nos ayudan a identificar la correlación exacta entre un gen específico, o una combinación específica de genes, con un determinado rasgo o diagnóstico, nos ofrecen una visión panorámica del carácter hereditario o no de un gen o condición.

Para determinar si un rasgo es innato o adquirido, o una mezcla de ambas cosas, los científicos buscan en los pares de gemelos patrones estadísticos de rasgos de la personalidad, de afecciones, o de diagnósticos de salud mental. Por ejemplo, si uno de los gemelos sufre de depresión mayor, ¿cuál es la probabilidad de que el otro también esté deprimido? Si un gemelo tiene una determinada puntuación en la prueba de cociente intelectual (CI), ¿cuál es la probabilidad de que el otro tenga el mismo CI? Si uno de los dos es extrovertido, ¿cuál es la probabilidad de que el otro también lo sea?

A continuación, el investigador determina en qué medida se basan los patrones de similitud de rasgos en la similitud genética. Por ejemplo, los gemelos idénticos comparten casi el cien por cien de su material genético, mientras que los gemelos fraternos, como cualquier otra pareja de hermanos, solo comparten el cincuenta por ciento. Si comparamos la similitud entre las gemelas idénticas Jennifer y Jessica y la similitud entre las gemelas fraternas Abby y Sarah, podemos averiguar el factor por el que el material genético compartido contribuye a la similitud de rasgos.

También podemos averiguar el grado de similitud entre gemelos en función del entorno que comparten. Por ejemplo, hay gemelos que se separan al nacer y son adoptados o criados por familias diferentes; o los padres de algunos gemelos se divorcian, y uno de los progenitores cría a uno de ellos y el otro progenitor al otro. Si Jennifer y Jessica comparten el cien por cien de su material genético pero se han criado en hogares distintos, ¿cuál es el impacto del entorno familiar de cada una de ellas en sus rasgos de personalidad y en sus diagnósticos médicos y de salud mental? ¿Y qué sucede en el caso de Abby y Sarah, que comparten el cincuenta por ciento de su material genético y crecieron en el mismo hogar?

Por supuesto, nuestro entorno cambia a medida que nos vamos haciendo mayores. Al terminar la educación secundaria, muchos gemelos que se han criado en la misma casa empiezan a moverse en ambientes distintos: van a diferentes universidades, estudian carreras diferentes, establecen nuevas relaciones y forman cada uno su propia familia. Una parte de los análisis estadísticos de los estudios de gemelos examina las diferencias entre la influencia de los genes y la del entorno, y aún hay otros modelos estadísticos que examinan las diferencias entre la influencia de un entorno compartido y la de los entornos separados.

En este nuevo estudio, el doctor Kendler había examinado la base genética y la base ambiental de la espiritualidad. Junto con sus colegas de la Universidad de la Mancomunidad de Virginia, había realizado evaluaciones personales de mil novecientas dos parejas de gemelas —algunas idénticas, otras fraternas— tomadas del Registro de Gemelos de Virginia, una base de datos de todos los gemelos nacidos en ese estado durante dos décadas. A continuación, aplicó modelos estadísticos a los datos para determinar hasta qué punto la espiritualidad de las participantes estaba vinculada a factores genéticos o ambientales, y para ver si había algún dato que diera prueba de la influencia de la espiritualidad en su salud psicológica.

No tuve tiempo de terminar de leer el artículo en casa, así que me lo llevé al trabajo. Los resultados del estudio eran impactantes.

El doctor Kendler establecía una clara distinción entre «espiritualidad personal» y la mera adhesión a las reglas de una religión, a lo que llamaba «conservadurismo personal». En su muestra, mayoritariamente judeocristiana, la espiritualidad personal se medía por ítems como la «frecuencia de búsqueda de consuelo espiritual» y la «frecuencia de oración privada», mientras que el conservadurismo personal se medía por ítems como la «creencia de que Dios premia y castiga» y la «creencia literal en la Biblia». Kendler descubrió que la devoción y el conservadurismo personales son inseparables para algunas personas, pero no para la mayoría de las estudiadas. El hecho de que alguien reverenciara un determinado texto religioso no significaba necesariamente que declarara sentir que tenía una relación personal con un poder superior, ni tampoco lo contrario, o que apelara o no a un poder o fuente superior para que lo guiara en momentos de dificultad. En otras palabras, el test podía indicar que alguien tenía un nivel alto de devoción personal y un nivel alto o bajo de conservadurismo personal, y a la inversa. La investigación de Kendler fue el primer gran estudio empírico en demostrar con claridad que las personas pueden ser espirituales profesen o no una religión, y que pueden profesar una religión y ser o no ser espirituales.

La siguiente serie de resultados del estudio era aún más reveladora. Kendler había encontrado tres correlaciones fundamentales, y hasta el momento inexploradas, entre espiritualidad y salud mental.

En primer lugar, vio que los niveles bajos de síntomas depresivos estaban relacionados con altos niveles de devoción. Es decir, si eres una persona altamente espiritual, tienes menos probabilidades de estar deprimida.

En segundo lugar, descubrió que la devoción personal puede servir de amortiguador y protegernos de los efectos psicológicos negativos derivados de circunstancias estresantes como una enfermedad, un divorcio o la pérdida de un ser querido. Curiosamente, cuando el conservadurismo personal –la práctica religiosa– se analizaba sin tener en cuenta la presencia o ausencia de devoción personal, no tenía el mismo efecto amortiguador. La devoción –el sentimiento de relación personal con un poder superior– era el ingrediente activo que tenía ese efecto protector, acompañada o no de conservadurismo personal.

En tercer lugar, descubrió que la devoción disminuía el riesgo de alcoholismo y dependencia de la nicotina a lo largo de toda la vida. Las personas espirituales tienen menos probabilidades de ser adictas.

Pensé que, bueno, este conjunto de hallazgos mostraba una correlación entre la espiritualidad y la salud mental, no una relación de causalidad, pero en cualquier caso era un buen comienzo. Y entonces, al seguir leyendo, llegué al descubrimiento más importante del estudio del doctor Kendler.

Como antes decía, en los estudios de gemelos no obtenemos correlaciones exactas de un gen específico o una combinación específica de genes, con un rasgo o diagnóstico precisos, pero sí una vista panorámica de las probabilidades de que un rasgo o diagnóstico se hereden. Hasta ese momento, los estudios de gemelos se habían aplicado al cociente intelectual; a la mayoría de los trastornos mentales (depresión, ansiedad, abuso de sustancias psicoactivas, esquizofrenia, trastorno bipolar), y a los «cinco grandes» rasgos de la personalidad: apertura a la experiencia, responsabilidad, extraversión, cordialidad y estabilidad emocional. La innovación de Kendler fue aplicar un modelo estadístico clásico de estudio de gemelos para medir el grado en que la espiritualidad es innata o adquirida.

Descubrió que la genética contribuye significativamente a la espiritualidad. Para ser exactos, la predisposición a tener una vida espiritual es *hereditaria en un veintinueve por ciento*. Es decir que, al analizar la presencia variable de la espiritualidad en los seres humanos, vemos que el grado de espiritualidad de un individuo está determinado en un veintinueve por ciento por la herencia y en un setenta y uno por ciento por el entorno. Esto significa que, principalmente —en unas dos terceras partes—, nuestra espiritualidad depende de cómo se nos educa, de la compañía que elegimos y de las actividades que realizamos. Aun así, un grado significativo de la capacidad que tenemos para experimentar lo sagrado y trascendente —un tercio— está inscrito en nuestro código genético, es igual de innato que el color de nuestros ojos o que nuestras huellas dactilares.

Ningún científico clínico había publicado antes evidencias de que la espiritualidad fuera una capacidad innata, un atributo humano que podía tener componentes hereditarios, tanto como adquiridos. Hasta entonces, a los ojos de la ciencia clínica la espiritualidad había sido sinónimo de religión, y se había entendido como una creencia, un conjunto de puntos de vista, una elección, un apoyo al que recurrir en momentos difíciles, no como un aspecto de la experiencia humana que tal vez formaba parte esencial de nuestro ser innato. Esta era la primera vez que la comunidad científica publicaba una investigación que había estudiado la posibilidad de que existiera en el ser humano una capacidad genética para la experiencia espiritual.

El innovador estudio de Kendler planteaba la posibilidad de que, al igual que somos seres cognitivos, físicos y emocionales, seamos también seres espirituales. En otras palabras, que es posible que estemos hechos para ser espirituales y que la espiritualidad sea una parte fundamental y necesaria de la herencia humana que contribuye a la salud mental. Este estudio daba a entender que la espiritualidad no es solo una creencia, sino algo que todos tenemos la capacidad innata de experimentar. Y como ocurre con cualquier otra capacidad innata —para aprender un idioma o para cantar, por ejemplo—, la fuerza con que está presente en cada individuo varía. Hay quienes tienen una mayor predisposición genética para tocar un instrumento, o para el cálculo. Pero, en última instancia, la capacidad para ser espiritual es nuestro derecho inalienable.

Cuando terminé de leer el artículo en mi despacho de la Universidad de Columbia, arranqué con cuidado las páginas del estudio de Kendler y me las guardé en el bolso, como recordatorio de que la ciencia podía ser una lente para investigar las cuestiones esenciales que me inquietaban, y tal vez encontrar respuestas.

KENDLER Y YO habíamos estado trabajando en nuestros estudios al mismo tiempo, sin saber la una del otro, y acabábamos de publicar hallazgos complementarios. La abuela y la nieta del tren me habían llevado a descubrir la protección que ofrece esa transmisión intergeneracional de la espiritualidad, y Kendler había aportado evidencias genéticas y epidemiológicas de que la espiritualidad es una forma de ser innata y fundamental. La capacidad interior que a la abuela y a la nieta les permitió considerar a aquel hombre desaliñado y perturbado que lanzaba trozos de pollo por el vagón como algo más que una presencia inmunda y molesta es una capacidad con la que todos los seres humanos nacemos y que se puede cultivar. Los dos, Kendler y yo, habíamos descubierto, utilizando metodologías diferentes y bases distintas de datos, que cuando cultivamos esa capacidad innata para la espiritualidad, estamos protegidos contra la depresión.

Le escribí emocionada porque tuviéramos un área común de investigación. «Su artículo es extraordinario», le decía. Le conté que había estado estudiando la espiritualidad como factor de resiliencia entre niños y adolescentes, y le pedí permiso para reproducir parte de su metodología y examinar los beneficios y efectos protectores de la espiritualidad en una muestra más joven. «Si la espiritualidad es una capacidad innata –escribí–, es inevitable que se desarrolle. Me gustaría estudiar cómo».

Me contestó entusiasmado con mi proyecto y me animó a ponerme en contacto con el doctor Ronald Kessler, un científico veterano de la Facultad de Medicina de la Universidad de Harvard que, con su equipo, había creado una impresionante base de datos de adolescentes a partir de la Encuesta Nacional de Comorbilidad, la primera encuesta de salud mental representativa a escala nacional realizada en Estados Unidos. La encuesta en sí había revelado realidades tan interesantes como que solo el veinte por ciento de las personas afectadas por un trastorno de salud mental en el último año habían recibido ayuda profesional. Ahora, los datos de la encuesta les servían a los investigadores para analizar a gran escala otros aspectos relacionados con la salud mental y sus repercusiones.

Tomé, por tanto, las variables de devoción personal (parcialmente innata) y conservadurismo personal (casi en su totalidad adquirido) establecidas recientemente por Kendler, las apliqué a la gran muestra de adolescentes de entre trece y diecinueve años que Kessler había seleccionado al azar y empecé a investigar la relación entre espiritualidad personal y diversos indicadores de salud mental. La media de edad en el estudio de Kendler había sido de treinta y un años. Examinar ahora cuestiones y correlaciones similares pero en una muestra más joven me permitiría averiguar cuáles habían sido los antecedentes de lo que Kendler había encontrado entre los adultos, para lo cual se trataba de poner bajo el microscopio, por así decir, cómo había sido el desarrollo espiritual en los adolescentes.

Antes del artículo de Kendler de 1997, en el campo de la psicología nadie había desvinculado la espiritualidad de la religión. Él fue el primero en demostrar que, aunque la religión puede apoyar la vida espiritual de una persona, religión y espiritualidad son cosas distintas. La espiritualidad personal, si bien puede practicarse dentro de una tradición religiosa, incluye una conexión con un poder superior o un mundo sagrado profundamente sentida y percibida con claridad, un sentido de compromiso y de relación, que se traduce, por ejemplo, en pedirle orientación y ayuda a Dios o a la Fuente de Vida en momentos difíciles. Kendler había mostrado que los adultos distinguen claramente entre religión y espiritualidad, y que es la espiritualidad personal la que tiene un efecto protector. Me preguntaba si ocurriría lo mismo en los adolescentes y qué sugerirían los datos en lo referente a la formación de la identidad espiritual.

Descubrí que para los jóvenes la espiritualidad y la religión son distintas, pero no tanto como para los adultos. La devoción y el conservadurismo personales tenían en los adolescentes un grado de correlación más estrecho, de 0,3, frente a la correlación de 0,1 en los adultos a los que había estudiado Kendler, lo cual daba a entender que es tras un proceso de individuación cuando la religión y la espiritualidad personal se desenredan. Independientemente de la tradición religiosa en la que nos criemos, y de si nos criamos o no en una tradición religiosa, forma parte del desarrollo humano discernir con qué estamos de acuerdo y con qué no, y encontrar nuestro sitio en el espectro de la conciencia espiritual. En el caso de los adultos a los que estudió Kendler, el proceso se había completado. En el de los adolescentes de la base de datos de Kessler, el trabajo de individuación aún estaba en curso.

El siguiente descubrimiento fue extraordinario. En la muestra de adolescentes representativa a escala nacional, aquellos que habían declarado una fuerte espiritualidad tenían entre un treinta y cinco y un setenta y cinco por ciento menos de probabilidades de sufrir depresión clínica.[2] También Kendler había encontrado una correlación entre espiritualidad y salud mental en los adultos, pero mi estudio mostraba que la espiritualidad tenía un efecto aún más protector —*era casi el doble de protectora*— en la adolescencia. Ningún tratamiento clínico ni farmacológico se acercaba siquiera a estas tasas de prevención de la salud mental, ni en adultos ni en adolescentes. Y no solo eso, sino que la protección era aún más notable justo en la etapa de la vida en que tenemos mayor riesgo de sufrir un primer episodio de depresión: el riesgo de depresión en esa etapa del desarrollo coexiste con la posibilidad de experimentar un despertar espiritual que nos protegerá contra ella. En otras palabras, la espiritualidad tenía un beneficio máximo para los adolescentes en el momento justo en que aparecen típicamente los problemas de salud mental; o lo que es lo mismo, aquellos adolescentes que tenían mayor riesgo de sufrir un trastorno mental, debido a la etapa de desarrollo en que se encontraban, eran quienes más podían beneficiarse de la espiritualidad.

Vi que el proceso de individuación espiritual contribuía a la resiliencia también de otras maneras. Por ejemplo, los adolescentes que presentaban una fuerte espiritualidad tenían entre un *cuarenta y un ochenta por ciento* menos de probabilidades de desarrollar adicción a sustancias psicoactivas. Eran efectos de una magnitud impresionante. Yo no conocía ningún otro modelo de prevención ni de tratamiento que tuviera resultados ni remotamente parecidos.

Me pregunté si esa correlación podría interpretarse también a la inversa: si el rápido aumento de las adicciones y la depresión en los adolescentes podía ser signo de conflicto espiritual. Pensé en mi época de depresión durante el segundo año de carrera y en los estudiantes a los que conocí años después en el centro de salud universitario, que estaban intentando descubrir el sentido de la vida y qué camino tomar, y a los que se trataba a nivel puramente sintomático, haciendo caso omiso de su búsqueda espiritual. ¿Y si los elevados índices de adicción y depresión que veíamos en los adolescentes se debían a que los jóvenes estaban luchando por formarse espiritualmente y no los estábamos apoyando?

¿Era posible que la misma parte de nuestra configuración genética fuera la causante del riesgo de depresión y, a la vez, de la capacidad de ser espiritualmente conscientes?, ¿que depresión y espiritualidad fueran realmente las dos caras de una misma moneda?, ¿que tuvieran incluso una fisiología común? ¿Y si la condición que «patologizamos» y diagnosticamos como depresión es en realidad, a veces, sed espiritual, una parte normal del desarrollo humano que tiene un origen genético y que no es saludable sofocar o negar?

CAPÍTULO 5

ALGUIEN CUIDA DE MÍ

Cuando llevaba más o menos un año trabajando en el posdoctorado financiado por el Instituto Nacional de Salud Mental, pregunté si podía tratar a los pacientes ambulatorios de la Clínica de Ansiedad y Depresión Infantiles del Hospital Presbiteriano de la Universidad de Columbia. Los números me habían dado una extraordinaria perspectiva del grado en que la espiritualidad contribuía a la resiliencia de los adolescentes, pero quería estudiar de cerca cómo podía la psicología clínica aplicar esos hallazgos para favorecer el crecimiento y el desarrollo de los jóvenes de carne y hueso.

La clínica estaba en la séptima planta de un enorme edificio en la calle 168 Oeste, muy cerca de Broadway. Lo mismo que el hospital donde se encontraba la Unidad 6, el Presbiteriano era un viejo edificio urbano con ascensores lentos y pasillos sombríos. Pero si aquel daba la sensación de estar integrado en el barrio, este era una mole que se alzaba austera e imponente sobre el caudaloso río Hudson, a lo largo de Riverside Drive. El hospital daba servicio a las comunidades de Harlem y Washington Heights, lo que significaba que los niños y niñas a los que tratábamos vivían normalmente en entornos familiares difíciles, enfrentados a diario a la pobreza y las privaciones. Había familias recién llegadas de Haití, o de la República Dominicana, y muchos pacientes cargaban con un legado de traumas o abusos. Una parte de mi trabajo era tratar a aquellos niños y adolescentes que sufrían ansiedad o depresión, y otra investigar la dinámica de la resiliencia, buscar modelos de tratamiento que pudieran ayudar a los más vulnerables a abrirse camino pese a la dificultad de sus circunstancias. Pronto, trabajando con pacientes como Iliana, una niña de trece años que sufría de depresión mayor, hice nuevos descubrimientos sobre la relación entre espiritualidad y estabilidad mental.

Cuando la conocí en la sala de espera el día de su primera visita, destacaba a simple vista en la sala llena de grupos familiares apiñados, en su mayoría madres o abuelas con niños pequeños, que esperaban en los asientos de plástico azul. Estaba allí sola, vestida con unos vaqueros y una cazadora roja, encorvada en la silla, con los brazos cruzados y el pelo largo castaño casi tapándole la cara. Noté su tristeza y su sensación de aislamiento antes de que dijera una palabra.

Cuando entramos en el despacho, Iliana tomó asiento en una silla de aspecto aséptico con brazos de madera lacada. Se la veía tan pequeña y tan rígida, con un brazo cruzado, apretado contra el estómago, y la mano agarrada con fuerza al otro codo. Tenía la espalda encorvada, el pecho hundido como para formar un escudo alrededor del corazón.

Ella habló primero, mirando al suelo; las palabras, rápidas y directas. «Mi padre murió —dijo—. Tenía una charcutería en la calle 194. Entraron dos tipos. Él los conocía, creía que eran amigos suyos. Pero estaban colocados. Le robaron y luego le pegaron un tiro».

Le caían las lágrimas mientras hablaba. Sus ojos, oscuros como dos túneles de dolor. En mi trabajo, había visto la depresión manifestarse de dos maneras: o la persona se volvía tan retraída y distante que casi desaparecía, o la depresión emergía en forma de ansiedad y tensión. Iliana estaba más inquieta que distante. El cuerpo entero tenso y encogido, la tristeza la envolvía como una mortaja. Aun así, detecté una fuerza feroz en su interior. De vez en cuando, me lanzaba una mirada como para comprobar mi reacción y asegurarse de que la seguía, como para adivinar si sería o no capaz de lanzarle el salvavidas que necesitaba con urgencia. «Mi madre es drogadicta. Su novio es traficante. Yo vivía con mi padre —siguió diciendo—, pero ahora vivo con mi madre y mi abuela. Mi abuela es muy estricta, y mi madre casi nunca está en casa».

Aunque Washington Heights era un barrio familiar, con un fuerte sentido de comunidad, su abuela no la dejaba salir de casa más que para ir a la escuela. Los demás niños salían por la noche y se juntaban en las escaleras de entrada a los edificios, pero su abuela le tenía prohibido estar con ellos. Como se sentía atrapada y bajo vigilancia constante, Iliana había optado por atrincherarse en su habitación. Empujaba la cómoda hasta ponerla delante de la puerta para que su madre y su abuela no pudieran entrar, y ellas al final se cansaban de ordenarle que saliera. Me dijo que antes era alegre y tenía muchos amigos, pero que en los tres meses que habían pasado desde la muerte de su padre, Horacio, al que quería más que a nadie, se había convertido en otra persona. En la escuela lloraba todo el día, y lloraba toda la noche sola en su habitación. Su profesora se había dado cuenta del cambio repentino y le había aconsejado que fuera a ver a la orientadora escolar. Como la escuela estaba en la zona de servicio del hospital, la orientadora la había remitido a nuestra clínica.

Iliana había demostrado una valentía y una resiliencia increíbles al buscar ayuda, pero cuando empleé el cuestionario estándar de la clínica para evaluar sus síntomas de depresión —como determinar si comía y dormía bien o no, si tenía ataques de llanto incontrolable o aletargamiento, si la asaltaban sentimientos de desesperanza o indignidad–, vi que su situación era alarmante. Cuanto más alta es la puntuación en el cuestionario, más graves son los síntomas. Una puntuación de 10 a 12 empieza a ser preocupante. En su primera visita, Iliana obtuvo una puntuación de 27.

Empezó a venir a verme sin falta todos los martes, pero las semanas iban pasando y la puntuación en el cuestionario de depresión seguía siendo angustiosamente alta; aunque ligeramente inferior a la primera, nunca bajaba de 20. Las dos terapias que utilizábamos principalmente en la clínica –la cognitivo-conductual y la interpersonal–, aunque daban muy buenos resultados con algunos pacientes, a Iliana no la estaban ayudando.

La terapia cognitivo-conductual (TCC), la técnica más alabada del momento y el método principal que se enseña en las mejores escuelas de posgrado, sostiene que la ansiedad y el sufrimiento provienen de los pensamientos basados en errores de juicio y de la relación que establecemos con ellos. Todos tenemos habitualmente formas de pensar que nos ayudan a ordenar nuestro sentido de la realidad. Pero en los estados de depresión o de ansiedad, la percepción y el pensamiento se apartan de los cauces habituales, y con la TCC intentamos liberar a los pacientes de esos pensamientos e ideas distorsionados. El trabajo del terapeuta consiste, por tanto, en escuchar atentamente al paciente para descubrir el patrón de sus pensamientos disfuncionales y en identificar el esquema concreto, o marco mental, que tiene de base (por ejemplo, «mi madre no me quiere: estoy en peligro») y en trabajar luego con el paciente para desmontar las creencias erróneas que le hacen sufrir. Esta modalidad de tratamiento resulta muy útil sobre todo cuando el sufrimiento nace de procesos mentales dañinos, como en el caso de los ataques de pánico o las fobias, o de formas de depresión ligadas a pensamientos autodespectivos o a una sensación de impotencia.

Pero el dolor de Iliana provenía de un dolor profundo y una dinámica doméstica insostenible, es decir, de la experiencia traumática de haber perdido a su padre y de sus consecuencias, no de una forma distorsionada de pensar en sí misma o en el mundo. Intenté encontrar alguna distorsión oculta, independiente de este hecho, que estuviera en la base de su dolor, pero el resultado fue el mismo: había perdido a su padre y tenía el corazón roto.

La psicoterapia interpersonal (TIP), la otra terapia estructurada que utilizábamos en la clínica, se basa en la premisa de que el apoyo social puede ser la salvación; de que, sean cuales sean sus causas, la depresión puede tratarse reestructurando el contexto social y buscando mejores mentores y guías. En el caso de los adolescentes, la ayuda que les procura la TIP suele ir dirigida a acelerar su proceso de individuación. Esta terapia los apoya para que aprendan a defenderse y cuenten con la información y los medios que les permitan atender sus necesidades. Pero eso Iliana ya lo estaba haciendo. Había ido a hablar con la orientadora escolar, luego a la clínica, y seguía viniendo a verme cada semana, todo por decisión propia. Si alguien sabía valerse por sí mismo, era ella. Pero precisamente la relación que más le importaba, la que mantenía con su padre, se había interrumpido de repente. Su padre había sido el sol de su vida. Ahora que ya no estaba, el mundo se había vuelto oscuro y frío. La severidad de su abuela y las ausencias de su madre lo convertían en un lugar más frío todavía, y ni todos los adultos bienintencionados ni todos los recursos sociales juntos iban a devolverle aquella luz.

ILIANA TRAÍA ALGUNAS veces complejos *collages* que componía pegando fotos de ídolos adolescentes del *rock* sobre una gran cartulina blanca. «Fíjese en este —decía, señalando con el dedo a uno de los cantantes adolescentes del póster—. Parece tan majo, ¿a que sí? Tan tierno».

No la dejaban hablar con chicos, y mucho menos ir a fiestas, pero ella tenía curiosidad por lo uno y por lo otro. Era como una princesa en una torre de marfil, aislada, confinada y con tal anhelo de conexión que utilizaba las imágenes para acercarse al mundo que se le negaba.

Este era el aspecto en el que la TIP quizá le sería de ayuda. Iliana no podía traer de vuelta a su padre, pero tal vez podía negociar las relaciones en la actual situación familiar, reorganizar su mundo para necesitar atrincherarse menos. Tal vez podía dejar de poner la cómoda detrás de la puerta de su cuarto, o incluso abrir una rendija, dejar que entrara un poco de luz.

A la vista del clima de tensión que había en su casa, quise asegurarme de que Iliana contaba con todo el apoyo posible para tratar de modificar la dinámica familiar, así que, con su consentimiento, invité a su madre y a su abuela a unirse a nosotras en su quinta sesión. No estaba segura de si vendrían. Pero ese martes cuando fui a la sala de espera a buscar a Iliana, allí estaban, sentadas a su lado en los asientos de plástico azul. La abuela, inmigrante de la República Dominicana, llevaba una impecable blusa blanca y una falda larga entallada, y el pelo negro, veteado de canas, peinado hacia atrás y recogido en un moño tirante, los surcos del peine aún visibles. Esperaba erguida como una vara, con el bolso bien sujeto sobre el regazo.

La madre iba vestida de un modo más informal, con vaqueros, zapatillas deportivas y una desgastada cazadora de estilo *bomber* con hombreras y estrecha de mangas. El pelo suelto le caía sobre los hombros. No iba exactamente desaliñada, pero parecía desconectada y distante. Evitaba mirarme a los ojos; si en algún momento se cruzaban nuestras miradas, apartaba la suya rápidamente. Debía de tener treinta y tantos años, pero, más que una madre, parecía una adolescente a la espera de recibir una reprimenda. Me daba toda la impresión de que la abuela la había obligado a venir.

La abuela y la madre querían hablar primero conmigo a solas, sin que estuviera Iliana, y cuando entramos en el despacho empezaron a decirme lo tristes y preocupadas que estaban.

—Iliana está rabiosa, no quiere salir de su cuarto —decía la abuela—. Atranca la puerta. Se enfada conmigo porque no la dejo irse por ahí. Pero es que tiene trece años, empieza a parecer una mujer. No quiero que vaya a las fiestas. —Me miró muy fijamente—. No quiero que acabe como su madre.

La madre de Iliana no se inmutó. No parecía estar ofendida ni sorprendida. Daba la sensación de que ya habían pasado por lo mismo. La única reacción que tuvo a la crítica que acababa de oír fue mirarme, no en busca de ayuda, sino como diciendo: «Es la verdad. Ahora ya conoces la historia».

Me volví hacia la abuela.

—Lo que usted más quiere es proteger a Iliana.

Ella irguió la espalda, se le tensó la mandíbula. Asintió con la cabeza.

—Y tiene miedo de que, si la deja ir a fiestas, pueda pasar cualquier cosa.

Por un instante, bajó del todo la guardia, se le suavizó el rostro.

—Tengo que contarle algo —dijo, inclinándose un poco hacia delante. Tomó aliento de golpe—. De niña me violaron. Luego otra vez, cuando era adolescente. —Señaló a su hija—. Mi hija, a ella también la violaron.

Ahora las dos me miraron de frente. La madre de Iliana asintió con la cabeza.

—Sabemos el horror que es —añadió.

Debajo de su fortaleza pétrea y del aire distante de la madre, había dos corazones tiernos y doloridos que intentaban proteger a aquella niña. El problema era que, a Iliana, en la práctica sus buenas intenciones la estaban perjudicando en vez de ayudarla. Les hablé con delicadeza.

—¿Sabe algo Iliana de estos abusos?

—No se lo hemos contado —respondió la abuela—. Queremos que se lo diga usted. Aquí. Hoy.

Volvieron a la sala de espera e Iliana entró sola en el despacho.

Cuando le conté la verdad tan dolorosa que su abuela me había pedido que le transmitiera, se quedó mirando al suelo. Durante varios minutos no dijo nada. Como si el peso que le encorvaba la espalda hubiera aflojado, se fue relajando hasta quedarse en una postura de puro decaimiento, y cuando finalmente levantó la cabeza, tenía lágrimas en las mejillas.

—Es tan triste... —dijo—. Me da tanta pena que hayan tenido que pasar por eso...

Incluso en mitad de su sufrimiento, sentía intensamente el de ellas. Parecía haberse quedado, además, un poco desorientada, como si lo que acababa de saber la hubiera obligado a recolocar las piezas de su mundo de una manera nueva.

UNA VEZ DESVELADO el doloroso secreto, las cosas empezaron a ir mejor. No fue, ni mucho menos, una transformación insólita como la que presencié durante el servicio de Yom Kipur en la unidad de hospitalización, un repentino restablecimiento que dio a los pacientes una percepción y una orientación renovadas y pareció hacerlos pasar espontáneamente del sentimiento de culpa y baja autoestima a un reconocimiento de su valía humana y a la generosidad. La curación de Iliana fue notable, pero diferente. Fue obrándose poco a poco, como es lo habitual. Lenta, gradualmente, la ansiedad fue disminuyendo. Su cuerpo fue perdiendo la rigidez.

Iliana ya no se agarraba el codo con la mano del brazo contrario apretado contra el estómago como para protegerse de una agresión inminente. Empezó a comer en la mesa de la cocina con su abuela. Retiró la cómoda de detrás de la puerta de su habitación. Su abuela acabó accediendo a dejarla juntarse con sus amigas en las escaleras.

Pero su tristeza se intensificó. Se sentaba cada vez más desmadejada en la silla, con la espalda encorvada, los ojos hundidos y apagados. Iliana había llegado la primera vez a la clínica con dos problemas: el dolor intenso por la muerte de su padre y la desconexión y sensación de confinamiento que vivía en casa. El parapeto tras el que se escondía había caído, pero el profundo vacío que había en ella seguía intacto.

A los seis meses de la muerte de su padre, su abuela paterna celebró la tradicional ceremonia dominicana para honrarlo y reconectar con su espíritu, pedir por su alma y acompañarla en su transición por el cielo. A Iliana se la veía un poco más animada la semana siguiente a la ceremonia. Sin embargo, la puntuación en los cuestionarios de depresión era aún muy alta. Había descendido desde los 27 puntos de la primera vez, pero se mantenía estancada entre los 16 y los 18. Los cambios favorables que había habido en casa y el tener una mayor vida social no habían reducido el vacío inmenso que la muerte de su padre le había dejado. Me preocupaba que hubiéramos llegado al límite de lo que los modelos de tratamiento habituales podían hacer por su salud mental.

Entonces mi joven paciente encontró su propia cura.

DOS SEMANAS DESPUÉS de la ceremonia celebrada en casa de su abuela, llegó a la cita del martes como transformada, llena de energía y resplandeciente.

—¡Adivine lo que ha pasado, doctora Miller! —exclamó—. ¡Adivínelo!

En casa le habían dado permiso para ir al baile de la escuela intermedia —era el primer acto social al que la dejaban ir— si estaba de acuerdo en que sus dos primos mayores la vigilaran constantemente. Y en el baile había conocido a un chico.

—¡Bailó conmigo, habló conmigo mucho tiempo! ¡Era tan educado y tan encantador y tan tierno! Pero eso no es lo mejor de todo. ¡Adivine cómo se llama!

Horacio. Se llamaba igual que su padre.

Me incliné hacia delante, con curiosidad por saber cómo interpretaba ella la extraña confluencia.

—¡Es una señal! —me dijo—. ¿No lo ve? Mi padre cuida de mí. Él me lo ha enviado.

Durante meses y meses, había sufrido, se había sentido vacía y sola. Y, de repente, se sentía conectada y pletórica, como si una parte de ella que había estado cerrada a cal y canto se hubiera abierto, y el rincón oscuro se hubiera iluminado. El cambio era tan palpable, tan desmedido, que me quedé sin aliento.

Y la sorpresa fue mayor todavía cuando evalué a Iliana con el cuestionario que había utilizado para medir sus progresos desde el principio del tratamiento. Por primera vez la puntuación era de un solo dígito: cayó en picado a un simple 5. Los síntomas obvios de depresión grave habían desaparecido casi por completo.

Había conocido a un chico simpático y atento, lo cual para ella demostraba dos cosas: que no todos los chicos eran peligrosos o desconsiderados o sinvergüenzas, y que su padre la protegía. El lazo de calidez y relación dichosa que había tenido con él seguía vivo, aunque él estuviera muerto. Su padre caminaba a su lado. No estaba sola.

LOS MODELOS DE tratamiento clínico utilizados en el siglo XX, y que a mí me habían enseñado a usar, habrían puntualizado que el hecho de que Iliana conociera a aquel chico llamado Horacio había sido ni más ni menos que una sorprendente coincidencia; que para curarse como era debido, tenía que seguir intentando enfrentarse al dolor y aceptar que su padre ya no estaba. Pero Iliana había percibido con todo su corazón que, a través de Horacio, su padre le había enviado el mensaje de que seguía cuidando de ella, para que pudiera volver con confianza al mundo de los vivos. Pasó el tiempo y, aunque perdió contacto con el joven Horacio, nunca dudó de que su padre la protegía.

En las semanas y meses siguientes, la puntuación en el cuestionario de salud mental siguió siendo muy baja, y los síntomas de depresión, entre escasos y nulos. Su personalidad locuaz, ingeniosa y alegre volvió a aflorar.

Iliana seguía convencida de que el motivo de su recuperación había sido lo que vivió aquella noche en el baile, haber tenido una percepción mística y directa del espíritu de su padre. Me pregunté si la ceremonia dominicana que su abuela había celebrado en memoria de él habría contribuido también a aquella insólita experiencia perceptual que le hizo sentirse, en lugar de sola, acompañada, en lugar de abandonada, querida. ¿Había sido la ceremonia lo que misteriosamente la había sensibilizado a la experiencia del baile y le había hecho hallar un posible significado al encuentro espontáneo con un chico llamado Horacio? Sea como fuere, Iliana había experimentado una especie de terapia interpersonal, salvo que, en este caso, la relación que había restablecido era con alguien que estaba muerto.

Le di muchas vueltas a la cabeza preguntándome qué debía hacer para ayudarla de verdad. ¿Sería tal vez peligroso a la larga que siguiera convencida de que mantenía una relación con un padre ya inexistente? ¿Era un delirio la percepción de que su padre intercedía por ella? ¿Le impediría tal vez aceptar la realidad de su muerte? Un modelo de tratamiento estrictamente psicoanalítico habría interpretado aquella profunda certeza de que su padre estaba continuamente presente en su vida como un deseo, una fantasía, y lo que había sucedido en el baile —que el único chico con el que había tenido una conversación íntima hasta ese momento se llamara, sin ser un nombre ni mucho menos habitual, igual que su difunto padre— como una mera casualidad, por más curiosa que fuera, a la que ella le había atribuido un significado. Pensé en el oscuro invierno que viví en Yale, cuestionándome el sentido de la vida y mi propio sentido de identidad y propósito. Iliana, en medio de la oscuridad del aislamiento y del dolor, había experimentado una conexión que volvió a dar sentido a todo. Ya no estaba sola. Su padre no había desaparecido para siempre, estaba con ella, y se sentía protegida, guiada, querida. Si la hubiera tratado de acuerdo con el modelo psicoanalítico clásico, habría corrido el riesgo de hacerle mucho daño, pues habría significado invalidar por un lado su saber más íntimo, y por otro su percepción de que el mundo rebosa de sentido.

Cuando la conocí, y en las siguientes semanas, Iliana miraba la vida a través de la lente del dolor y el aislamiento. Se sentía sola, inmovilizada e impotente: no podía traer a su padre de vuelta, no podía hacer nada para evitar las ausencias ni la adicción de su madre, no podía protegerlas ni a ella ni a su abuela del abuso que habían sufrido. Ni tener los ojos bien abiertos ni saber defenderse borraban todo aquel sufrimiento, y la impotencia que eso le producía era opresiva, se sentía aprisionada. Pero de pronto había cambiado de lente. Ella sola, había transformado radicalmente su forma de percibir las mismas realidades y circunstancias. Su perspectiva de la vida se había ensanchado y era capaz de comprender que, incluso a pesar del sufrimiento, estaba acompañada y a salvo. Había presenciado cómo, incluso en momentos de terrible aflicción, incluso en los momentos más dolorosos y oscuros, algo en el entramado invisible de la vida abre un espacio para el amor y la luz.

Como psicóloga clínica, me alegraba mucho que Iliana hubiera conseguido y mantenido un estado mental tan estupendo. Y como científica, me preguntaba qué era lo que realmente la había hecho cambiar drásticamente de perspectiva. ¿Podrían otros pacientes dar un giro mental como aquel y curarse? ¿Y podría hacerse de forma consciente e intencionada?

Le conté mis dudas a una de mis supervisoras clínicas, y ella negó rotundamente con la cabeza. «Ha sido muy considerado por tu parte concederle importancia a su experiencia –dijo–. La espiritualidad que vemos en este sector de la población es manifestación de su cultura y de su relativa falta de educación. Debemos respetarla porque forma parte de su diversidad. Pero esa espiritualidad no los quita de tener enfermedades mentales».

Incluso no habiendo sufrido el trauma por la muerte de su padre, la situación de Iliana en la vida la predisponía para la depresión. Era una niña en plena pubertad, lo cual era de por sí un gran factor de riesgo. Su madre y su abuela eran ambas supervivientes de abusos sexuales, lo que significaba que se encontraba en el momento propicio para heredar ese legado traumático. Su grado de depresión había sido muy serio, casi fuera de lo normal. Y, sin embargo, se había recuperado de forma admirable y, durante los meses que seguí trabajando con ella, todo indicaba que los síntomas habían disminuido significativamente.

Era un caso clínico de riesgo y resiliencia digno de estudio, y la manifestación encarnada y visible de lo que mis estudios epidemiológicos indicaban: primero, que la espiritualidad personal era un factor tan influyente en la salud mental como para continuar las investigaciones y, segundo, que en el ser humano había una fuerte relación entre el riesgo de depresión y el potencial para beneficiarse de la espiritualidad.

AUN CON TODO, esa fuerte correlación entre espiritualidad y salud mental que había visto en el estudio de Kenneth Kendler, y en mi propia investigación epidemiológica y práctica clínica, seguía siendo en gran medida invisible en el campo de la psicología.

En 1998, dos años después de conocer a Iliana, tuve la inesperada oportunidad de presentar la investigación en un foro importante. La Universidad de Columbia organizaba la serie Grand Rounds de conferencias de psicología científica, en la que una diversidad de psicólogos, prestigiosos y noveles, presentarían sus actuales investigaciones. Un compañero de posdoctorado se me acercó una semana antes de la fecha de su presentación y me preguntó si quería sustituirlo. Estaba agotado, me dijo que no daba abasto, que se quedaba hasta la madrugada haciendo las rondas del hospital psiquiátrico además de pasarse el día en los cursos de formación clínica, y que le hacía un gran favor si me presentaba en lugar de él.

Solo había avanzado un poco en el estudio de los datos de adolescentes que me había cedido Kessler, y me habría gustado disponer de algo más de tiempo antes de exponer los resultados, pero estaba tan entusiasmada con lo que iba descubriendo que no dudé en aprovechar la oportunidad.

Debería haberme puesto nerviosa, cuando me senté en el gran auditorio a la espera de que el digno e intimidante doctor David Shaffer, presidente de la División de Psiquiatría Infantil y Adolescente de la Universidad de Columbia, me presentara. Dos puertas metálicas, una detrás de otra, se cerraban con un golpe seco cada vez que alguien entraba en la sala. Cuatro de mis colegas más veteranos entraron juntos y se sentaron en la primera fila, muy erguidos, todos vestidos con trajes impecables. Entre ellos estaba una de las mayores defensoras de la terapia interpersonal, el principal modelo de tratamiento que habíamos utilizado en la Clínica de Ansiedad y Depresión Infantiles, donde había conocido a Iliana. Sus estudios marcaron un hito al demostrar que lo que más necesitan los adolescentes es aprender a defenderse, y que en la mayoría de los casos la depresión que sufren se debe a que no saben cómo reconfigurar su mundo, por falta de unos mentores y guías adecuados. El hombre que estaba sentado al lado de ella estudiaba los efectos de los fármacos en la ansiedad de niños y adolescentes. Acostumbraba a invitar a participar en sus estudios a niños y niñas de Washington Heights —el barrio donde vivía Iliana— y les inducía un ataque de pánico. A continuación, les administraba fármacos diversos y medía los efectos calmantes de cada uno de ellos. Yo respetaba su interés por ayudar a los jóvenes que sufrían de ansiedad, pero sus métodos de investigación siempre me habían parecido innecesariamente agresivos, y, después de lo que había visto en la Unidad 6, desconfiaba de la tendencia tan extendida en nuestro campo a utilizar medicamentos para tratar los síntomas y a descartar prácticamente la posibilidad de curación real de los pacientes. Pero, al igual que los demás profesores de la sala, era un científico de renombre, un experto, y esta era mi gran oportunidad de exponer un hallazgo de vital importancia ante algunos de los científicos más cualificados, compañeros y compañeras de profesión que podrían utilizarlo para ayudar a la gente.

Así que cuando el doctor Shaffer subió al podio y empezó a presentarme, sentí una gran emoción. Como presidente de la División de Psiquiatría Infantil y Adolescente, era él quien me había admitido para el posdoctorado que había hecho posible mi investigación. A aquel hombre serio que ocupaba una posición de prestigio –un hombre con mucho poder en la Facultad de Medicina de la Universidad de Columbia, reconocido internacionalmente como un experto en suicidios, y casado además con la famosa editora de la revista *Vogue*– le apasionaba la ciencia, y los descubrimientos le hacían saltar de alegría. Ese día le brillaban los ojos, y terminó de presentarme haciendo alusión a una experiencia personal: «Nunca me habría planteado que la religión o la espiritualidad pudieran tener relevancia para la psiquiatría –dijo–. Hasta que, investigando el suicidio de niños y adolescentes, descubrí algo en los datos que me sorprendió. Vimos que, aun siendo bastante extenso el cuestionario escolar que utilizábamos para detectar alguna psicopatología, es muy difícil identificar qué factores pueden ser una protección contra el suicidio. No había ninguna variable que por sí sola indicara quién manifestaría o no una tendencia suicida..., salvo una: una fuerte espiritualidad personal era la única variable que tenía un vínculo inversamente proporcional con el suicidio. Fue un hallazgo muy interesante y casi accidental. El trabajo de la doctora Miller lo examina a fondo».

Llegué prácticamente flotando al frente del escenario, como elevada y transportada por estas palabras. Con el corazón retumbándome en el pecho, empecé a presentar los resultados de los estudios epidemiológicos sobre las correlaciones entre la espiritualidad y unos índices reducidos de depresión y adicción a sustancias psicoactivas, así como las cifras que reflejaban los efectos de la transmisión intergeneracional de la espiritualidad y su destacada influencia en una etapa concreta del desarrollo humano. Mientras hablaba e iba pasando las diapositivas, un hombre de la primera fila se inclinó hacia delante, el ceño fruncido.

Al terminar la charla, fue el primero en hablar.

–La idea esta de la espiritualidad –dijo–, ¿cómo se le ocurrió?

Antes de que pudiera decir una palabra, la mujer que estaba sentada a su lado levantó la mano y dijo:

—Estoy intentando entender qué significan *realmente* estos datos. No puede ser la espiritualidad lo que provoca esas transformaciones.

—Es la participación social —añadió alguien.

—La participación social estaba controlada en el análisis —expliqué—. La relación entre espiritualidad y depresión existe independientemente de cuál sea la participación social del sujeto.

—¿Cómo la ha medido? —preguntó la mujer de la primera fila.

Volví a la diapositiva correspondiente.

—Utilicé las medidas normalizadas habituales —contesté—, las mismas que utilizan usted y la mayoría de los profesores aquí en la universidad.

Mucha gente empezó a susurrar, a recoger sus bolsas y papeles y a levantarse para salir. Los que seguían sentados me miraban con los ojos entrecerrados y expresión de desconcierto.

—Estas son las medidas normalizadas de participación social —repetí—. Hay una correlación entre espiritualidad y salud mental que es totalmente independiente de la participación social.

Mi colega de la primera fila movió de lado a lado la cabeza.

—Tendrá que ver con algún otro aspecto de la participación social —dijo—. Tiene que haber una variable oculta debajo de todo esto que explique la aparente relación.

Esa era la crítica que no fallaba nunca: que alguna variable oculta fuera la responsable de un hallazgo, una variable oculta que no podía medirse ni controlarse porque nadie la había encontrado ni la había visto, puesto que aún no se sabía cuál era. Me parecía interesante y significativo que se intentara a toda costa encontrar una explicación, que no se dejara piedra sin remover. Pero me parecía también poco científico desechar la relevancia de una variable clara y concreta —en este caso, la espiritualidad— en favor de una variable amorfa, una mera especulación, indefinida e invisible. Había subido al escenario convencida de que iba a mostrar una posibilidad de curación; parecía que solo había conseguido crear un malestar unificado.

El doctor Kendler había tenido que hacer frente a críticas similares cuando publicó en 1997 el estudio que había coincidido con mi propia trayectoria de investigaciones. Le dijeron: «Lo que usted llama espiritualidad es en realidad personalidad, ni más ni menos. No controló usted la personalidad. No miró a ver si eso que parece espiritualidad no es en verdad la expresión de un temperamento no reactivo, o de personas introvertidas». Kendler era el epidemiólogo genético de mayor renombre, conocido en todo el campo de la psicología por haber identificado en qué grado es hereditaria cualquier afección mental. Había descubierto que el trastorno bipolar es hereditario en un sesenta por ciento, y la esquizofrenia en más de un ochenta por ciento. Todo el mundo aceptó estos resultados y el método científico que había utilizado para obtenerlos. Pero en cuanto tocó la espiritualidad, una legión de críticos se lanzó contra él diciéndole: «Esta vez no has puesto suficiente cuidado».

Así que en 1999, dos años después del estudio original, lo repitió, esta vez identificando los «cinco grandes» rasgos de la personalidad, junto con la devoción personal.[1] Descubrió que los rasgos de la personalidad y de la espiritualidad son independientes, excepto en un aspecto: la apertura a la experiencia. Quienes están abiertos a nuevas experiencias son también más propensos a identificarse como personas espirituales. Sin embargo, uno y otro tipo de rasgos no se solapan por completo, y el que alguien esté abierto a nuevas experiencias no significa necesariamente que sea más espiritual. Este nuevo estudio respondía a una de las críticas que el doctor Kendler recibió a raíz del estudio original, pero no resolvía el malestar general que había provocado al considerar la espiritualidad como una línea de investigación científica.

Aunque todos alabamos la supuesta objetividad de la ciencia, lo cierto es que la ciencia suele seguir —y consolidar, en última instancia— las tendencias de la cultura en que está inmersa. El método científico puro es objetivo; *cómo* se estudia algo está definido con rigor. Ahora bien, *qué* se estudia suele estar sujeto a los gustos y apetitos de la cultura. En la época en que el doctor Kendler y yo investigábamos este tema, a finales de los años noventa, había una fascinación por estudiar los fundamentos biológicos de la psicología y la salud mental. Nadie había encontrado aún ningún correlato biológico de la espiritualidad, y por tanto la espiritualidad no tenía cabida en la ciencia ni en la psicología contemporáneas. Estaba comúnmente aceptado que la biología era real y que la espiritualidad *no* lo era. Pero esta verdad comúnmente aceptada no se había determinado tras un minucioso examen científico. Existía esa dicotomía solo porque nadie había investigado si la espiritualidad tenía un fundamento biológico. De ahí que cuando mis colegas oyeron hablar de la espiritualidad en un contexto científico, no supieron dónde encajarla. No se contemplaba en sus modelos, y por consiguiente muchos la rechazaron de plano.

Después de la incómoda acogida que había tenido mi presentación en las Grand Rounds, me sorprendí y me puse un poco nerviosa cuando el doctor Shaffer me llamó para pedirme que fuera a verlo. No sabía qué esperar. Me senté en su gran despacho acristalado con vistas al río Hudson, él detrás de un enorme escritorio.

—Es de verdad impresionante, ¿no te parece? —dijo.

—¿El qué? —pregunté.

—Pues eso, la *magnitud* del hallazgo.

Asentí con la cabeza. Sí, era impresionante. Por eso llevaba días impaciente por dar a conocer los datos.

—Significa haber dado con algo extraordinario para tratar a los jóvenes.

Volví a asentir.

—Quiero contarte una cosa —siguió diciendo—. Con el tiempo, mi esposa y yo nos hemos hecho muy amigos de Louanne, la asistente administrativa de este departamento. Hace unos años, su madre, que tenía más de noventa, cayó enferma, era una enfermedad terminal, y Louanne nos pidió que fuéramos a hacerle una visita. Nos sentamos en su habitación a tomar un té. La madre de Louanne estaba en la cama recostada en unos almohadones, muy enferma. Le pregunté cómo se sentía. Contestó: «Ah, no estoy preocupada en absoluto». Me dedicó una sonrisa perspicaz, muy tranquila, y luego dijo: «Ya he hecho las maletas. Voy a reunirme con mi creador».

El doctor Shaffer me miró con ojos radiantes.

—¿No es magnífico? —Luego me dijo—: Te he propuesto para el Premio William T. Grant.

Ese año recibí además una segunda y sustanciosa beca del Instituto Nacional de Salud Mental para el desarrollo profesional. Ambas, tanto esta como la beca de investigación William T. Grant, eran subvenciones prestigiosas, extremadamente respetadas; hasta el momento no había nadie en el Departamento de Psiquiatría de la Universidad de Columbia a quien se le hubieran concedido las dos. En la práctica, se traducirían en cinco años de financiación para llevar a cabo mi propia investigación de la depresión y su tratamiento, así como de la relación entre desarrollo espiritual y resiliencia en los jóvenes.

Más emocionante todavía fue que los datos que había presentado en las Grand Rounds se publicaron en otro artículo de la revista naranja, lo que sugería que una investigación científica seria podía cambiar el campo de la psicología y mejorar el tratamiento de pacientes como Iliana. A los colegas bienintencionados que habían preguntado si las cuestiones relacionadas con la espiritualidad eran relevantes para la psicología, ahora podíamos contestarles definitivamente: «Sí. Esto es riesgo y resiliencia. Esto es psiquiatría. Esto es salud mental infantil y adolescente».

 CAPÍTULO 6

LA LLAMADA A LA PUERTA

Mientras tanto, la relación entre biología y espiritualidad estaba desarrollándose en mi propio cuerpo. Hacia la mitad del posdoctorado, Phil y yo habíamos decidido ser padres. Siempre había formado parte de nuestro plan de vida, de la visión que compartíamos cuando nos enamoramos, nos casamos y empezamos a abrirnos camino en nuestras respectivas profesiones. Ahora, con los estudios terminados, nuestras vidas profesionales en marcha, estabilidad financiera y habiendo iniciado ya nuestra cuarta década de vida, había llegado el momento. No fue tanto tomar una decisión como abrazar conjuntamente el siguiente paso lógico y deseado.

Pero iban pasando los meses y no me quedaba embarazada. En cada ciclo, nos ilusionábamos, aguardábamos llenos de esperanzas, y luego nos precipitábamos al abismo de la decepción. Tras varios intentos fallidos, la ginecóloga me hizo las pruebas habituales. No apareció nada preocupante. No había ninguna razón biológica para que no pudiera concebir. Pero pasaron varios meses más, y el bebé no llegaba. «Hay métodos que podéis plantearos», me dijo un día finalmente, y me entregó una pila de folletos de fertilidad, todos en papel charolado de tonos pastel.

Phil y yo los estudiamos con calma esa noche. Parecía que seguía contento de haber cambiado de trabajo, aliviado por no tener que ponerse cada día el uniforme, hacerse un hueco a empujones en el metro abarrotado ni montar en el dichoso ascensor. Pero el viaje al trabajo volvía a ser un problema. Cuando lo conocí, Phil tenía siempre la sonrisa en los labios, una sonrisa que a la menor ocasión se le ensanchaba casi de oreja a oreja. No se enfadaba con facilidad. Sin embargo, enfrentarse a los bocinazos y la agresividad constantes en la autopista lo estaba volviendo cada día más tenso e irritable. No toleraba ya el ruido de la ciudad. Empezó a dormir en el suelo del vestíbulo, lejos de la ventana, tapándose la cabeza con mantas, tratando de encontrar un hueco de tranquilidad. Había dejado el trabajo anterior, que lo aturdía, pero no estaba bien. No estábamos bien. Estábamos los dos confundidos, en una situación muy distinta de todo lo que habíamos vivido hasta entonces, en la que ni la pasión ni la ambición tenían nada que ver con lo que estaba pasando. Estudiamos los folletos y aprendimos todas las siglas, IU, FIV, como si el vocabulario en sí fuera la semilla de una esperanza.

—¿Y si nos vamos de la ciudad? —le pregunté una noche—. ¿Y si nos vamos a vivir al campo? ¿Crees que eso te haría feliz?

—No lo sé —contestó.

Era un espécimen de la costa este hasta la médula, la persona más franca que conocía..., tanto que su franqueza a veces incomodaba a la gente, aunque a mí siempre me resultó tranquilizadora. Podía contar con que sabría lo que quería y diría lo que pensaba.

—Mis amigos están aquí —siguió diciendo—. ¿Quiénes serían nuestros amigos si nos fuéramos?

Era una buena pregunta. Allí teníamos un sólido círculo de amigos y una vida social muy activa. Y, sin embargo, nos sentíamos aislados. Era una sensación de desconexión, de rutina, como si algo nos faltara aunque teníamos de más. Tal vez irnos de allí nos ayudaría a sentirnos más conectados con la gente, entre nosotros y con nosotros mismos. Empezamos a explorar las zonas rurales de Nueva York y Connecticut los fines de semana, para ver cómo nos sentaba. Mientras conducíamos por las estrechas carreteras serpenteantes, contemplando los cambios de luz entre los árboles, a Phil la tensión del cuello y de la mandíbula se le desvanecía. Parábamos a echar gasolina y me quedaba escuchando el parloteo de los pájaros. Incluso tierra adentro, cuando el viento cambiaba de dirección se olía el mar. Un domingo vi en un jardín un letrero «Jornada de puertas abiertas»* y le pedí a Phil que parara.

Mirar casas relajadamente se convirtió en parte de nuestro ritual de fin de semana. Vimos casas coloniales holandesas, granjas victorianas y maravillas arquitectónicas con escaleras y pasarelas y ventanales en ángulo construidas en las laderas de los acantilados. Me era fácil imaginarme la casa que estábamos medio buscando: una explanada llana de césped, grandes árboles. No una casa suburbana, sino rural. El canto de los pájaros. El brillo del agua.

Un día de noviembre de 1997, nos salimos de una carretera que serpenteaba a través del bosque a unos kilómetros de la autopista interestatal 95, hacia el interior de Connecticut, y bajamos por un camino empinado. Allí estaba. Una vieja cabaña de pescadores al final de una estrecha lengua de tierra en mitad del río Saugatuck. El agua bajaba con fuerza, formando olas con crestas blancas de espuma. Era una imagen viva, sonaba viva. Fluía rápida y centelleante acogiendo la luz, hasta que al final del día la proyectaba hacia la orilla, como un segundo cielo. Cuanto más tiempo

---

* N. de la T.: Básicamente se trata de una jornada de medio día o día entero, en la que uno o varios agentes están presentes en la vivienda en venta, con toda su documentación, para que cualquier persona que pueda estar interesada en su compra, o en conocer como son los inmuebles en esa zona, puedan visitarla sin pedir cita previa.

pasaba allí, más vivo me parecía todo; no solo el agua saltarina y la luz danzante, sino el paisaje entero, los pájaros, las nutrias que iban y venían. Sentí que el río obraba en mí lo que el agua en las piedras: su correr constante, su sonido musical me iban suavizando. Cuando estaba en Nueva York, notaba los pensamientos divididos y nerviosos. Aquí no, aquí no sentía que la mente fuera un torbellino de partículas y señales eléctricas. Era una ola. Una extensión. La casa en sí estaba llena de encanto, era acogedora y tenía mucha luz. La mayor parte del espacio era una gran sala de estar abierta, con ventanas gigantescas a lo largo de una pared, y dos dormitorios encajados uno a cada lado. Lo supe al momento: aquel era un sitio donde podíamos formar una familia.

Hasta haber comprado la casa y estar de pie en mitad del salón una noche a finales de invierno, agotados, rodeados de montones de cajas y objetos de todo tipo, a Phil no se le había pasado por la cabeza. Me miró aterrado: «¿Adónde vamos a ir a comprar comida china?».

No teníamos nada de comer en la casa, y por supuesto no había ningún restaurante, ni bodega, ni puesto de *falafel* a la vuelta de la esquina. No había esquina. No había más que nuestra silenciosa lengua de tierra y un puente estrechito que cruzaba a la orilla de enfrente. Nos montamos como pudimos en el coche, todavía sin descargar. En todos los viajes que habíamos hecho hasta allí, nunca habíamos prestado atención al centro de los pueblos ni a los centros comerciales. No nos interesaban. Habíamos estado tan ocupados explorando en busca de la vida ideal que no habíamos hecho ningún plan para la vida real. Habíamos creído que, con solo pulsar un interruptor, nos convertiríamos en gente de campo. La verdad es que no sabíamos cómo sobrevivir en aquel sitio. ¿Dónde íbamos a comer?

Phil tomaba excesivamente rápido las curvas en dirección al primer pueblo. Eran casi las ocho. ¿Habría algo abierto? Entramos a toda velocidad en Post Road, la calle principal de Westport, y nos encontramos con una hilera de establecimientos de una sola planta, uno a continuación de otro. La mayoría de los escaparates estaban a oscuras. Tintorería. Farmacia. Todos cerrados. Pero entonces lo vimos: el parpadeo de una luz de neón, el único letrero que seguía encendido, nuestro faro. Phil se metió rápidamente en el aparcamiento casi vacío y entramos corriendo en la Trattoría Angelina, justo en el momento en que el encargado estaba a punto de cerrar. Al vernos la expresión esperanzada, nos hizo pasar, y nos desplomamos en las sillas de plástico y pedimos una *pizza*. Phil sacudió la cabeza con desaliento, señalando al otro lado de la ventana un rótulo que se distinguía en medio de la oscuridad a la entrada del aparcamiento. Debía de decir Post Plaza (plaza de Correos), pero a la P se le había roto el semicírculo, que había quedado colgando a trozos. «¡Estamos en Lost Plaza! (plaza perdida)», dijo.

En el camino de vuelta, las casas iluminadas brillaban entre los árboles. Veíamos al pasar a las familias en el interior; alguien en la cocina delante del fregadero, grupos de padres y niños sentados en la intimidad al lado del fuego o frente al televisor. Pero cuando empezamos a bajar la cuesta de entrada a nuestra nueva casa, todo estaba oscuro. Aún estábamos muy lejos de la vida que queríamos.

UNOS MESES DESPUÉS, en la primavera de 1998, tras un ciclo más sin concebir, mientras Phil y yo nos cepillábamos los dientes una noche en el cuarto de baño, se volvió hacia mí. «Podríamos probar la inseminación artificial», sugirió.

De entre los distintos métodos, la inseminación artificial era el menos invasivo.

Hicimos el procedimiento dos veces. Seguía sin haber bebé. Al tercer intento, me atendió en la clínica una enfermera nueva, una sustituta temporal. Tendría unos cuarenta y cinco años. Tarareaba mientras me acomodaba en la mesa y preparaba la jeringa. «¡Muy bien! —dijo, dando vía libre a las células de Phil dentro de mí—. Aquí empieza una vida».

Y así de fácilmente, por primera vez, concebimos. Incluso en esas primeras, primerísimas semanas, la alegría de llevar una vida en mi interior me vibraba en cada célula. ¡Phil y yo íbamos a ser padres! Albergaba una pequeña luz dentro de mí y sentía su calor, su esperanza y su promesa. En apenas unos meses conoceríamos a un pequeño ser humano absolutamente único al que adorábamos ya hasta la médula. Incluso los momentos más rutinarios de la vida (fregar los platos, recoger la correspondencia esparcida sobre la mesa de la cocina, conducir hasta mi despacho de Columbia) rebosaban de sentido, gracias al amor que sentíamos por el nuevo ser.

La noche anterior a la primera ecografía, soñé que estaba en la casa de mi infancia, en San Luis, en la cocina empapelada de flores rosas donde había pasado tanto tiempo con mi madre, ese lugar de alimento y vida, donde me habían cuidado tan bien. En el sueño estoy de pie junto al fregadero, donde solía ver a mi madre. De repente, me atraviesa el dolor más profundo. Caigo al suelo de rodillas, llorando: «Está muerto, sin haberlo llegado a conocer».

Me desperté aliviada. Solo era un sueño. Una pesadilla. Triste e inquietante, pero no verdadera. Me acaricié el vientre. No le mencioné el sueño a Phil. Nombrarlo era darle demasiada credibilidad. «¡Estoy embarazada!», me repetía una y otra vez mientras me duchaba y me vestía. Cualquier retazo del sueño que asomara aún en la cabeza, lo apartaba, me lo sacudía de encima. «¡Estoy embarazada!». Para cuando tomé la autopista en dirección a la clínica a hacerme la ecografía, había eliminado ya la tristeza del sueño. La había borrado.

Cuando el técnico de ultrasonido empezó a pasarme la sonda por el abdomen, el gel frío me hacía cosquillas. Me sentía mareada de solo pensar que iba a ver por primera vez a nuestro bebé, y me quedé con los ojos cerrados en la habitación en penumbra notando cómo la sonda se deslizaba sobre la piel. Entonces la sonda se detuvo.

—Voy a llamar a la doctora —dijo el técnico.

Sentía frío en el abdomen desnudo. Se me puso la piel de gallina en los brazos mientras esperaba. La doctora entró a toda prisa, pasó varias veces la sonda hacia un lado y hacia otro y dijo con toda naturalidad:

—Se le ha parado el corazón.

De repente, la luz se había apagado. A la doctora no se le ocurría ninguna razón médica por la que mi cuerpo no hubiera podido seguir adelante con el embarazo. Pero el sentimiento de pérdida era desgarrador. Había vida; ahora ya no.

Tenía que ir a casa y contárselo a Phil. Se encogió hasta hacerse un ovillo cuando pronuncié las palabras. Lo abracé, convulsionándose entre lágrimas. Nunca le había visto llorar así.

Mis amigas, muchas de ellas embarazadas o con niños pequeños, me animaban: «Cuando se ha estado embarazada una vez —decían—, es mucho más fácil quedarse embarazada».

Pero no era así. Phil y yo seguíamos obsesionados con tener un bebé, y sin embargo eso que deseábamos tanto no llegaba. Buscamos expertos en fertilidad por todo Manhattan, y luego recorrimos incansablemente la costa este, decididos a encontrar el médico o la clínica adecuados. Llamé a compañeras de instituto que sabía que se habían sometido a tratamientos de fertilidad *in vitro* y habían sido madres. Si su médico estaba en Boston, tenía que ir allí.

Nos quedamos en Boston en casa de mis padres un fin de semana para poder conseguir una cita a primera hora de la mañana y que me diera tiempo a llegar a dar clase por la tarde en la universidad. Al entrar en el estudio a buscar algo en el armario, vi que estaba lleno de ropa de bebé. Pequeños conjuntos de color azul, rosa y amarillo ordenados por tamaños, desde la talla para recién nacido hasta la de un año. Por lo visto, mi madre había empezado a comprarle ropita a su nieto o su nieta en cuanto le di la buena noticia. Aquel armario lleno, toda aquella esperanza guardada donde no se viera, la emoción de esperar a una personita sagrada que por el momento no iba a llegar. Me destrozó.

Todavía peores fueron los momentos de angustiosa incertidumbre que pasé en la silla de la sala de ecografía después del siguiente intento, sintiendo la sonda con la punta untada de gel recorrerme el vientre, esperando, esperando a oír un latido. Ese empezó a ser nuestro estado permanente. Esperar algo que no llegaba.

Paseaba por las pintorescas calles de cualquier pueblo de Connecticut y veía a hombres y mujeres empujando carritos de bebé, sosteniendo de las manos a niños y niñas que estaban aprendiendo a andar. Iba a las fiestas que celebraban mis amigas embarazadas para celebrar la inminente llegada de sus bebés, e intentaba no encogerme de dolor cuando empezaban a sacar los trajecitos con adornos y bordados de las cajas forradas con papel de seda. Seguimos probando tratamientos de fertilidad. Y fracasaban uno detrás de otro. Yo iba directamente a mi agenda y programaba una nueva cita. Pero no me quedaba embarazada. Y cuanto más profundo era el deseo de ser madre, más deprimida y vacía me sentía cuando llegaba el momento de la decepción. Sabía que estaba atascada. Pero no sabía cómo salir.

Un día, a principios del año 2000, Phil y yo estábamos sentados en la enésima clínica de fecundación *in vitro*, esta vez era la clínica de fertilidad de la Universidad de Pensilvania en Filadelfia, allí donde los científicos habían investigado los erizos de mar de Woods Hole e inventado el tratamiento de fecundación *in vitro*. «Por supuesto que podemos hacer que se quede embarazada», dijo el médico.

Había perdido la cuenta de las veces que un médico de gran reputación, en una clínica de renombre, me había dicho esas mismas palabras. Procuré ignorar la voz interior que me decía que se equivocaba, que cada vez que iba a una clínica de FIV con la esperanza de ser madre, era en vano. No era solo la intuición lo que me decía que parara. Era también mi cuerpo. Me habían puesto tantas inyecciones que tenía el abdomen hinchado, lleno de moratones, y estaba preocupada por que tantas hormonas me acabaran por enfermar.

Sin embargo, nadie encontraba ninguna razón fisiológica que explicara por qué no me quedaba embarazada, así que me animé a no perder la esperanza. «Este médico tiene un gran índice de éxitos», me dijo el cerebro. Firmé los formularios y las exoneraciones, tomé los medicamentos y el médico me implantó un embrión en el útero.

Esa noche tenía que guardar reposo, y Phil se quedó conmigo en la habitación del hotel por solidaridad. Estábamos en un precioso edificio de Rittenhouse Square, en una habitación que daba a un parque muy tranquilo. Nos pusimos cómodos, pedimos que nos subieran la cena y decidimos buscar algo interesante que ver en la televisión. Pero cuando Phil intentó cambiar de canal, el mando a distancia no funcionaba. Si queríamos ver la televisión, la única opción era un documental deprimente rodado en un vertedero de Río de Janeiro. Un niño, huérfano, estaba de pie encima de un montón de basura, y un reportero lo entrevistaba con ayuda de un traductor. «No me importa no poder ir a la escuela —decía—. No me importa vivir en un vertedero. Pero me duele tanto *que nadie me quiera* que esnifo pegamento para que se me pase el dolor».

Tardé unos instantes en recuperar el aliento. Miré a Phil. Él lo dijo primero: «En algún sitio hay un niño para nosotros».

YO NO SABÍA lo que significaba haber visto a aquel niño huérfano en la televisión, ni si habría ningún cambio externo en nuestro propósito de ser padres. Seguía queriendo desesperadamente quedarme embarazada. Seguía luchando contra la incertidumbre y el desánimo. Pero también me pareció significativo haber oído la historia del niño huérfano en ese momento. Me dio un destello de esperanza, reconocer que ese niño y yo formábamos parte de la misma realidad, del mismo todo.

Cuando el tratamiento de fecundación *in vitro* volvió a fallar, la desesperación habitual se apoderó de mí. Pero un nuevo sentimiento atravesó la oscuridad, una curiosidad por saber cómo se desarrollarían las cosas.

***

UNA TARDE, PASADOS varios meses, volví a casa después de un tratamiento más de FIV, una vez más convencida de que no surtiría efecto. Cuando estaba llegando a la puerta, desorientada, con la cabeza espesa, casualmente miré hacia abajo y vi algo en el umbral: negro, húmedo, del tamaño de un dedo. Me agaché para examinarlo. Un pico y unas diminutas patitas palmeadas colgaban torcidos. Era un embrión de pato. Con una de las cartas que acababa de recoger del buzón lo aparté con suavidad y lo dejé sobre la tierra al lado de la puerta.

Me metí en la cama con la ropa puesta y me eché una siesta larga y deprimente. No quería que llegara la hora de que Phil volviera a casa, ni la fecha de la siguiente cita con el obstetra, en la que probablemente nos informarían una vez más de que el embrión no se había implantado, de que no había conseguido encontrar su hogar. De repente me desperté. Llamaban a la puerta con insistencia y los golpes sonaban fuertes y claros sobre el estruendo del río. Cuando me asomé a la ventana, vi abajo un pato grande, una hembra, como atacando la puerta con el pico. *Tap, tap, tap*. Bajé, y al abrir vi que la mamá pato me había traído un regalo: una lombriz gorda y jugosa. La dejó caer en el umbral y se alejó contoneándose hacia el río.

En ese momento, mi vida interior y exterior se alinearon, y sentí que aquello quería decir algo; demasiado insólito para haber ocurrido por casualidad. Me sentí guiada por algo, un orden mayor o una fuerza vital. En ese momento, vi en la mamá pato una evidencia de la profunda conexión que es posible entre los seres vivos, tuve un sentimiento de unidad. Incluso de esperanza.

CAPÍTULO 7

CUANDO EL INTERIOR Y EL EXTERIOR SE ALINEAN

Después de aquel primer momento sorprendente en que la mamá pato llamó a la puerta, fueron presentándose otros momentos de sincronicidad. En Nueva York, iba montada en el autobús y, de buenas a primeras, el hombre que estaba a mi lado, al que no había visto nunca, me dijo: «Parece usted el tipo de madre que daría la vuelta al mundo adoptando a toda clase de niños».

Unos días después, me llamó mi madre. Suele hacer de voluntaria en la comunidad donde viven, a las afueras de Boston, y había estado trabajando en un proyecto con una compañera que se había desentendido de la parte que le correspondía. «Normalmente no habría dicho nada —me dijo—. Habría seguido haciendo mi parte y ya está. Pero es que, al final, me ocupaba del noventa por ciento del trabajo, y era demasiado, y estaba a punto de hablar con ella. Pero justo entonces me dice que está preocupada porque acaba de adoptar un bebé de Rusia. Me invitó a conocerlo. Robert Abraham. Un niño precioso, sano, fuerte. Un verdadero encanto».

La sincronicidad iba creando sincronicidad. Como si haber percibido la sincronicidad aquella primera vez al ver al niño huérfano en la televisión, y luego de nuevo al aparecer la mamá pato, hubiera abierto una vía de percepción a más y más sincronicidades. Tuve la sensación de que, al igual que en una búsqueda arquetípica, en mi viaje me estaba abriendo, muy poco a poco, a la guía de ayudantes y sanadores. Estaba empezando a tener conciencia de lo que los caminantes que recorren el Pacific Crest Trail, desde México hasta Canadá, o el Sendero de los Apalaches, desde Georgia hasta Maine, llaman «los ángeles del sendero», personas que aparecen y ofrecen comida, ayuda o un sitio donde recuperar las fuerzas a los caminantes cansados. Todavía me quedaba un largo viaje por delante, lleno de incógnitas. Pero ya no sentía que estaba sola. Percibía con claridad la ayuda, el apoyo y el afecto que me acompañaban en el camino.

Sin embargo, no había nada en el ámbito de la psicología que fuera capaz de explicar todo aquello que yo experimentaba a nivel personal y clínico. No había ningún modelo que describiera adecuadamente o contemplara siquiera la liviandad y fluidez que sentía cuando mi vida interior y exterior se sincronizaban, una sensación de estar flotando que no provenía de conseguir lo que quería, sino de percibir de repente mi lugar en el mundo como en una nueva dimensión. La psicología tenía una perspectiva de la curación demasiado limitada, basada en escudriñar el mundo de una persona y tejer conjuntamente con ella un significado, porque todos nos sentimos mejor cuando somos capaces de darle un sentido más luminoso a lo que compone nuestra vida. Pero lo que yo estaba presenciando en mi viaje de fertilidad, y cuando trataba a mis pacientes, no era tanto que nos curamos cuando le *imponemos* al mundo un sentido más positivo como que damos un giro hacia la sanación cuando inesperadamente, y por lo general tras considerables dificultades y dolor, un sentido trascendente se nos *revela*. La sincronicidad parecía ser una vía para que, incluso en medio de la oscuridad y el sufrimiento, una nueva dimensión del mundo se manifestara o irradiara su luz desde nuestro interior.

Para entonces era profesora del Teachers College de la Universidad de Columbia, y a los cursos habituales de posgrado había añadido uno de espiritualidad y psicología, el primero que se ofrecía con este nombre en una universidad de la Ivy League.[*] El primer día de clase les pedí a los estudiantes que, para comenzar el semestre, escribieran sobre alguna ocasión en que hubieran confiado en un profundo saber interior y hubieran comprendido intuitivamente que algo tenía sentido, aunque nadie los hubiera dirigido hacia ello o nadie estuviera de acuerdo. Cada semana, llegaban a clase con las manos vacías. «¿Podría aclararnos un poco en qué consiste el ejercicio? —me preguntaban—. No estamos seguros de lo que nos pide. ¿Qué quiere decir con "saber interior"?». Cada semana, yo les repetía las instrucciones: «Quiero que me habléis de alguna vez que supisteis que algo era verdad aunque los demás opinaran lo contrario u os dijeran que estabais equivocados».

Finalmente, al cabo de cinco o seis semanas de darle vueltas y más vueltas, una chica de pelo oscuro rizado levantó la mano. «Es muy curioso, doctora Miller —dijo—. Usted explica la tarea con toda claridad, y una semana después venimos llenos de preguntas y le pedimos que nos la explique de nuevo. Creo que es porque hemos pasado todos estos años, desde la guardería hasta la universidad, y también ahora en la escuela de posgrado, intentando adivinar qué es lo que el profesor o la profesora quiere, e intentando aprender las ideas que supuestamente deberíamos tener. Y después de tanto

---

[*] N. de la T.: La Ivy League es una agrupación deportiva compuesta por ocho universidades privadas del noreste de Estados Unidos: Brown, Columbia, Cornell, Dartmouth, Harvard, Pensilvania, Princeton y Yale, consideradas, más allá del contexto deportivo, entre las más prestigiosas y de mayor renombre académico del país.

tiempo preocupándonos de pensar lo que supuestamente debemos pensar, no sabemos lo que pensamos».

Sus palabras apuntaban a la paradoja de que, a la par que vamos siendo personas más y más instruidas, vamos confiando menos y menos en la capacidad que tenemos de saber.

¿Qué ocurre cuando aprendemos –o reaprendemos– a dar validez a lo que percibimos, a confiar en que somos capaces de saber de muchas maneras distintas? La sincronicidad –cuando dos acontecimientos aparentemente dispares se unen a nivel de significado o de conciencia– parecía ser una forma accesible de iluminar y legitimar esas chispas de saber interior, esas revelaciones o instantes de comprensión súbita que sobrevenían aparentemente de la nada.

Jung habló de tres tipos diferentes de sincronicidad: (1) cuando los sucesos de nuestra vida interior y exterior son expresiones vinculadas de un mismo acontecimiento (como cuando soñé que perdía al bebé y aborté al día siguiente); (2) cuando dos o más sucesos de nuestra vida exterior son expresiones vinculadas de un mismo acontecimiento (el hombre del autobús y mi madre, hablándome los dos de la adopción de niños de otros países), y (3) cuando las situaciones que experimentan personas distintas son expresiones vinculadas del mismo acontecimiento (el niño huérfano de la televisión hablando de su necesidad de amor al mismo tiempo que Phil y yo buscábamos un pequeño ser al que amar). En una concepción puramente mecanicista de la vida, no hay forma de que dos acontecimientos separados puedan formar parte de un mismo todo unificado: los acontecimientos o no están vinculados entre sí o están vinculados por una relación directa de causa y efecto. Pero Jung señaló dos cosas: primera, que dos sucesos mecánicamente separados en el nivel de la conciencia son en realidad uno; y segunda, que no hay diferencia real entre la vida interior y la exterior.

Mis alumnos de posgrado y yo empezamos a explorar la sincronicidad como elemento del despertar espiritual. Una de las estudiantes –Lydia Cho, que al cabo de un tiempo empezó a trabajar como psicóloga y neuropsicóloga en el hospital McLean de la Facultad de Medicina de la Universidad de Harvard– realizó un estudio sobre la sincronicidad.[1] Al comienzo de un seminario, les hizo una entrevista semiestructurada a los participantes e insistió en que prestaran atención a la experiencia, y al final del seminario los volvió a entrevistar. Al analizar los resultados, descubrió que cuanto más conscientes eran de la sincronicidad, más sincronicidad experimentaban. Así es. Cuanta más atención prestamos a la sincronicidad, más evidente se hace; es como si, al abrirnos de par en par a percibirla, cobrara fuerza y se hiciera más comunicativa y profusa.

Cho descubrió también que esa percepción acrecentada de la sincronicidad iba acompañada de una mayor conciencia espiritual, lo mismo que de mejor salud mental. Cuanto más nos permitimos expandir la conciencia, más capaces somos de percibir la sincronicidad, y cuanto más nos damos cuenta de la sincronicidad, más espiritual se vuelve nuestra vida, más conectada, más consciente de las señales y de la unidad de todo.

Quería saber por qué era así, y cómo.

MARC BERMAN, DOCTOR en Psicología, y algunos de sus colegas de la Universidad de Chicago han llevado a cabo desde entonces varios estudios sobre la atención, y han demostrado cómo, cuando nos enfocamos mentalmente en un objetivo o tenemos una idea *a priori* y luego miramos nuestro entorno, sin darnos cuenta lo escaneamos en función de esa idea.[2] Es decir, lo que hace este tipo de percepción, la percepción descendente, es pasar de la idea general al detalle concreto y filtrar lo que vemos. A cierto nivel, resulta útil, pues nos ayuda a centrar la atención y a percibir solo aquello que es relevante para lo que tenemos en mente. Pero esa idea u objetivo limita a la vez nuestro campo perceptual, ya que el cerebro acaba por no percibir nada que no se ajuste a la idea *a priori*. Por ejemplo, si te despiertas por la mañana con la idea de ir a dar un paseo en coche, en cuanto te levantas ya estás buscando las llaves y las gafas de sol, y preguntándote si deberías hacer café antes de salir o tomártelo por el camino. La atención se ha ido cerrando sobre los objetos, acercándolos como un zum, y estrechando tus observaciones y pensamientos para que sirvan al objetivo de salir a la carretera. Hasta cierto punto es una forma práctica de mirar el mundo. Nos permite actuar con determinación: salir por la puerta sin dejarnos distraer por los titulares de las noticias, los platos sin fregar o cualquier otra cosa que hubiera podido captar nuestra atención. La atención descendente, de lo general a lo concreto, nos ayuda a centrarnos en la tarea, idea u objetivo que consideramos prioritarios en un momento dado.

Pero no es la única manera de percibir el mundo. Y no siempre es la mejor. A veces nos ayuda más tener una percepción ascendente, que es una forma más abierta y presente de ver lo que hay: en lugar de escanear selectivamente el entorno en busca de lo que sirve a nuestro objetivo, tenemos un rango perceptual más amplio, en el que lo más destacado o emocionalmente relevante salta a la vista. Por ejemplo, en una época de tu vida en que miras a tu hermano con recelo por lo difícil que te resulta comunicarte con él, yendo por la calle pasas por delante de dos hermanos adolescentes y te vienen a la cabeza imágenes de la estrecha relación que teníais vosotros a esa edad. O en una temporada en que tu hijita pequeña se pasa el día llorando y no sabes ya qué hacer, ves a una madre cantándole a su bebé mientras empuja el carro del supermercado y te recuerda de repente la alegría de ser madre. Lo que ves puede romper el ciclo de los pensamientos y preocupaciones habituales que te dan vueltas en la cabeza o despertarte de golpe a lo que hasta hacía un instante era un punto ciego. Esa visión inesperada puede resultar tan elocuente, tan llena de significado, que te muestre de inmediato una nueva dirección; quizá sea el principio de una manera nueva de entender las cosas o de actuar. Los estudios de Berman, y otras investigaciones del mismo tipo, permiten deducir que, aprendiendo a prestar una atención ascendente en lugar de descendente, podemos desarrollar un modo de percibir en el que, como sugiere el trabajo de Cho, se hace patente la sincronicidad.

Pero la sincronicidad no existe solo porque la percibamos o seamos conscientes de ella. Es un fenómeno físico, algo que sucede realmente en el mundo. En un momento de gran dolor, convencida de que tampoco esta vez sería capaz de concebir, encontré realmente un embrión de pato a la puerta de mi casa, y lo encontré ese día en concreto, no semanas o meses o años antes o después. Y una mamá pato realmente me trajo un gusano a la puerta. Un desconocido en un autobús, que no podía saber nada de mi lucha por ser madre, me hizo realmente un comentario sobre adoptar niños de otros países. Quién no ha tenido esta clase de experiencias. De repente pensamos en alguien a quien no hemos visto, con quien no hemos hablado o en quien ni siquiera hemos pensado desde hace años, y al día siguiente andando por la calle, en mitad de la multitud, nos encontramos con él. O levantamos el teléfono para llamar o enviar un mensaje a una amiga en el instante preciso en que entra un mensaje suyo, o suena el teléfono y es ella, sin que ninguna razón externa pueda explicar la coincidencia.

Es lógico que una atención abierta, una percepción ascendente, facilite que nos demos cuenta de las sincronicidades. Pero ¿cuál es la *causa* de la sincronicidad? ¿Qué hace que nuestra realidad interna y externa se alineen en lo que parece una improbable y aleatoria coincidencia?

POR ISAAC NEWTON, y sus fundamentos de la física clásica publicados a finales del siglo XVII, supimos que hay ecuaciones matemáticas que rigen y explican las propiedades fundamentales del mundo físico. Podemos predecir lo que ocurrirá cuando lancemos una pelota o hagamos girar una manivela o actuemos sobre el mundo físico del modo que sea. Disponemos de información útil, precisa y coherente sobre cómo se comporta. La comprensión que tuvo Newton de la gravedad y las leyes del movimiento, por ejemplo, aunque fueron revolucionarias en su época, son ahora formas fundamentales e incuestionables de entender cómo funciona el mundo.

Sin embargo, como descubrieron los físicos hace ya más de cien años, la física newtoniana clásica no siempre funciona. Funciona para los objetos cotidianos que se mueven a velocidades cotidianas, pero no cuando intentamos predecir o describir el comportamiento de cosas muy pequeñas (como las partículas subatómicas), muy grandes (como las estrellas) o muy complejas (como los sistemas vivos). Una nueva rama de la física, la física cuántica, nació de esta imposibilidad de la física clásica para describir con precisión la realidad entera. La teoría cuántica explica los sorprendentes comportamientos que tienen los electrones y las demás partículas subatómicas, es decir, lo que no sabíamos sobre algunos aspectos fundamentales de nuestro mundo hasta que empezamos a hacernos preguntas sobre el mundo físico a una escala cada vez más pequeña y cada vez más grande. La física cuántica ha hecho posibles algunos avances tecnológicos tan importantes como los ordenadores, las cámaras digitales, los rayos láser y la luz led. Y podría ayudar a explicar también las propiedades físicas de la sincronicidad.

Uno de los primeros científicos en detectar un aspecto asombroso de la física cuántica fue el físico británico Thomas Young. Aunque trabajó estrictamente dentro del paradigma de la física clásica, su experimento de la doble rendija reveló en 1801 lo que ha resultado ser uno de los principales esenciales de la física cuántica: que la materia puede comportarse como onda, y viceversa. En aquella época, la opinión generalizada era que la luz estaba formada por partículas. Pero cuando Young hizo brillar una fuente de luz sobre una placa metálica atravesada por dos rendijas paralelas y colocó una pantalla detrás de la placa para poder observar lo que sucedía cuando la luz pasaba por las rendijas, vio algo sorprendente. La luz no incidía en la pantalla dejando dos manchas nítidas que coincidieran con el tamaño y la forma de las dos rendijas, como se esperaba. La luz que pasaba por las rendijas formaba en realidad un patrón alternativo de franjas claras y oscuras repartidas por la pantalla. Young llegó a la conclusión de que las franjas estaban causadas por un patrón de interferencia que se formaba cuando dos ondas de luz atravesaban simultáneamente las rendijas. En las franjas brillantes, las ondas se sumaban entre sí; en las franjas oscuras, las ondas se anulaban una a otra. Este patrón de interferencia en forma de franjas solo era posible si la luz estaba compuesta de ondas, no de partículas.

Pero resulta que no es tan sencillo. La luz no se comporta como partículas *o* como ondas. Se comporta como ambas. Los experimentos de la doble rendija posteriores demostraron que se podían detectar fotones de luz individuales al pasar de forma independiente por cada rendija, y que la luz era absorbida por la pantalla en puntos discretos, como si la pantalla fuera impactada por partículas individuales, en vez de por una onda. Y lo que es aún más sorprendente, a principios del siglo XX, se realizaron experimentos de doble rendija con electrones —partículas de materia diminutas—

y se descubrió que mostraban la misma dualidad onda-partícula. Ahora sabemos que lo mismo ocurre con los átomos y las moléculas. Todas las cosas físicas se comportan como ondas *y* partículas.

Pero ¿cómo puede ser esto? Las partículas y las ondas parecen contrarias por naturaleza. Las partículas tienen una posición que puede medirse en el espacio y en el tiempo. Una partícula es como una diminuta pelota de tenis: incluso en movimiento, solo puede estar en un lugar preciso en cada instante, y siempre se mueve a lo largo de una trayectoria predecible y mensurable. Las ondas, en cambio, no se pueden localizar. Se dispersan y propagan constantemente; existen en más de un lugar a la vez. Se puede medir su frecuencia, pero no tienen ubicación precisa.

La teoría cuántica resuelve esta paradoja afirmando que las ondas subyacen a toda la realidad: que, en un nivel fundamental, todo se comporta como ondas de energía y «azar». Antes de que las partículas sean partículas con una posición, energía o velocidad exactas, son ondas que existen en todos los estados posibles al mismo tiempo. Antes de que las partículas se conviertan en partículas, existen como ondas cuánticas, representadas por funciones de onda, es decir, entidades matemáticas abstractas, que muestran todas las mediciones del objeto que nos sería posible tomar (posición, energía, velocidad, etc.) así como la probabilidad de obtener un resultado particular al hacer la medición —esto es, de encontrar el objeto en una determinada posición *si miramos*—. ¿Cómo se convierte una onda cuántica en una partícula localizada? No lo sabemos. Pero también podríamos decir que cuando se produce el colapso de una función de onda, y esta se concentra en una partícula con posición precisa, lo único que ha cambiado respecto al momento anterior es el hecho de que la hayamos medido, es decir, nuestra atención. Es precisamente el acto de medir la onda lo que la hace medible, lo que le da una presencia específica y localizada. Así, algo que existe en la realidad cuántica empieza a existir en la realidad cotidiana *por efecto de nuestra observación*. Nuestra atención colapsa la onda de posibilidad y la hace concentrarse en un solo punto.

El físico alemán Werner Heisenberg tenía otra forma de describir cómo cambia la realidad al intervenir nuestra atención. Según el principio de incertidumbre de Heisenberg, es imposible medir con precisión la posición *y* la velocidad de una partícula al mismo tiempo. Esto se debe a que no es posible observar sin perturbar el sistema que se está midiendo. Si medimos con precisión la posición de una partícula, inevitablemente perturbamos su velocidad. Debido a la cualidad ondulatoria inherente a todos los objetos, la *indeterminación* forma parte esencial de la realidad. Medir con certeza un aspecto de la realidad hace fluctuar los demás aspectos. Conocer una cosa significa «des-conocer» otra. Dos cosas aparentemente separadas están en realidad relacionadas; son expresiones de un todo.

Además de la dualidad onda-partícula y el principio de incertidumbre, hubo una tercera propiedad cuántica, el entrelazamiento cuántico, que revolucionó por completo la visión clásica newtoniana de la realidad. Albert Einstein y sus colegas Boris Podolsky y Nathan Rosen hablaron por primera vez del entrelazamiento, de forma teórica, en 1935; a partir de 1964, John Bell, Alain Aspect y otros físicos demostraron el entrelazamiento de forma no solo teórica sino experimental. El entrelazamiento se produce cuando la correlación entre dos partículas es tan íntima que lo que ocurre en una coincide con lo que ocurre en la otra, incluso a grandes distancias, incluso a una distancia de años luz.

Por ejemplo, si se crean un par de electrones juntos, el espín de uno estará orientado hacia arriba y el del otro, hacia abajo.[*] Pero

---

[*] N. de la T.: El espín (del inglés *spin*, 'giro' o 'girar') es una propiedad física de las partículas elementales por la cual tienen un momento angular (o cantidad de movimiento

ninguna de las dos partículas tiene un espín definido hasta que se mide. Están en superposición: sus espines están unidos y son imposibles de conocer. O lo que es lo mismo, mientras no se midan sus espines, ambos electrones tienen simultáneamente un espín orientado hacia arriba y un espín orientado hacia abajo. Es separar y medir los electrones lo que hace que cada uno tenga un espín definido y conocido: al medirlos, uno de los electrones tendrá siempre el espín orientado hacia arriba, y el otro siempre el espín orientado hacia abajo. Y bien, ¿cómo se convierte un posible espín en un espín definido? ¿Y cómo «sabe» cada electrón qué espín debe tener para que esté en correlación con el de su compañero?

Einstein estaba tan anonadado por el entrelazamiento que lo llamó «acción fantasmal a distancia», y sostuvo toda su vida que debía de haber alguna variable oculta que explicara la comunicación aparentemente instantánea entre dos electrones que estaban demasiado lejos uno de otro como para influirse mutuamente por los medios que aceptaba la física clásica. Pero Einstein estaba dando por hecho lo que era una suposición, tan razonable que no parecía una suposición. En aquel tiempo, nadie dudaba de que la realidad era local: de que todo lo que tiene relación con una partícula está fijo en un lugar concreto. Hasta que la física cuántica preguntó: «¿Qué pasa si no damos por sentada la localidad? ¿Y si las partículas, incluso cuando las alejamos una de otra, están conectadas? ¿Y si pueden existir en más de un lugar *al mismo tiempo*?».

Durante trescientos años, la física se basó en la idea de que los objetos que están lejos uno de otro no pueden influirse directamente. Así era como entendíamos que estaba hecho el mundo. Sin embargo, la teoría cuántica resolvió la aparente paradoja del entrelazamiento contemplando la no localidad, pues todo indicaba

de rotación) intrínseco de valor fijo. La otra propiedad intrínseca de las partículas es la carga eléctrica.

que las propiedades de las partículas entrelazadas conservaban su correlación incluso en circunstancias en que parecía imposible que se influyeran o afectaran una a otra. Desde 1964, numerosos experimentos han demostrado que los efectos de la no localidad son reales. La física cuántica nos dice que no podemos seguir considerando que dos partículas sean entidades separadas; misteriosamente, forman parte de la misma entidad. Esto significa que el mundo no está hecho de partículas individuales. Es un todo indivisible, y nuestra atención es lo que determina si la realidad se expresa como onda o como partícula, como diferenciación o como unidad.

¿Podría la física cuántica ofrecer una explicación, o una indicación al menos, de cómo y por qué se produce la sincronicidad? Si las partículas están entrelazadas, es decir, interconectadas y correlacionadas a través de grandes distancias, ¿es posible que los seres humanos, al estar constituidos de innumerables partículas, estemos también íntima e inextricablemente entrelazados? ¿Y es posible que las experiencias de sincronicidad sean esos momentos en que una onda de posibilidad se colapsa y da lugar a una partícula discernible, o, dicho de otro modo, cuando el «espín» de otra persona se manifiesta orientado hacia arriba y simultáneamente determina que nuestro «espín» se manifieste orientado hacia abajo? ¿Podría la física cuántica proporcionarle a la psicología un nuevo paradigma, un nuevo modo de percibir y comprender una realidad en la que somos a la vez partículas *y* ondas?

Marty Seligman me habló una vez de un simposio, en la Universidad de Pensilvania, en el que uno de los oradores puso música y encendió luces navideñas parpadeantes y pidió al público que detectara la relación entre los patrones de sonido y de luz. La gente propuso teorías diversas, distintas razones que explicaran la relación entre el ritmo de la música y el encendido y apagado de las luces. A continuación, después de que cada cual hubo argumentado apasionadamente su teoría, el conferenciante reveló que, en realidad, no había ningún patrón, que el sonido y las luces sencillamente no estaban conectados, y que detectar una relación entre ellos era imponer un significado unificador a partes aleatorias e inconexas. Ese significado era atribuido, no inherente.

Parecía ser que era en esto donde la psicología se había quedado estancada, en una visión de la realidad tan incompleta como la de Newton, a causa de las limitaciones que le imponían tres supuestos: (1) que el cerebro crea los pensamientos, (2) que todo significado es una interpretación, y (3) que podemos sentirnos mejor si reordenamos los pensamientos: si rebatimos los que nos hacen infelices y sustituimos esos pensamientos deprimentes por un nuevo sistema de conceptos y valores que nos dé una idea global más luminosa de nosotros mismos. Pero ¿y si lo que hace el cerebro no es tanto crear pensamientos como recibirlos? ¿Y si nuestros cerebros fueran no tanto generadores de ideas como antenas o estaciones de acoplamiento de una conciencia de mayor magnitud? ¿Y si lo que nos hace sentirnos mejor fuera en realidad detectar esa consonancia y alinearnos con ella? ¿Y si las emociones nos sumergen en el mundo tal como realmente es?

Lo que empecé a descubrir sobre la sincronicidad me daba a entender algo importante sobre la curación: que sentirnos mejor no depende solo de que establezcamos nuevos hábitos de pensamiento, de que sustituyamos los pensamientos deprimentes por otros más felices, sino también de que nos demos cuenta de lo que sea que la vida nos esté mostrando y nos alineemos con ello. Esto no significa que vayamos a obtener una respuesta bien definida u obvia a las distintas preguntas que nos inquietan. La vida no es un catálogo de pedidos por correo: dirijo mi atención, y recibo de vuelta la mercancía o la respuesta que he pedido. No. La conciencia espiritual es una forma de ser, no una transacción. No conlleva ninguna garantía de que vayamos a obtener lo que queremos, o lo que pensábamos que queríamos. Tomar conciencia espiritual –al percibir la sincronicidad, por ejemplo– significa que, a pesar de la incertidumbre, estamos alineados con la fuerza de la vida.

Cuando encontré en la puerta el embrión de pato y luego me llegó el gusano, no me quedé embarazada al mes siguiente. Tampoco abandoné el deseo de ser madre y decidí que viviría más tranquila sin hijos. Me desperté de una siesta deprimente y se me concedió un repentino vislumbre de que soy parte de una profunda interconexión. De que algo me mantiene a flote y me da fuerza, de que estoy donde tengo que estar, de que este es mi camino y formo parte del campo de la vida. Estaba sufriendo, preguntándome si podría seguir adelante sin ser madre. Y de repente oí que la vida me decía esencialmente: «Hay tanto amor, relación e interconexión por todos lados... Eres parte de la unidad de la vida». Entendí que la depresión no había sido una sombra que me había nublado la vista y me había impedido tener una visión expandida. Fue la llamada a la puerta.

A FINALES DEL año 2000, unos meses después de encontrar el embrión de pato, me senté con Phil en la pequeña sala de una agencia de adopción de Pittsburgh, las paredes cubiertas de fotos de familias sonrientes de todo Estados Unidos que habían adoptado bebés y niños y niñas de Rusia. Tras el último intento fallido de fecundación *in vitro*, Phil y yo retomamos el impulso que habíamos tenido en el hotel de Filadelfia al ver al niño del documental en mitad del vertedero expresando su anhelo de amor. Había niños y niñas por todo el mundo que anhelaban recibir amor, y nosotros anhelábamos dárselo. Mi madre nos puso en contacto con la agencia que había mediado para que su amiga adoptara a Robert Abraham. La agencia insistió en que podíamos rellenar los cuestionarios y demás formularios preliminares desde casa, pero, una vez que nos habíamos planteado de verdad la posibilidad de adoptar, quería poder mirar a los ojos a las personas que nos ayudarían a encontrar a esa niña o ese niño.

—Tiene que ser sincera —dijo la mujer de la agencia—. ¿Qué quiere exactamente?

Se inclinó hacia mí y me clavó una mirada franca y penetrante. Sophie Gurel tenía sesenta años, era hija de un rabino y se tomaba su trabajo muy en serio.

Miré a nuestro alrededor a todas aquellas familias felices. Había fotos de bebés envueltos en toquillas de algodón, niños y niñas de meses en sillitas y carritos, otros un poco mayores a los que se les habían caído ya los dientes delanteros, adolescentes con la toga de graduación y un diploma en alto. Si había un elemento que se percibía con claridad en todas las fotografías era el amor. Me sorprendió darme cuenta de que lo que define la maternidad y la paternidad es el amor; ser padre o madre significa sentir y expresar una calidad de amor nueva. Durante años, había estado tan obsesionada con dar finalmente a luz —o, en realidad, con quedarme finalmente embarazada— que había perdido de vista el verdadero significado: ser padre o madre es vivir la mayor historia de amor.

—No me importa de qué raza sea —contesté—. Ni me importa si es niña o niño. *Solo quiero que sea capaz de amar.*

—¿Y usted? —preguntó ella mirando a Phil.

—Comparto cada cosa que ha dicho Lisa. Aunque... —sonrió tímidamente— si es posible, me gustaría una niña.

Esa noche, el equipo profesional de *hockey* sobre hielo de Pittsburgh ganó un partido de las eliminatorias y la ciudad entera se lanzó a la calle a celebrarlo; la música sonaba a todo volumen, había fiestas por todas partes. Salimos a pasear, contagiados por aquella energía bulliciosa y festiva. Por primera vez desde que estuve embarazada hacía años, sentí que ese era el camino.

Ser madre, ser padre es amar. A nivel intelectual lo sabía. Lo sabía por la forma en que me querían mis padres; aquella calidez, sentados alrededor de la mesa; los ojos brillantes y la risa tintineante de mi madre cuando me preguntaba cómo me había ido el día; la atención serena que me dedicaba mi padre, su forma de asentir con la cabeza reflexionando sobre algo que yo acababa de decir. Pero esa tarde, sentada en la agencia de adopción de Pittsburgh rodeada de imágenes de familias radiantes de cariño, descubrí algo nuevo y sorprendente: que el amor es la base de todo. Sentí que el amor iba a ser esencial en el camino hacia la maternidad.

UNAS NOCHES DESPUÉS, tuve una experiencia extraordinaria.

Me desperté de repente de un sueño profundo. Phil respiraba suavemente a mi lado. Percibí una especie de brillo intenso en la habitación, aunque no había ninguna luz que llegara de fuera. Y sentí algo que solo puedo definir como una presencia, allí con nosotros. Se me desbocó el corazón. Me senté en la cama. La presencia me habló. No era exactamente que la oyera. Captaba una resonancia. «Si estuvieras embarazada, ¿adoptarías?», me preguntó aquella poderosa presencia.

«No», dije en voz alta. La respuesta me había salido de la boca antes de que pudiera ni plantearme la pregunta. Pero sabía que era la verdad. Quería que hubiera un bebé dentro de mi cuerpo, una expresión del amor de Phil y mío, un ser que diera continuidad a todo lo que habíamos recibido de nuestras familias, que se pareciera a nosotros. Lo quería por encima de todo.

En cuanto hablé, la presencia se desvaneció. El espacio que había ocupado quienquiera o lo que quiera que había venido a verme se cerró otra vez, y luego la oscuridad de nuevo lo envolvió todo.

CAPÍTULO 8

LLAMADA A TODOS LOS HIJOS PERDIDOS

«Qué tal, señorita profesora de Columbia —se burló al otro lado del teléfono mi prima Jane en la primavera del 2001—. ¡Y yo que pensaba que la inteligente eras tú!».

La estaba llamado desde el aeropuerto de Iowa, a un lado de la puerta de embarque, por el teléfono del agente de pasaje, desorientada todavía por el viaje relámpago a Sioux City.

Unos minutos antes, recién bajada del avión, desde las escaleras metálicas que subían traqueteando al área de llegadas, había saboreado el aroma de las fértiles praderas. A esa distancia del océano, la tierra tenía un olor intenso, dulce y profundamente familiar a pesar de que no había pisado el medio oeste desde hacía años.

Estaba allí en un último intento por ser madre. Jane me había llamado a casa el día anterior y me había dicho, con su estilo franco y directo: «Si todavía estás intentando quedarte embarazada, y de verdad quieres saber lo que pasa, tienes que venir. Mañana».

Por su trabajo como asistente social y terapeuta, a veces colaboraba con una comunidad cercana de sanadores lakota, y me dijo que iban a reunirse para celebrar una ceremonia durante un día entero. Pensando que tal vez pudieran darme alguna indicación diferente de las que me había hecho la medicina occidental, les había consultado y tenía permiso para que asistiera con ella a la ceremonia. Me puse una mano en el vientre, que para entonces era un mosaico de ronchas y moratones por las inyecciones constantes. Había perdido ya la cuenta de los tratamientos de fecundación *in vitro* fallidos, y no creía que ni Phil ni yo pudiéramos seguir soportando aquel continuo ciclo de esperanza y decepción. ¿Estaba abierta a considerar métodos de otra clase, que nada tenían que ver con mi formación científica? Saqué el teléfono a la terraza y me quedé allí descalza mirando saltar el agua entre las rocas con la luz del atardecer atrapada en el remolino. «De acuerdo», le dije.

Pero el viaje empezó con mal pie. «Te has equivocado de Sioux —me dijo Jane por el teléfono del aeropuerto. A esa hora hubiera debido aterrizar en Sioux Falls, Dakota del Sur, pero había volado a Sioux City, Iowa, a ciento cincuenta kilómetros de distancia—. Clásico error de novata —añadió—. Si alquilas un coche y sales ahora mismo, estarás aquí a tiempo para la cena».

Jane, a la que desde pequeña llamaba Big Jane, era trece años mayor que yo. Nuestra diferencia de edad era la misma que entre ella y mis padres, y, por esa media generación que había entre nosotras, siempre fue para mí la prima que me aconsejaba y defendía, más que una igual. En una de mis primeras fotos de bebé, de 1967, se la ve tumbada a mi lado, con una minifalda de cuadros amarillos y grises, mirándome a los ojos como si fuera *su* bebé. Siempre había sido mi protectora incondicional, y había cuidado también de que supiera la verdad de las cosas, de no edulcorarme nunca la realidad. Por ella me enteraba de los verdaderos motivos de las disputas familiares; fue ella la que me regaló el libro *Nuestros cuerpos, nuestras vidas* antes de que llegara a la pubertad, y, aunque se alegraba siempre de mis éxitos, se encargaba también de que tuviera los pies en el suelo.

Alquilé un coche y conduje bajo el sol primaveral en dirección norte a través de las extensas llanuras, sintiéndome fuera de lugar y a la vez profundamente reconfortada por los detalles que me llevaban de vuelta a lo que en un tiempo fue mi hogar: el verde eléctrico de los árboles en aquella época del año, la forma de hablar de la gente, esa economía de vocales característica del medio oeste. Se me había olvidado lo inmensos y llanos que son los campos de Iowa: los caballones de tierra labrada, punteados de tiernos brotes verdes que pronto se convertirán en altísimos tallos de maíz; interminables hileras y surcos que se extendían hasta donde alcanzaba la vista a uno y otro lado de la autopista interestatal, interrumpidos solo por graneros rojos, y granjas blancas con amplios y acogedores porches delanteros.

Giré el dial de la radio y sintonicé unos acordes de música *country*, esa extraña mezcla de esperanza y tristeza, después la radio de conversación conservadora, luego música cristiana. Los cantos religiosos y su enérgico optimismo me recordaban a las mañanas de domingo en San Luis cuando era niña. Aunque había tenido una educación judía, me levantaba muy temprano, mucho antes que mis padres, antes incluso de que en la pantalla del televisor las barras hubieran dado paso a la programación, para no perderme ni un minuto de los coros de góspel que actuaban uno tras otro a lo largo de la mañana. Me había olvidado ya de esos conmovedores cantantes del río Misisipi con sus largas túnicas, de lo alegre que me sentía de niña saltando por la sala en camisón, bailando con un grupo detrás de otro. Esa alegría desenfrenada me resultaba extraña ahora. Llevaba demasiado tiempo inmersa en los rigores y los rituales de la vida académica y la investigación científica, preocupada siempre por la infertilidad. Pero ahora, lejos de casa y de las rutinas cotidianas, comprendí que lo que había estado haciendo no tenía ningún sentido. Como me había dicho en broma por teléfono mi prima Jane, la inteligencia no me estaba sirviendo para resolver algunas cosas.

Por el oeste el horizonte se estaba tiñendo de ámbar y rosa cuando llegué a Sioux Falls; los campos parecían de oro. De repente me sentí vulnerable bajo aquel cielo inmenso. Indefensa. Sola. Una ola de preocupación y duda me recorrió entera.

¿Estaba a punto de abrir una puerta más a un nuevo callejón sin salida? No sabía prácticamente nada de la gente que me había invitado, ni sobre lo que haríamos juntos, sobre en qué consistiría la ceremonia espiritual. Siempre había tenido un interés intelectual por las culturas nativas americanas, e incluí varios textos espirituales nativos cuando preparé el programa para el curso de espiritualidad y psicología. Pero no había ido a Dakota del Sur a hacer un ejercicio académico ni un estudio antropológico. Big Jane me había invitado a conocer una forma de ser y de sanar que me era completamente ajena. ¿Estaba abierta de verdad a conocerla? ¿Me permitirían abrirme a ella mi formación científica y mi perspectiva empírica del mundo?

Creo que todos recibimos una llamada de algún tipo en distintos momentos de nuestra vida. Quizá no literalmente una llamada telefónica, pero sí alguna clase de sugerencia o de oportunidad que nos obliga a considerar seriamente hasta dónde estamos dispuestos a llegar para cambiar las cosas, o saber la verdad, o descubrir qué nos falta. La invitación de Big Jane me había dado la sensación de ser una de esas cuerdas de salvamento, y en aquella pradera, al empezar a ponerse el sol, algo dentro de mí dio un giro. Seguía triste y vacía, pero sentía también que estaba en el umbral de algo nuevo, en la frontera de otra manera de ver. Salí de la autopista, tomé la carretera hacia Vermillion y conduje en dirección al sol poniente, guiada por algo que sostengo en todas las circunstancias, incluso en mitad de las dudas y la confusión más intensas: como científica, tengo la certeza de que cualquier cosa que sea verdad se puede demostrar.

CUANDO LLEGUÉ A la casa de Big Jane, me dio un caluroso abrazo y luego la seguí a la cocina, que olía a las remolachas que acababa de recoger, todavía húmedas sobre la mesa, con la piel sucia de tierra y pequeñas hierbas pegadas. Era la primera persona que yo conocía en haberse hecho vegana, mucho antes de que fuera una práctica extendida. Su sensibilidad franca y práctica se reflejaba en toda la casa: los alimentos orgánicos, los edredones hechos a mano, la austeridad de la madera sin barniz. Sacó del horno una fuente en la que humeaba un guiso de verduras y me señaló el montoncito de manteles individuales tejidos y los platos artesanales de terracota para que los colocara en la mesa de madera oscura. Jane siempre había sabido acoger la angustia de los demás con mucho valor y sin el menor juicio. Mientras enjuagaba las hojas de lechuga romana y las espinacas intensamente verdes, y picaba zanahorias y tomates para la ensalada, me fue preparando para el día siguiente.

El ritual de sanación estaría dividido en dos partes. Por la mañana, toda la comunidad de participantes se reuniría en la cabaña Rotary Club para compartir experiencias y contar por qué habían venido, qué querían sanar. Nadie estaba obligado a hablar; a todos se los invitaba a hacerlo. Por la tarde, hombres y mujeres se separarían para celebrar el *inipi*, un ritual de purificación y oración. Entraríamos en una cabaña de sudor, una estructura que se construía expresamente para la ceremonia, y la sanadora invocaría el poder sagrado de la tierra, el agua, el fuego y el aire para ofrecer oraciones por la curación. «El propósito del ritual es el renacer espiritual», dijo, mientras removía la ensalada con dos grandes cucharas de madera. *Inipi* significa 'vivir de nuevo', y la estructura del *inipi* representa el útero del universo del que naceríamos limpias y renacidas.

Me puse las manos en el vientre, ese gesto universal de las mujeres embarazadas, amando y protegiendo ya la vida que late en su interior. Para mí era un gesto reflejo asociado siempre con el dolor de la pérdida. Se me llenaron los ojos de lágrimas. Jane pasó a mi lado al ir a poner la ensaladera en la mesa y me frotó la espalda.

Su marido y sus dos hijas —Michaela, que estaba en la escuela media, y Eva, en el instituto— se unieron a nosotras para la cena. No las había visto desde que estaban en preescolar. Ahora eran dos chicas talentosas y seguras, tan realistas y directas como su madre, que hablaban de sus clases y sus amigos. Mi querida prima, sencilla y pragmática, había creado una familia. Comí con un nudo en la garganta.

CUANDO ENTRÉ EN la cabaña Rotary Club a la mañana siguiente para participar en la primera parte del ritual de sanación, me sentí fuera de lugar, tuve la incómoda sensación de estar colándome en la reunión familiar de un extraño. Destacaba como una calabaza en un campo de fresas. Jane y yo estábamos entre las poquísimas personas blancas. Había unas doscientas sillas plegables alineadas en la sala, y yo me senté casi al fondo, confiando en que no se me viera demasiado y poder ser una respetuosa observadora.

No hizo falta que nadie anunciara el orden del día, todos parecían conocer el procedimiento. Todo fluía con una peculiar espontaneidad. Uno a uno, los asistentes se acercaban al micrófono que había al frente de la sala para contar su historia. Hablaban todo el tiempo que querían, muchos compartiendo el dolor y las dificultades de vivir con un trastorno de estrés postraumático o una adicción, o la angustia de haber sufrido abusos sexuales; algunos hablaban hasta veinte minutos, y los demás escuchaban con una atención total e ininterrumpida. Cuando cada persona terminaba de hablar, empezaban los tambores. Todos los asistentes se levantaban, cada uno con su tambor, y se ponían en fila para hablar de uno en uno en privado con ella y compartirle lo que les había llegado al corazón al escucharla. Algunos en susurros, otros inclinándose hacia el orador o la oradora mientras se comunicaban con él o con ella. Todos los miembros de la comunidad se acercaban de este modo a cada persona que había hablado, como si formaran parte de una red en la que estaban conectados todos los hilos.

Hablar es mi trabajo diario. Puedo hablar delante de una clase, o en un congreso, sin ponerme nunca nerviosa ni que se me trabe la lengua al dirigirme a una multitud. Pero allí, en la cabaña, no podía hablar. Sabía que era una invitada; me sentía bienvenida y agradecida de que se me permitiera estar allí y participar; y Jane, mi incondicional y amorosa protectora, estaba a mi lado. Pero no era capaz de hablar. Sabía buscar clínicas de fertilidad y programar tratamientos. No sabía cómo contar mi historia, cómo pedir ayuda desde lo más hondo. Así que escuché.

De repente, un jefe se levantó con lágrimas en los ojos. Abrió los brazos. «Hijo mío —dijo—, a quien adopté primero en mi corazón, estamos unidos por Wakan Tanka, el Gran Espíritu, unidos en todas las dimensiones».

Un escalofrío me recorrió la espalda. Se me vinieron a la mente una detrás de otra las fotografías que colgaban de la pared en la agencia de adopción de Pittsburgh. Durante ocho horas, la gente escuchó y contó y respondió. Nadie salió de la sala. Después de una pausa a última hora de la tarde para comer y reponer fuerzas, nos dispusimos a asistir a la segunda parte del ritual. Entramos en el *inipi* al anochecer.

Cuando entré en la tienda abovedada hecha de ramas de sauce y recubierta con pieles de animales, me sentí aún más incómoda y fuera de lugar que en la cabaña. En el centro ardía una fogata, hacía mucho calor y la tienda estaba llena de humo. Nos sentamos en círculo sobre un lecho de salvia. Todas las mujeres excepto Jane y yo eran lakotas. Todas iban vestidas con vaqueros y blusas o camisas.

Yo parecía que fuera a almorzar a un restaurante, con mis zapatos negros de salón y una falda negra de topos blancos. El calor era casi insoportable. A un palmo de la base vi en la pared de la tienda una pequeña abertura por la que entraba un levísimo soplo de aire fresco, y traté de acercarme a ella.

Tenía la blusa ya empapada de sudor para cuando la sanadora inició la ceremonia. Empezó a orar, mirándonos de una en una. Cuando sus ojos se posaron en mí, incluyó una bienvenida en su oración al Gran Espíritu: «No sé quién es esta mujer y no sé por qué ha venido, pero tú la has enviado, así que haré por ayudarla».

El calor se hizo aún más intenso. La sanadora fue invitando a hablar por turnos a cada mujer, a contar por qué estaba allí, a compartir su sufrimiento y su necesidad de sanación. Una mujer habló de su hijo, de más de cuarenta años, que tenía problemas de adicción. Ya no venía a casa. El hijo de otra mujer, un chico de catorce años, había empezado a consumir drogas. Fueron muchas las mujeres que hablaron de sus hijos, hijos enfermos o atormentados o de los que hacía tiempo que no sabían nada. Sus voces se sucedían siguiendo el círculo. Yo era la última. Big Jane estaba a mi izquierda. Cuando le llegó el turno a ella, supe que se daba cuenta de que yo volvería a no encontrar las palabras. Habló por mí. «Soy Big Jane, y esta es mi prima Lisa Jane —dijo—. Ha venido en busca de su hijo. ¿Podemos ayudarla a encontrar a su hijo?».

Las mujeres sentadas en la oscuridad alrededor del fuego me miraron con profunda atención. Asintieron con la cabeza, *mmm*. Sentí la solidez de su presencia a mi alrededor, sosteniéndome. Allí, la necesidad de sanación no era sinónimo de derrumbe. Formaba parte de la vida. Y aquellas mujeres entendían lo que significa buscar a un hijo.

La chamana recitó una oración en lakota. Las demás se unieron. Sentí la unidad de la oración, una presencia que se reunía en el centro. Se concentró en el fuego y luego salió disparada, *fuuuuu*, abriendo un espacio. Era casi una luz, un viento, dirigido hacia arriba por la oración de todas. Una energía avivada por la amalgama de nuestras oraciones, una unidad.

Salimos de la tienda y nos adentramos en el frescor de la noche, el aire limpio, bajo un cielo inmenso reluciente de estrellas.

Cuando me levanté por la mañana, Jane me puso en la mano una taza de café, me besó en la mejilla y se fue a trabajar. Justo antes de volver a montar en el coche de alquiler camino del aeropuerto, llamé a casa para ver cómo iba todo. Phil no contestó, así que marqué el número del buzón de voz. Había un mensaje, dejado a última hora de la noche anterior, después de que Jane y yo hubiéramos salido del *inipi*. Se me aceleró el corazón. ¿Les habría pasado algo a mis padres? ¿O a los de Phil? ¿Por qué no me había llamado? Con la garganta tensa, pulsé el «1» para oír el mensaje, casi sin poder respirar mientras trataba de entender lo que decía aquella voz desconocida. Era Sophie, la hija del rabino, que llamaba desde Rusia. «Hemos encontrado a su hijo».

En un orfanato de San Petersburgo, había un bebé de seis meses que pronto tendría la edad que era legal en Rusia para proceder a la adopción.

UNAS SEMANAS DESPUÉS, recibimos un vídeo de un bebé de carita radiante, que gesticulaba feliz, levantando los brazos y sonriéndole a la enfermera. «*Da, da*», decía. Sí, sí. Era puro amor. Irradiaba un amor de alto voltaje, como un rayo láser. Me sentí flotar de euforia, de un amor tan inmediato y poderoso que me llenaba por dentro como una marea viva, como un milagro. Me sentía sostenida y transportada.

Phil y yo nos fuimos a la cama esa noche sintiéndonos padres. En mitad de la noche, la presencia se apareció de nuevo: el aire denso, la luz numinosa.

—Si estuvieras embarazada ahora —me preguntó—, ¿seguirías queriendo adoptar?

—¡Sí! —contesté. Los ojos desbordados de lágrimas. Por supuesto que seguiría queriendo adoptar. Ya había conocido a nuestro hijo. Estaba locamente enamorada de él—. ¡Sí! —volví a exclamar.

Phil dio varias vueltas y se despertó. Lo abracé.

—¿Te parece que le pongamos de nombre Isaiah? —le pregunté. En hebreo significa 'Yahvé (Dios) es la salvación'—. Isaiah Lakota.

—Sí —dijo riéndose, besándome.

Esa noche concebimos.

CAPÍTULO 9

EL CASTILLO Y LA OLA

Los conocimientos científicos que yo tenía no servían para explicar lo que me había pasado. No podían responder a por qué un grupo de mujeres que rezaban por sus hijos en Dakota del Sur me habían ayudado a encontrar un niño en Rusia esa misma noche, ni a por qué mi cuerpo de repente había sido capaz de hacer él solo lo que yo, en vano, había intentado que hiciera por todos los medios posibles durante cinco años. No tenía palabras para expresar el asombro ante aquel misterio. Y quería saber el cómo y el por qué de lo que había pasado.

Al mismo tiempo, profesionalmente intentaba entender por qué y cómo era que la espiritualidad tenía un efecto tan protector contra la depresión y otras formas de sufrimiento mental. ¿Dónde se alojaba la espiritualidad durante nuestra experiencia diaria de la vida? ¿En el cuerpo? ¿En el cerebro? ¿En la conciencia? ¿Por qué influía tan poderosamente en el bienestar mental? Se me ocurría que sus beneficios probablemente tuvieran que ver con que, cuando vivimos con conciencia espiritual, vemos, sentimos y nos desenvolvemos de una forma distinta. Pero ¿era posible detectar esa clase de conciencia a nivel fisiológico? ¿Y era posible ayudar a los pacientes a acceder a ella intencionadamente?

No sabía aún cómo enfocar estas cuestiones, pero, poco a poco, estábamos empezando a tener conocimientos más precisos sobre la fisiología de la depresión. Susan Nolen-Hoeksema, una colega veterana de la Universidad de Yale, que había tenido también a Marty Seligman como director de tesis en la Universidad de Pensilvania años antes que yo, era en la actualidad una gran experta en la depresión y su vínculo con ciertos patrones de pensamiento. Al tratar de entender por qué las mujeres tienen el doble de probabilidades de deprimirse que los hombres, descubrió que nosotras tenemos más tendencia que ellos a abusar de un proceso cognitivo al que llamó «rumiación» —darle demasiadas vueltas a todo, pensar en exceso— para hacer frente a los estados de ánimo negativos.[1] En situaciones en las que los hombres suelen buscar actividades que los distraigan de su malestar o mal humor, las mujeres somos propensas a pensar en las causas y consecuencias de nuestro estado de ánimo y a hacernos preguntas como: «¿Por qué me siento así? ¿Cómo es que no soy capaz de hacer mejor las cosas? ¿Qué es lo que me pasa?». Esta tendencia a rumiar las cosas —a ir descendiendo en una tortuosa espiral de incesantes pensamientos y preguntas— solo consigue empeorar el estado de ánimo deprimido, en parte porque el contenido negativo de los pensamientos refuerza la negatividad del estado de ánimo, pero también porque el proceso de rumiación es pasivo y repetitivo. Aunque generalmente damos vueltas a las cosas con la intención de averiguar algo de nosotras mismas o de la situación, Susan descubrió que la rumiación rara vez es una ayuda para alguien que está ya deprimido, más bien todo lo contrario: lo incapacita para resolver cualquier problema, y le impide además contar con el apoyo social, puesto que alimenta en él o en ella una sensación de ineptitud cada vez más fuerte.

En uno de los estudios, por ejemplo, Susan asignó al azar tareas de rumiación y de distracción a participantes tanto deprimidos como no deprimidos. A los que se les asignaron tareas de rumiación se les pidió que pasaran ocho minutos pensando en los significados, causas y consecuencias de lo que sentían: «Piensa en el grado de motivación que sientes ahora mismo. Piensa en los objetivos a largo plazo que te has propuesto. Piensa en lo que podría significar lo que sientes». Cuando se les pedía que rumiaran sobre ello, los participantes deprimidos caían en una espiral emocional: se expresaban en un tono negativo, rememoraban malos recuerdos de la infancia, hablaban de sucesos perturbadores que los habían marcado y de problemas personales, y se sentían culpables de todo y se criticaban duramente. En la siguiente parte del experimento, se vio que eran también más susceptibles a las críticas externas: en una prueba de comprensión lectora, cuando al terminar el primer ejercicio se les hicieron comentarios negativos, a continuación tardaron más en completar el segundo ejercicio y recordaban menos lo que habían leído, lo cual sugiere que la rumiación interfiere en la atención, la concentración, la motivación y la capacidad para encontrar y aplicar soluciones. No se produjo, en cambio, ninguno de estos resultados negativos en los participantes que no estaban deprimidos a los que se les pidió que rumiaran, ni tampoco en los participantes deprimidos a los que se les asignó una tarea de distracción de ocho minutos: visualizar la disposición de la oficina de correos, pensar en un barco que cruza lentamente el océano Atlántico o visualizar nubes que se forman en el cielo.

Susan descubrió que la depresión refuerza la rumiación; y que la rumiación refuerza la depresión. Tal vez este bucle de retroalimentación ayudó a explicar lo que en el campo de la psicología se llamó en inglés *kindling*, que significa 'ignición' o 'encendido', y también astillas, y que consiste en un proceso de sensibilización. Esta hipótesis dice que, si bien los primeros episodios de depresión, u otros trastornos del estado de ánimo que se presentan en la vida de alguien, están asociados típicamente con situaciones intensamente dolorosas o estresantes, como un divorcio o la muerte de una persona querida, es mucho menos probable que los episodios de depresión posteriores estén asociados a un acontecimiento en particular. Los episodios depresivos posteriores parecen surgir de la nada, sin que un suceso de gravedad haga de catalizador: de repente, hacemos una montaña de un grano de arena. No solo eso, sino que cada episodio depresivo que se presenta hace que el umbral para experimentar la depresión descienda más y más. En otras palabras, hace falta un desencadenante cada vez menos importante para que la depresión se repita. Es como si el primer episodio de depresión hubiera encendido un fuego que ha conservado las brasas y, con el paso del tiempo, las llamas cuando se vuelve a encender son cada vez más altas, y cada vez hace falta menos combustible para encenderlo; basta con echarle unas astillas. Aunque la depresión empezara siendo una respuesta aislada a un acontecimiento desestabilizador, con el tiempo se convierte en la respuesta habitual.

Yo quería desarrollar una psicoterapia de conciencia espiritual que contrarrestara ese avivamiento de la depresión en el cerebro, una psicoterapia que nos conectara a la conciencia espiritual que Kenneth Kendler había demostrado que todos tenemos la capacidad innata de experimentar.

¿QUÉ ELEMENTOS INCLUIRÍA la psicoterapia de conciencia espiritual? Al examinar mi viaje a la maternidad, veía algunos de los principios básicos que me habían guiado y ayudado a pasar de un estado de depresión y desánimo a un estado de esperanza y conexión. Me había abierto a la conciencia espiritual, que se traducía en poder alternar entre tipos de información y experiencia esencialmente distintos. Las experiencias de sincronicidad me habían enseñado

EL CASTILLO Y LA OLA

a darme cuenta de lo que entraba en mi campo de percepción, y a mirar y escuchar atentamente lo que la vida ponía en mi camino. Había tenido contacto personal con una asombrosa presencia trascendente. Y había ido alejándome del empeño por cambiar el mundo, para ajustarlo a mis preferencias y deseos, y adoptando una perspectiva desde la que el mundo se me presentaba como un lugar lleno de señales y amor. Y lo más importante, empecé a sentir que vivía en diálogo con ese universo lleno de amor que me guiaba, que manteníamos una conversación continua. No era una relación transaccional: «Pido lo que quiero, y el universo me lo da». Era una relación de colaboración, una integración de la vida interior y exterior, una forma de sintonizar con la conciencia, de recibirla y emanarla. Había despertado a la relación con la vida.

Empecé a trabajar con los pacientes de una manera intencionadamente espiritual y a ser testigo con ellos de lo que la vida les mostraba y de dónde se abría una puerta. En 2004, la Asociación Estadounidense de Psicología me invitó a Chicago para que demostrara el modelo de psicoterapia de conciencia espiritual con una paciente, en una única sesión que se grabaría como parte de una serie de vídeos para profesionales de la psicología.[2]

Mi paciente se llamaba Bev, era madre de cinco hijos, tenía unos cincuenta años y se encontraba en una encrucijada profesional. Durante nueve años había trabajado como subdirectora de una organización benéfica para la infancia, y actualmente estaba en la recta final de entrevistas para el puesto de directora de la organización.

—¿Quiero de verdad el puesto? —dijo—. Creo que sí. Pero tengo dudas. Podría ocurrir que me lo dieran. ¿Estoy preparada para aceptar que me lo den? —Le cruzó la cara una sonrisa melancólica—. ¿Estoy preparada para aceptar que no me lo den?

Estaba en uno de esos momentos críticos en que hay que tomar una decisión, uno de esos momentos en que la cabeza y el corazón tienen la respuesta. En nuestra cultura, a la mayoría nos han enseñado y condicionado a apelar al razonamiento cuando nos encontramos en una encrucijada, a procesar y sopesar datos para decidirnos. Sin embargo, en el modelo de tratamiento que yo estaba desarrollando, la vida tiene ya la respuesta, y por tanto las decisiones más beneficiosas nacen de integrar la cabeza, el corazón y las indicaciones que nos da la vida, y de entender las crisis y obstáculos como parte de nuestra trayectoria espiritual.

—¿Qué significaría para ti ser la directora de la organización? —le pregunté—. ¿Cómo te hace sentirte la posibilidad de que ocurra?

Contestó que, hasta ese momento, no había pensado en lo que significaría de verdad. Había estado ocupada por entero con los trámites: preparar el currículum y la documentación, pasar las entrevistas de selección iniciales, rellenar cuestionarios... Todo se había reducido a dar «un paso tras otro en esa dirección». Ahora se encontraba cara a cara con el objetivo en sí.

—¿Es eso lo que de verdad quiero hacer? —se preguntó en voz alta—. ¿Qué resultado es el que, a la hora de la verdad, voy a considerar realmente que es un triunfo? —Se rio—. Supongo que me estoy preguntando por qué cuestiono que estoy capacitada para ocupar ese puesto.

Había entrado en un tiovivo mental. Le pedí que ahondara en las preguntas. ¿Cuál era el quid del dilema?

—No cuestiono que el trabajo sea interesante ni que sea capaz de hacerlo —dijo.

Las dudas que habían empezado a aflorar, ahora que ocupar ese puesto era una posibilidad real, estaban relacionadas con tener que sacrificar tiempo de estar en familia. Había vuelto a la universidad a terminar sus estudios cuando su hija menor tenía dos años, y, aunque estaba orgullosa de lo que había conseguido en el terreno académico y profesional desde entonces, sabía que a sus hijos les había afectado que pasara tanto tiempo fuera. Ahora todos habían crecido, los mayores ya tenían hijos, y a primera vista parecía el momento perfecto para avanzar profesionalmente y asumir un nuevo reto. Sin embargo, algo le impedía aprovechar así de fácilmente la oportunidad.

—Ahora, cuando están en la casa, tengo con ellos una relación de entendimiento y cariño, de *fusión*; con todos menos con mi hija pequeña. Con ella no siento esa fusión. Es como si estuviera separada de mí. Estos próximos años de instituto son nuestra última oportunidad de acercarnos, antes de que termine y se vaya a estudiar a otro sitio. ¿No es hora de que mis hijos, y sobre todo ella, dejen de sacrificarse por mis objetivos? O, en realidad, ¿no es hora de que deje de hacerlo yo? —dijo con la voz entrecortada por las lágrimas.

Cuando empezó a llorar, supe que habíamos llegado exactamente adonde necesitábamos estar, a un lugar de gran energía y ternura. Nos estábamos acercando a lo que de verdad estaba en juego para ella. Había dejado atrás el remolino de pensamientos y había abierto la puerta a otras formas de saber, a lo que le decía su corazón.

—Dedico mi tiempo y mi energía a atender las necesidades de los hijos de otra gente —dijo—. Estoy fuera de casa hasta las ocho o diez de la noche, y trato de ponerme al día con la vida familiar el fin de semana. Hay un desequilibrio.

Le preocupaba en especial su hija menor, que estaba a punto de empezar el instituto.

—Se aísla, se siente bien sola, le gusta ser autosuficiente, y eso me hace daño. A ella no parece que le preocupe, pero a mí me cuesta mucho. Siento que me estoy perdiendo una parte importante de ella. —Sacudió la cabeza, como para acallar el dolor por lo que temía estar perdiéndose–. A la vez, no aprovechar la oportunidad de ser directora ¿no es infravalorar los sacrificios que mi familia ha hecho ya por mí para que lo consiga?

Había vuelto al territorio del pensamiento, y estaba de nuevo buscando una respuesta a través de esa vía de conocimiento que, pese a ser necesaria, tiene sus limitaciones; de nuevo desde una perspectiva que insistía en descubrir cuál era la respuesta correcta y cuál la equivocada. Yo quería conducirla de vuelta a su saber más íntimo, a un estado de curiosidad, no de castigo.

–Lo que decidas, ellos lo entenderán –le dije–. Aprenderán de ti, hagas lo que hagas. Hemos hablado de lo que no recibieron de ti mientras estabas en la facultad o trabajando. Pero ¿qué les dio el hecho de que volvieras a estudiar, de que tuvieras un trabajo?

Se quedó callada un instante. Luego se le iluminaron los ojos. Se irguió en la silla.

–Una puede ser lo que quiera –exclamó–, los únicos obstáculos son los que una misma se pone. –Su voz iba cobrando intensidad a medida que hablaba, se reflejaba la pasión en su rostro–. La verdad es que he puesto en práctica algo en lo que creo: que nunca es demasiado tarde para hacer lo que se quiere de corazón.

Con evidente orgullo me habló de uno de sus hijos, que hacía unos años había decidido alistarse en el ejército en vez de ir a la universidad. Ahora que era padre, sentía que se equivocó al tomar aquella decisión.

–Le dije: «¡Asiste a alguna clase que te interese y averigua si es eso lo que quieres!» –explicó–. A todos mis hijos les parece natural volver a intentar algo que antes no hicieron. Los veo animar a sus parejas a seguir explorando y evolucionando, y dar verdadero valor a su deseos y necesidades de crecer como personas.

La claridad plena y resplandeciente de esta verdad quedó suspendida en el aire durante un momento, antes de que Bev bajara los ojos, con el ceño fruncido de nuevo por la duda. Todavía no había resuelto la apremiante disyuntiva, y noté lo agobiada que estaba.

—¿Sientes que el universo te envía algún mensaje en torno a esta decisión? —le pregunté—. ¿Alguna señal o sugerencia? —Este era el elemento clave, pedirle que sintonizara con su saber interior.

—Ah, es que quiero tenerlo todo. Quiero que me llegue de una vez la respuesta.

Me recordó a mí, pidiendo diligentemente cita para un tratamiento más de fecundación *in vitro*, avanzando a trompicones pero con obstinación hacia la maternidad, aferrándome con fuerza a mi objetivo. Quería que Bev se abriera a recibir el apoyo de la vida que tanto ansiaba.

—¿Cuál es el mensaje que te gustaría haber escuchado? —dije.

Abrió la boca como para responder, pero se detuvo.

—Me siento... —empezó a decir, y titubeó—. Creo que no estoy muy en sintonía con el universo como para saber leer sus mensajes. Siento que estoy sola en esto. —Los ojos se le llenaron otra vez de lágrimas—. Hasta ahora no me he atrevido a decirle a nadie que no estoy segura de si ese puesto es lo que quiero. —Su voz sonaba suave y tranquila, como si las palabras brotaran de una parte de su ser con la que rara vez tenía contacto—. Quiero que me den el puesto —dijo luego subiendo la voz, en un tono de seguridad—. Quiero que sea mío, sentir que he sido capaz de alcanzar esa meta personal.

—«... menos con mi hija pequeña» —repetí—. Ahí es donde antes he escuchado la emoción. ¿Te duele?

Asintió con la cabeza, llorando. Me incliné hacia ella y con voz suave le pregunté:

—¿Tú qué quieres?

—Las dos cosas —contestó—. Quiero a mis hijos con locura. A la vez, yo era alguien antes de ser su madre. Soy alguien, además de su madre. Negar eso me niega a mí.

Me miró y, en su mirada inquisitiva, vi tanto su deseo más profundo como el peso de la indecisión.

—¿Sabes? —le dije—, muchas veces, en el camino espiritual, la vida nos pone delante una zanahoria, algo que estamos convencidas de que queremos desesperadamente. Y cuando al fin la conseguimos, se desvanece. En realidad no era la zanahoria lo que necesitábamos. Era el viaje.

Le pedí que me hablara un poco más de esa sensación dolorosa de haberse perdido algo, al pensar en su hija pequeña.

—No tengo con ella la relación que he tenido con los demás. Charlar con ella de cosas sin importancia, compartir sueños, que venga a pedirme consejo. No es que no tenga preguntas que hacer, es que no sabe que puede contar conmigo.

—Si decidieras no aceptar ese trabajo y te dedicaras los próximos cuatro años a estar a disposición de tu hija, ¿qué querrías que tus hijos aprendieran de eso? ¿Qué querrías que supieran?

Inspiró de golpe.

—Que la felicidad empieza en el interior. —Se quedó en silencio, como asimilando sus palabras—. Claro que me gustaría conseguir el puesto y el rótulo con mi nombre. Pero el alma tiene que estar en paz. —Las lágrimas le corrían por las mejillas.

Sentí que aquella emoción era una toma de conciencia de su camino espiritual, de un sentido de las cosas más profundo, un indicador de la intensidad y el valor de su viaje hacia su propia verdad.

—De aquí a cuatro años se habrá hecho mayor y se habrá marchado —siguió diciendo entre lágrimas—. Me quedaría un vacío tan grande si se fuera estando las cosas entre nosotras igual que ahora... Sentiría que estaba permitiendo que se hiciera una mujer sin saber que puede contar conmigo, no en lo material, sino en sentido integral y espiritual. Esta es mi última oportunidad de reparar la distancia que ha habido entre nosotras desde que era muy pequeña.

No era la respuesta que ella pensaba que quería, o la que creía que debía querer. Pero había encontrado su voz interior y había escuchado lo que le decía, la verdad encubierta que la había estado reteniendo, que le impedía avanzar, que la tenía atrapada en una espiral de dudas e indecisiones. Aprendiendo a escuchar con el corazón abierto lo que ganaría y lo que perdería al tomar una u otra decisión, encontró el camino que de verdad quería seguir. Con amor y aceptación, sin truncar ni negar el proceso y todo lo que entraña, es como aprendemos a sintonizar con nuestra conciencia espiritual. Descubrimos así que somos buscadores, más que artífices, de nuestro camino. En un mundo secular y materialista, elaboramos el significado de las cosas. En la dimensión de conciencia espiritual que se desarrolla en nuestro interior, el verdadero sentido se nos *revela* y nosotros interactuamos con él. Vivimos en diálogo con la vida. Y los momentos de duda, lucha y depresión son a menudo el portal a una vida despierta.

Entender esto supuso una ruptura con los modelos de tratamiento convencionales. Se nos preparaba para diagnosticar enfermedades y arreglar a nuestros pacientes en alguna medida. Yo estaba descubriendo el beneficio terapéutico de sintonizar con cómo se le revelaba el mundo a cada uno de ellos.

EN AQUELLA ÉPOCA, había dos obstáculos principales que dificultaban la curación de los trastornos mentales, y eran precisamente el diagnóstico y el tratamiento. En realidad, lo siguen siendo en nuestros días. Algunos de los autores que dirigieron la creación del *Manual Diagnóstico y Estadístico de los Trastornos Mentales* (*DSM-5*), editado por la Asociación Estadounidense de Psiquiatría, escribieron un artículo sobre la «fiabilidad interdiagnóstica».[3] Se dieron cuenta de que, cuando dos profesionales cualificados le diagnostican a un paciente un determinado trastorno mental, sus diagnósticos suelen ser disparatadamente distintos. El grado de disimilitud depende del trastorno en cuestión. Por ejemplo, los diagnósticos de esquizofrenia suelen coincidir entre ocho y nueve veces de cada diez; los de trastorno bipolar no maníaco, entre seis y siete veces. Pero cuando a alguien se le diagnostica un trastorno depresivo mayor, hay casi un setenta por ciento de probabilidades de que ese paciente no hubiera recibido el mismo diagnóstico de un profesional diferente. Y la concordancia entre diagnósticos es aún menor en el caso de tipos de depresión que carecen de episodios con un comienzo y una interrupción definidos o que presentan una mezcla de síntomas comunes, como la ansiedad. Los trastornos mentales se expresan de manera distinta y manifiestan síntomas diferentes en cada persona. Puede parecer que corresponden a un trastorno o a otro, dependiendo de quién los observe. Una tercera parte de los pacientes que acuden a una consulta de psiquiatría general no reciben en la primera visita un diagnóstico principal fiable.

Nos falta precisión y eficacia a la hora de identificar trastornos tan frecuentes y dolorosos, y también a la hora de tratarlos. A pesar de que solo la mitad de los pacientes que reciben tratamiento ven desaparecer los síntomas en el plazo de un año desde que se los empieza a tratar, cada vez son más las personas a las que se medica por un diagnóstico de trastorno mental. Aproximadamente uno de cada diez estadounidenses mayores de doce años toma antidepresivos. Y la tasa es aún más alta en las mujeres de mediana edad: el veintitrés por ciento —casi una cuarta parte— de las mujeres de entre cuarenta y cincuenta y nueve años toma antidepresivos.[4] Y este considerable aumento de la prescripción de fármacos está contribuyendo muy poco a frenar el aumento global de la depresión y la ansiedad.

Que las tasas de medicación sean tan altas es, además, especialmente desconcertante cuando sabemos que ni siquiera una tercera parte de las personas que toman antidepresivos han acudido a un profesional de salud mental en el último año, y que más de dos terceras partes de quienes toman antidepresivos no cumplen los criterios de un trastorno depresivo mayor.[5] Los ISRS (inhibidores selectivos de la recaptación de la serotonina) se utilizan como un paliativo para la vida, y aunque es cierto que alivian los síntomas de un estado de ánimo deprimido, no tratan la causa fundamental del trastorno. Nos hemos convertido en una sociedad «medicamentalizadora», cuando está claro que los medicamentos no nos curan, y en algunos casos nos empeoran. Tomar antidepresivos durante el embarazo aumenta el riesgo de autismo en el bebé y puede afectar a la estructura y conectividad de su cerebro.[6] Y los jóvenes que toman altas dosis de antidepresivos como Prozac y Serotax tienen casi el doble de riesgo de manifestar comportamientos suicidas.[7]

Si consiguiéramos entender con más y más detalle cómo se comportan en el cerebro la ansiedad y la depresión –y el escudo que nos protege contra ellas: la espiritualidad–, seríamos más capaces de diagnosticar a los pacientes y de procurarle a cada uno un tratamiento específico, que sea duradero, no paliativo; que trate las causas, no los síntomas; que ofrezca una protección más potente y con mucho menos riesgo. Podríamos incluso adelantarnos a la aparición de los trastornos, prevenirlos desde el primer curso de educación infantil cuidando del desarrollo integral del niño, y hacer así posible que la próxima generación sufra menos, que tenga una visión de la vida más rica y completa.

Pero faltaban todavía algunos años para que la ciencia dispusiera de las herramientas de imagen y las técnicas estadísticas altamente refinadas que nos permitirían observar con precisión el funcionamiento del cerebro. Como no me era posible seguir avanzando en mis intentos por localizar la espiritualidad a nivel neuroanatómico y fisiológico, continué explorando la conciencia espiritual en el ámbito clínico, centrándome en particular en la depresión y la ansiedad como portales para el despertar.

KATHLEEN MCKINLEY SE sentó una mañana en mi despacho, menuda, elegante, impecablemente vestida con ropa de diseño, el pelo rubio salpicado de canas y un algo perspicaz y exigente en sus ojos verdes y su rostro en forma de corazón. Tenía un enorme atractivo y un aire dominante, pero se la veía también dolida y ausente, desorientada, como si su poder se hubiera venido abajo. Cuando habló, se le llenaron los ojos de lágrimas.

—Mi mayor temor se ha hecho realidad —dijo.

Su marido, un aclamado director de cine, acababa de decirle que desde hacía tiempo tenía una aventura con una de sus diseñadoras de vestuario. Estaba enamorado de ella y quería divorciarse.

—He intentado siempre, con todas mis fuerzas, proteger a nuestros hijos de un mundo fracturado —dijo, secándose las lágrimas que le brillaban en las finas arrugas de la comisura de los párpados.

Kathleen, una periodista con una larga trayectoria profesional y que había viajado por medio mundo, dejó de lado sus ambiciones profesionales para criar a sus dos hijos y apoyar la carrera de su marido. Lo más importante para ella era dar a sus hijos una infancia mejor que la que había vivido ella. Sus padres se pasaban el día discutiendo, se divorciaron cuando era casi una niña y, tras el divorcio, los dos habían tenido suficiente con ocuparse de sus respectivos problemas de alcoholismo y de las nuevas familias que habían formado. Kathleen se había mantenido distanciada emocionalmente de ellos. No es que la maltrataran, pero ella sentía que no les importaba, que no le prestaban ninguna atención, y de mayor había dedicado mucho tiempo y energía a reparar su sentimiento de no ser suficiente, de no merecer que la quisieran. Por eso se había entregado por entero a su familia actual; había buscado siempre los mejores profesores y oportunidades para sus hijos, la mejor calidad de todo, para que tuvieran la vida ideal de la que ella se había sentido privada en su niñez. Su hijo estaba ahora en el instituto y su hija terminando la escuela primaria; los dos destacaban en música y en atletismo. Pero temía que la ruptura de su matrimonio arruinara la alegría y seguridad que ahora tenían.

—El mundo que conocen acaba de desaparecer —dijo.

—¿Y tú? —le pregunté—. ¿Qué significa el divorcio para ti?

Se agarró con fuerza a los brazos de la silla, luego subió una mano y se la apretó contra el esternón.

—No lo sé —contestó—. Es extraño, pero no lo sé. Siempre he sabido lo que quería. Ahora no.

Aquella ansiedad respondía a algo más profundo que la traición de su marido, más profundo que la sensación de abandono. Lo que temía era no saber cómo aterrizar ahora en el mundo. Precisamente aquello de lo que había tratado de protegerse y de proteger a sus hijos se había hecho realidad. ¿Qué disparate era ese? ¿Cómo iba a abrirse camino en un mundo tan disparatado? ¿Qué sentido tenía la vida, su vida?

Eran preguntas espirituales. Y la suya era la situación típica de la mediana edad. Lo que conocíamos hasta ese momento se hace pedazos. Ya no se sostiene. O ya no es suficiente. Es una experiencia tan común en la cultura occidental que hasta le hemos puesto nombre —la crisis de los cuarenta— y reconocemos sus síntomas: aventuras o veleros o coches deportivos o decisiones empresariales ruinosas; una búsqueda impulsiva de algo nuevo, de algo mejor, más satisfactorio, antes de que se nos acabe el tiempo. Yo he empezado a llamarla el *caos* de los cuarenta. Todo nuestro mundo se descompone y hay que reorganizarlo. Con frecuencia, son las cosas de las que nos hemos escondido o que más hemos intentado controlar —los miedos e inseguridades más profundos— los que se nos plantan delante. Tal vez descubramos que aquello en lo que habíamos depositado toda nuestra confianza se empieza a desmoronar, o que las decisiones que hemos tomado a lo largo de los años nos han alejado más y más de lo que en verdad queremos. Como Kathleen, de golpe nos encontramos expulsados del *statu quo* y obligados a reflexionar sobre qué hacer ahora, una vez que hemos comprendido que nuestra forma habitual de afrontar la incertidumbre de la vida —que era intentar controlar el resultado de todo— ya no sirve.

¿Cuál era mi papel como consejera? ¿Cómo podía ayudarla a trascender aquel estado de nervios y los ataques de pánico nocturnos, a cambiar la percepción que tenía de sí misma, de que estaba sola y no merecía que la quisieran, de que les había fallado a sus hijos?

Los modelos de tratamiento más respetados del momento —formas de terapia cognitivo-conductual— sostienen que la ansiedad y el sufrimiento nacen de las percepciones y los pensamientos erróneos basados en una concepción distorsionada del mundo. Tenemos formas habituales de dar sentido a las cosas y de ordenar el mundo; y a veces la manera de pensar en los demás y en nosotros mismos se sale de los cauces habituales. Nos curamos aprendiendo a identificar, y luego a cambiar, los pensamientos habituales que nos hacen daño. Si utilizaba la terapia cognitivo-conductual clásica con Kathleen, la ayudaría a examinar y transformar sus creencias subyacentes sobre el amor, la seguridad y la valía humana.

El problema de esta terapia es que, aunque puede mejorar nuestra autoestima y hacer que nos sintamos más animados y esperanzados, no nos ofrece una vida ni una visión del mundo más trascendentes. Es posible que nos sintamos mejor con nosotros mismos, pero seguiremos atascados en un mundo autorreferencial, el mundo de mi «pequeño yo». Como había demostrado tan magníficamente el estudio de Susan Nolen-Hoeksema sobre la rumiación, las mujeres deprimidas son capaces de tener pensamientos positivos, pero sienten los beneficios de esos pensamientos positivos con menos intensidad que las que no están deprimidas. Y no se desenganchan fácilmente de la rumiación.

La terapia cognitivo-conductual clásica podría contribuir a que Kathleen cambiara de pensamientos, pero no de lente; seguiría intentando progresar y curarse dentro de un marco autorreferencial. Yo quería ayudarla a sanar de una manera más profunda y transformadora, «encender» su despertar a la espiritualidad para que tuviera la protección y la fuerza que emanan de ella, y alimentar la curación explosiva que se produce cuando la conciencia espiritual realinea el sentido que le damos a nuestra vida.

Le pedí a Kathleen que hiciera inventario del caos. Empezamos por su cuerpo. Describió el ardor de la rabia en el pecho, la sensación de mareo y de vértigo en las entrañas, como si la tierra hubiera desaparecido de debajo de sus pies. Luego le pedí que me enseñara su casa. Me paseó mentalmente por las habitaciones, mostrándome los cuencos de cereales en el fregadero —ya no tenía ganas de cocinar— y las perchas vacías en el lado del armario que había ocupado su marido, la almohada intacta en su lado de la cama. Lloró al describir el enfado de su hijo y la desesperación de su hija, la forma en que la habían mirado, con tristeza y preocupación; la luz del dormitorio de su hija encendida toda la noche porque de repente le daba miedo la oscuridad. Luego, el rompecabezas a medio terminar sobre la mesa del comedor, los libros escolares de sus hijos apilados en el suelo de la sala de estar, porque ahora en vez de irse cada uno a su cuarto a hacer los deberes preferían quedarse juntos, tumbados cerca de ella en la alfombra o el sofá, hasta la hora de irse a dormir.

Kathleen abrió los ojos de repente y me miró sorprendida.

—Mi temor más espantoso se hizo realidad —dijo—. Pero estamos bien. La familia se rompió. Y eso no nos ha destruido.

La semana siguiente le pedí que hiciera inventario de su antigua vida, la que tanto le aterraba perder. Mientras examinaba con detalle su estructura y sus patrones de funcionamiento, las limitaciones de la antigua vida salieron a relucir. Había dejado su trabajo de periodista que tanto le gustaba. Había dejado de viajar. Había dejado de pasar tiempo con sus amigos.

—Estaba siempre tan ocupada… —me contó—, aunque en realidad no sé por qué. ¿Qué hacía? Correr todo el día de un lado a otro obsesionada con tonterías. —Sacudió la cabeza—. La primera vez que mi hijo hizo el examen de acceso a la universidad, sacó treinta y cinco puntos. Es una puntuación muy buena. Pero me pasé todo el verano llevándolo de tutor en tutor y de clase en clase para ver si podía sacar treinta y seis, la perfección. ¿Y para qué? Entretanto, no pudo ser consejero del campamento. No pudo ir a pescar a Maine con su abuelo… Estaba obsesionada con que triunfara en la vida y eso le asegurara la supervivencia. Y mientras me pasaba el día yendo de acá para allá intentando que cada detalle fuera perfecto, la vida que *pensaba* que era segura en realidad no lo era.

Se dio cuenta de que su matrimonio había empezado a decepcionarla y a causarle dolor mucho antes del divorcio. Durante años había estado como anestesiada. Y asustada.

—Creo que hacía mucho que tenía la sensación de que esto iba a pasar —dijo—. En algún sitio de mí lo percibía, y procuraba ignorarlo. Me fui retrayendo, me encerré en mí misma para intentar evitar que las cosas me hicieran daño.

Con un escalofrío, me acordé del sueño que tuve la noche antes de saber que el corazón de nuestro bebé se había parado. Cómo había intentado borrar el sueño por la mañana, enterrar de nuevo en la oscuridad mi saber interior, aferrarme a lo que *quería* que fuera verdad. Todo lo demás que había querido controlar o conseguir a lo largo de mi vida en el mundo exterior, lo había conseguido. Tenía los títulos que quería, el trabajo que quería, el matrimonio y los amigos que quería. Luego resultó que aquello que quería tener por encima de todo, que realmente me importaba tener, no podía controlarlo ni planificarlo. Durante años no supe cómo soltarme del empeño por conseguirlo, cómo dejar de intentar obligar a la realidad a que fuera como yo quería.

Kathleen empezó a hacer lo que a mí me fue imposible durante tanto tiempo. Al ir pasando los meses, descubrió que la traición, la pérdida y la incertidumbre que el divorcio representaba le dolían muchísimo, pero no tanto como vivir encerrada y con los ojos cerrados como había optado por hacer antes de que la relación se desmoronara definitivamente. Ahora tenía una visión más completa, y estaba creándose un nuevo mapa de la realidad. A través de su nueva lente, veía las cosas de otra manera. Le pedí que se diera cuenta en el día a día de qué le llamaba la atención, que examinara las cosas que le estaba mostrando la vida y le causaban sorpresa. «Tengo más iniciativa —respondió—. Llamo por teléfono, me dejo animar por amigos de cerca y de lejos con los que había perdido el contacto».

Otro día exclamó: «¡De repente han llegado a mi vida un montón de personas! Es como si hubiera amor por todos lados. La gente lleva amor dentro».

Unos seis meses después de empezar el tratamiento, recibió inesperadamente una llamada, y le ofrecieron un trabajo en una asociación que defendía los derechos de la mujer y ayudaba a mujeres necesitadas. «¡Ni siquiera había presentado una solicitud! Me siento tan apoyada..., es como si el mundo cuidara de mí».

Cuando Kathleen se sintió más sostenida y guiada por la vida, empezó a reconocer cómo había contribuido su propio comportamiento a la disolución del matrimonio. Su marido había hecho el trabajo sucio, pero ella había intervenido también. «Tenía tanto miedo de que no me quisiera y de quedarme sola, que a veces lo trataba mal, casi disfrutaba haciéndole daño —dijo—. Lo eché de mi lado».

Tomó por costumbre lanzar ofensivas anticipadas para protegerse de una posible palabra o acción suya que le hicieran sentir que no la quería; pero le había salido el tiro por la culata. «Todo esto es una lección que tengo que aprender sobre el amor —siguió diciendo—. Aniquilé el amor porque no lo veía. Pero el amor estaba ahí. Yo era en todo momento digna de amor, y este es un mundo que desea amar».

Cuando cambió de perspectiva y se dio cuenta de cómo habían sido las cosas, cambió también su comportamiento. Aceptó el trabajo en la asociación de defensa de la mujer, empezó a viajar de nuevo, a pasar más tiempo al aire libre disfrutando de la naturaleza. Reconfiguró los sistemas de pensamiento que había utilizado hasta ahora para medir su competencia y valía como ser humano: encontrar el profesor de piano perfecto para su hija, organizar la cena perfecta, ayudar a su hijo a obtener una puntuación perfecta en el examen de acceso a la universidad... Descubrió una enorme satisfacción en conectar con la gente y brindarle apoyo, en pasar los fines de semana en el mar o en las llanuras cercanas a los lagos Finger, en asistir a retiros espirituales. «Soy una persona espiritual, siempre lo he sido —me dijo un día—. Pero enterré la espiritualidad allí donde no pudiera verla y adopté la opinión de mi marido de que la espiritualidad no es seria, de que no hay prueba de nada. Pero mi abuela era espiritual, y yo empiezo a sentir de nuevo lo que compartía con ella».

Para cuando terminó el tratamiento, muchas cosas en la vida de Kathleen eran aparentemente como antes. Seguía viviendo en

Nueva York, en Pelham, aunque en una casa distinta, y seguía entregada por entero a procurar que sus hijos estuvieran bien. Pero algo dentro de ella había cambiado. Se había apartado de sus antiguos hábitos de pensamiento y de conducta —la preocupación constante, venerar la autoridad y la experiencia de su marido, intentar que su vida se ajustara a como ella creía que «debía» ser, tratar de eludir todo lo que imaginaba que podía hacerle daño— y había empezado a encontrarse con la vida tal como era. Y con el tiempo llegó a entender la aventura de su marido, la situación crítica que le había hecho empezar la terapia, de forma completamente distinta.

Antes del divorcio, viviendo con la percepción de que estaba exclusivamente en su mano hacer que su vida fuera de determinada manera, no podía experimentar la unidad fundamental de la vida. Estaba aislada y estresada en su empeño por tenerlo todo bajo control. Y aunque era cierto que se entregaba de corazón a su familia, estaba atrapada en una concepción utilitaria de las relaciones que le hacía vivir obsesionada con «lo que este o aquel me han hecho», o «lo que este o aquel me pueden hacer». Entendía que su papel de esposa y madre consistía en crear un clima de seguridad; quería ofrecerles a sus hijos la seguridad y el amor que ella tanto había anhelado en su vida. Sus intenciones eran nobles. Pero las llevaba a la práctica dentro de un marco transaccional de las relaciones. Y la aventura de su marido, que su marido se fuera, le hizo sentirse intensamente sola y abandonada, lo cual reforzó su idea de que el amor es algo que se tiene o no se tiene.

A medida que se fue curando, empezó a experimentar la presencia del amor entretejida en los hilos de la vida y a sentir que la vida actuaba a su favor. «Siento dentro una certeza —dijo un año después de su primera visita—. De que estoy bien en el mundo, de que no estoy sola, de que las cosas acaban poniéndose en su lugar». Me miró con asombro y añadió: «Jamás habría imaginado que, al dejarme, mi marido me estaba abriendo la puerta de la cárcel y dándome la libertad definitiva».

Ella nunca lo habría dejado, nunca habría elegido una vida diferente. Y, sin embargo, era justamente el divorcio lo que necesitaba para abrir su vida de nuevo. «Me pasé la vida pensando que mi misión era construir ese castillo de arena perfecto y mantenerlo a salvo de todo —continuó—. Pero cuando el castillo finalmente se vino abajo, vi de repente todo lo que había detrás de él: la playa, el mar, las olas».

Las olas llegan y el castillo se desmorona. Sufrimos, sentimos que no superaremos el trauma por lo que hemos perdido. Ocurren en nuestra vida las cosas que más nos aterran, las que más queríamos evitar. Aunque hayamos hecho lo imposible por proteger el castillo, no podemos impedir las mareas. Y cuando llevamos tanto tiempo dedicando toda nuestra energía a controlar lo que nos rodea, cualquier cosa nos puede romper: nos hemos vuelto tan frágiles, tan quebradizos, estamos tan a punto de derrumbarnos y hacernos pedazos que hasta el menor riesgo nos da pavor, hasta el menor obstáculo nos parece insuperable. Estamos tan consumidos por la necesidad de hacer las cosas bien, tenemos una perspectiva tan estrecha, que no nos damos cuenta del verdadero significado de lo que hacemos ni de que la pérdida hace posible la regeneración.

CAPÍTULO 10

UNA VIDA DIFERENTE

«No te lo vas a creer», me dijo mi amiga y colega de investigación Suniya Luthar una tarde de 2008. Estábamos sentadas en su despacho de la universidad, con una ensalada de la cafetería en equilibrio sobre las rodillas, para estudiar posibles maneras de reducir las tasas de depresión tan altas que reflejaban los estudios realizados en todo Estados Unidos.

Conocía a Suniya desde que empecé a estudiar en la Universidad de Yale y ella era la asistente en la asignatura de Psicología Anormal.* A los diecinueve años, cada vez que me sentaba en su clase, me inspiraba ver a aquella mujer tan llena de vida que nos contagiaba su entusiasmo, tan radiante que prácticamente brillaba, y que era además una académica muy seria. Con Suniya nunca se hablaba de trivialidades. Era inteligente, perspicaz, miraba el mundo con la intensidad y la agudeza de un rayo láser. Era la científica de los científicos: seguía el rastro de las cifras y se esforzaba por llegar al fondo de cualquier misterio o problema. Sus primeros

---

* N. de la T.: La psicología anormal está enfocada en el estudio y tratamiento de todos aquellos problemas mentales y emocionales que influyen en la capacidad de acción de una persona. Se considera que la «anormalidad» surge del desarrollo de patrones del comportamiento subconsciente.

trabajos sobre la intersección entre pobreza y salud mental habían contribuido a la creación de los programas Head Start;* habían utilizado el poder de la ciencia para cambiar y mejorar vidas. En la actualidad era profesora titular de Psicología en la Universidad de Columbia, y el objetivo de sus investigaciones seguía siendo contribuir al bienestar de los niños, y en particular de los adolescentes, que vivían en zonas urbanas con pocos recursos. Dado que las tasas de depresión se disparan entre los doce y los dieciocho años, era vital que nos centráramos en los adolescentes si queríamos frenar la creciente epidemia.

Entre bocado y bocado de lechuga insípida, Suniya me puso al corriente del sorprendente giro que acababa de dar su investigación. Había estado buscando un grupo de comparación con el que contrastar los resultados del estudio de la población juvenil urbana que estaba haciendo, y había empezado a investigar a los adolescentes de clase media alta de los suburbios acomodados de las afueras de Nueva York, San Francisco y otras ciudades importantes de Estados Unidos. Pero cuanta más información buscaba sobre estos grupos de comparación suburbanos acomodados, más descubría que los resultados de los niños «privilegiados» o «ricos» en una diversidad de mediciones eran notablemente peores que los de aquellos de posición social más baja. Tenían tasas mucho más altas de abuso de sustancias psicoactivas, depresión y ansiedad, y a pesar de disfrutar de recursos y seguridad física, su miedo y su sensación de vulnerabilidad eran mayores.

El hallazgo sorprendió a muchos profesionales de la psicología. En general, los niños acomodados tenían padres que les

---

* N. de la T.: Head Start es un programa del Departamento de Salud y Servicios Humanos de Estados Unidos creado para ayudar a romper el ciclo de la pobreza. Ofrece a niños y niñas en edad preescolar que provengan de familias con bajos ingresos un programa integral para satisfacer sus necesidades emocionales, sociales, de salud, psicológicas y nutricionales.

brindaban atención y apoyo; iban a buenos colegios; disponían de medios para realizar actividades enriquecedoras y viajar; gozaban de muchas más oportunidades educativas, profesionales y sociales, y nunca les faltaba comida que llevarse a la boca ni calles seguras por las que pasearse. ¿Por qué estaban tan deprimidos?

Cuando empezó a ir a los colegios a los que asistían y a entrevistarlos, Suniya identificó una ecología social* que, en su opinión, explicaba su sufrimiento mental. Por un lado, el amor que la mayoría de los niños y niñas acomodados de su estudio percibían en sus padres y sus familias era de naturaleza contingente. Decían, por ejemplo: «Mi padre viene a verme a los partidos de fútbol, pero no va a las cenas familiares» o «Mi madre me pregunta: "¿Qué tal te ha ido en el examen de matemáticas?", pero no: "¿Cómo te sientes?"». Muchos de ellos decían que se sentían como mercancía. Su trabajo consistía en rendir —en el terreno académico, deportivo, musical— y ganarse la aprobación de sus padres, que daban una importancia desmedida a los boletines de notas y a los trofeos y clasificaciones. Nunca oían decir: «Qué alegría me da verte». «Si no sacan buenas notas o no destacan en algún deporte, se sienten unos ineptos —decía Suniya—. Y si sacan buenas notas y destacan, tienen miedo de dejar de sacarlas y de no destacar. Se automedican, toman pastillas a cucharadas para aliviar la ansiedad que les produce no dar la talla».

Por otra parte, descubrió que la ecología social era igual de negativa dentro de sus grupos de amigos. Cuando estudió los indicadores de popularidad, descubrió que, en el caso de las chicas, dos condiciones ineludibles eran estar delgada y mostrarse agresiva en la interacción social para establecer su dominio, básicamente «ser mala». En el caso de los chicos, eran el abuso de sustancias

---

* N. de la T.: La ecología social es el estudio de los sistemas humanos en interacción con sus sistemas ambientales.

psicoactivas y la explotación de las chicas. Su valor como personas lo determinaba un número en la escala: la cantidad de conquistas sexuales, la proporción de victorias y derrotas, de logros y fracasos.

Suniya estaba en mitad de un estudio longitudinal que seguía la trayectoria de una serie de chicos y chicas desde la adolescencia hasta la edad adulta, desde los doce hasta los veinticuatro años, y me preguntó si quería trabajar con ella y añadir algunas medidas de espiritualidad al estudio.

Unos años más tarde, ella y nuestra alumna de posgrado Sam Barkin vinieron a mi despacho de Columbia para mostrarme los primeros resultados.[1]

Habían visto que, entre la juventud adinerada, el índice de espiritualidad era significativamente más bajo que en el conjunto de la población. Solo el quince por ciento de los jóvenes procedentes de zonas residenciales elitistas decían tener una identidad o actividad espirituales, es decir, un índice de espiritualidad que no llegaba a una cuarta parte del índice nacional publicado en las encuestas de Pew y Gallup.

Vieron también que el ochenta y cinco por ciento de la muestra de jóvenes que no eran espirituales tenía un riesgo diez veces mayor de desarrollar una sociopatía que la media nacional. Habiendo crecido en un ambiente que equiparaba su valía humana con lo gordos o flacos que estaban, o con si sacaban sobresalientes o notables en los exámenes, carecían de los cimientos del amor incondicional y el sentimiento de conexión. Habían crecido solos y desconectados, consintiendo que otros los utilizaran y utilizando ellos también a otros en una competición por ser los mejores.

Pasé por encima de los montones de libros y papeles repartidos por el suelo de mi despacho para poder mirar por la pequeña ventana. Las nubes se desplazaron y el débil sol invernal bañó los muros de ladrillo, el asfalto y los árboles desnudos. Los estudiantes pasaban corriendo de un edificio a otro con la espalda encorvada bajo el peso de las mochilas y la cabeza agachada para protegerse del viento. «Eso no es todo –dijo Sam–. El quince por ciento que sí se considera espiritual no presenta el mismo grado de ansiedad, depresión ni abuso de sustancias que el resto de la cohorte».

Los datos transversales no demostraron que la espiritualidad fuera *causa* de una mejor salud mental. Pero sí, una vez más, que la espiritualidad tiene una fuerte correlación con un menor índice de sufrimiento. Que ser espiritual significa estar protegido de riesgos cuyo índice en caso contrario es alarmante.

Unos años después, tuvimos los datos correspondientes al desarrollo espiritual y la salud mental de los jóvenes a los que Suniya había estudiado desde los doce años y que ahora tenían veinticuatro; la mayoría habían terminado la universidad y estaban trabajando o haciendo un curso de posgrado. Vimos que los que tenían un alto nivel de espiritualidad a los dieciocho años, incluso aunque hubieran tenido dudas y momentos de depresión durante los años de universidad, habían salido de ellos con una espiritualidad reforzada. Estos jóvenes, que habían sido espirituales a los dieciocho años y habían mantenido o renovado su vida espiritual a los veinte, tenían muchas menos probabilidades de deprimirse o abusar de sustancias psicoactivas, y más probabilidades de tener relaciones sanas y colaborar con organizaciones o comunidades con fines sociales. Una fuerte base espiritual les dio a estos jóvenes una vida diferente por completo.

***

QUERÍA ESTUDIAR CON detalle qué hace que la vida se desarrolle de un modo diferente por la presencia de la espiritualidad, y junto con mi colega Myrna Weissman, cuyos datos había utilizado en el estudio sobre la transmisión intergeneracional, desarrollé un sistema para analizar los datos resultantes del curso clínico, es decir, de la evolución a largo plazo de los sujetos del estudio, a fin de examinar la relación entre espiritualidad y depresión durante el emerger de la edad adulta.[2]

Los chicos y chicas de dieciséis años que habían sido mi muestra de segunda generación en el estudio de transmisión intergeneracional tenían ahora veintiséis. Nos centramos en dos mediciones a lo largo de esa década: la depresión y la formación espiritual. Utilizando una entrevista diagnóstica estructurada llamada Escala para Trastornos Afectivos y Esquizofrenia —*Schedule for Affective Disorders and Schizophrenia*, comúnmente llamada SADS, en este caso en su versión -L, a largo plazo—, determinamos qué sujetos de la muestra cumplían los criterios de trastorno depresivo mayor. Y para discernir su formación espiritual, hicimos la pregunta habitual sobre qué importancia tenía para ellos a nivel personal la religión o la espiritualidad. De todas las formas posibles de medir la espiritualidad, esta pregunta seguía siendo la que mejor funcionaba, creo que porque iba directa a la sensación de conciencia espiritual que la persona tenía en su día a día. Un cambio de respuesta entre los dieciséis y los veintiséis años nos permitía ver si esa base espiritual se había fortalecido o atrofiado con el tiempo.

En vista de los anteriores resultados epidemiológicos sobre los efectos beneficiosos y protectores de la espiritualidad, suponíamos que era menos probable que los jóvenes que ahora tenían una fuerte espiritualidad hubieran vivido episodios de depresión en los diez años anteriores. Pero el estudio reveló dos resultados muy sorprendentes.

En primer lugar, aquellos que mostraban una fuerte espiritualidad habían tenido a los veintiséis años *más del doble de probabilidades* de estar deprimidos en el pasado. En otras palabras, la formación espiritual no parece ser una alternativa a la depresión, sino una forma de ser que aflora a la par que la lucha interior o a raíz de ella.

En segundo lugar, los que tenían una fuerte espiritualidad estaban a los veintiséis años *protegidos en un setenta y cinco por ciento* contra una recurrencia de la depresión mayor en los diez años siguientes. Y en el caso de aquellos que eran extremadamente espirituales y habían sufrido una depresión mayor en el pasado, la protección de la espiritualidad contra una recurrencia de la depresión era todavía más alta: ni más ni menos que de un *noventa por ciento*. Se trataba de personas con un alto riesgo de depresión hereditario, que habían crecido en hogares sumidos profundamente en la depresión.

Cuando al final de la adolescencia y al principio de la edad adulta sufrieron pérdidas dolorosas, desengaños u otras experiencias traumáticas, al parecer estaban condicionados a tener una respuesta espiritual. Era como si la sensibilidad al sufrimiento mental y la familiaridad con él hubieran intensificado su capacidad para encontrar el modo de tener una respuesta espiritual profunda frente a cualquier circunstancia desestabilizadora. Las personas con alto riesgo de depresión que habían encontrado en la espiritualidad las fuerzas para responder al sufrimiento estaban protegidas contra la espiral descendente la siguiente vez que el dolor o la decepción aparecían, porque habían cultivado una respuesta espiritual.

Me di cuenta de que la interpretación que hice de los datos epidemiológicos en un principio —que la espiritualidad es un factor de protección contra el sufrimiento mental— era demasiado general. A la vista del nuevo hallazgo, no era tanto que la conciencia espiritual nos protegiera de volver a sufrir intensamente como que el sufrimiento hacía aflorar la conciencia espiritual, y la base espiritual que desarrollábamos entonces nos preparaba para la siguiente vez que se nos presentaba una circunstancia dolorosa. Al parecer, enfrentarse a momentos de dolor y vacío catalizaba de algún modo la formación espiritual.

Pensé en la depresión que viví siendo estudiante y en los estudiantes universitarios a los que luego traté, todos atravesando la depresión que frecuentemente acompaña a esos años de desarrollo. ¿Era posible que tuviéramos incorporado un reloj biológico espiritual que nos sumiera en la desesperación, la desorientación, la ira, la tristeza y la depresión, y que el hacernos preguntas, y sentir el vacío y el miedo de estar desconectados o de no tener un propósito en la vida, nos llevara a descubrir una conexión más profunda con la vida? Lo mismo que está establecido que nos salgan canas a partir de cierta edad, o que a cierta edad seamos capaces de procrear y a partir de cierta edad no, ¿podría ser que estuviera inscrita en nuestro desarrollo fisiológico la facultad de desarrollo espiritual? Parecía posible que la biología nos diera una capacidad aumentada de percepción espiritual en ciertas fases de la vida. Y el estudio mostraba que, si cuando la experiencia espiritual aflora la acogemos y reinicializamos nuestro estado de ser, estamos preparados para afrontar lo que la siguiente fase de la vida nos traiga. Si no lo hacemos, es más probable que nos deprimamos y vivamos con una constante sed de amor, conexión y trascendencia que no sabemos cómo saciar.

Podemos elegir qué actitud adoptar ante la vida, especialmente en épocas críticas como son la adolescencia, la mediana edad, o en momentos de pérdida o traumáticos. Podemos ignorar las preguntas existenciales y la presencia de una conciencia espiritual. Podemos medicarnos con fármacos que mitigan el dolor nacido de esas preguntas o anestesiarnos con otra clase de sustancias que nos dan un respiro temporal, o quizá una versión sintética de la trascendencia que anhelamos. O podemos abrir la puerta a una nueva conciencia, a una reconfiguración del sentido de las cosas, a una percepción consciente del amor con que la vida nos sostiene, como parte que somos de la totalidad.

Me acordé de Hannah, una estudiante de secundaria que conocí cuando estuve entrevistando a jóvenes de zonas residenciales similares a las de los estudios de Suniya. Llegué a la elegante casa colonial, en las afueras de Nueva York, y nos sentamos en su dormitorio perfectamente ordenado para hablar de los pormenores de la vida en el instituto. Por las tardes iba a clases de danza cinco días a la semana. Era una chica vivaz, y se movía con elegancia. Y mostraba también signos de depresión ansiosa. Tenía las uñas mordidas, la piel de alrededor en carne viva, con sangre en algunos sitios. Mientras hablaba de su día a día y de su perspectiva de las cosas, la veía entrar en la conciencia espiritual y un instante después salir, oscilar entre una forma fracturada de ser y una forma de ser conectada.

—Las chicas de mi edad están todas descontentas con su cuerpo —dijo—. Obsesionadas con cuánto pesan, qué aspecto tienen. —Sacudió la cabeza y se rio—. Yo me siento bien con mi cuerpo, pero, aun así, ¡me paso cuarenta y cinco minutos todas las mañanas peinándome y maquillándome! No hay un día que me levante de la cama y piense: «Estupendo, hoy no necesito hacerme nada».

Le pedí que me contara más sobre la inseguridad que notaba en sí misma y en las demás chicas. ¿De dónde venía?

—Es como si fuera lo normal criticarlo todo —contestó—. Si eres chico, haces comentarios sarcásticos sobre las chicas. Dices cosas como: «Esa da pena, no se cuida nada». Y si eres chica, miras con lupa todos tus defectos. Mis amigas se pasan el día diciendo: «Yo antes tenía un buen culo, pero ahora ni se me nota, con estos muslos tan enormes. Tengo que dejar de comer» o «No tengo curvas. Tengo cuerpo de chico. Estoy tan desproporcionada...». Te miras al espejo y lo primero que piensas es: «Doy asco».

Decía que también sus padres y profesores tenían expectativas disparatadas, y a ella le resultaba muy difícil saber lo que quería hacer en su vida, con la cabeza abarrotada de las críticas y exigencias de los demás.

—¿Alguna vez has tenido un sentimiento espiritual? —le pregunté.

Asintió varias veces con la cabeza, sonriendo.

—¡Sí!, cuando estoy rodeada de naturaleza, o simplemente al aire libre apreciando ese momento. Una vez había ido con mi familia de vacaciones a un sitio donde había una playa, y estaba de pie a la orilla del océano, mirando. Y de repente tuve una sensación: *soy como una ola*. No se puede poner en palabras. Sentía una lentitud, era como una película a cámara lenta, como un sueño, todo flotaba y fluía, y de golpe, *bum*, estaba conectada a algo inmensamente más grande. Pensé: «Estoy aquí. *Esta soy yo*». No me ha pasado muchas veces, pero cuando me pasa, luego me siento mucho más despierta. Como si todo fuera posible. ¡Me encanta! —Volvió a sonreír y se encogió de hombros—. Pero no tiene una explicación científica. Y yo creo en la ciencia, en la evolución y esas cosas.

Me quedé anonadada por la intuición con que había sabido lo que le estaba preguntando, por la facilidad con que había evocado una experiencia espiritual y la alegría con que la había descrito. Y por la rapidez con que presentó una exención de responsabilidad. Primero expresó su asombro, y luego lo desmintió. En algún momento de su vida, a Hannah le habían enseñado que ese estado espiritual no era del todo real, que no contaba realmente.

Los nuevos datos revelaban que su vida se desarrollaría de forma muy diferente dependiendo de si cultivaba o desechaba la espiritualidad. Si se permitía acoger ese sentimiento de unidad trascendente que había experimentado a la orilla del agua y seguía ahondando en él, no sería propensa a la depresión en etapas posteriores de su vida. Si silenciaba su ser espiritual, era más probable que la depresión volviera a aparecer.

EN CONJUNTO, LOS resultados que obtuve de los tres estudios epidemiológicos mostraban que los efectos protectores de la espiritualidad eran indiscutibles, claros como el agua, no hacía falta interpretarlos. Pero eran resultados basados en datos bidimensionales muy poco sutiles, como una vista aérea desde diez mil pies de altura. Iba a tener que acercarme mucho más al cerebro y al resto del cuerpo para entender de verdad y poder explicar el patrón que mostraban los resultados. Las bases de datos obtenidos de los autoinformes, aunque sirven para hacernos una idea general de la condición humana, no apuntan a nada en concreto que se pueda hacer por esos pacientes. Como psicóloga clínica, había estado examinando lo que entraña realmente el desarrollo espiritual y cómo podemos los psicoterapeutas orientar hacia una conciencia espiritual a nuestros pacientes. Como investigadora, necesitaba entender si la relación entre espiritualidad y salud psicológica podía verse en el plano material. ¿Eran la depresión y el desarrollo espiritual efectivamente expresiones de una fisiología común? Partiendo del descubrimiento de Kenneth Kendler de que la espiritualidad es innata, ¿era posible encontrar el mecanismo biológico de nuestra capacidad espiritual, una prueba más de la presencia de la espiritualidad en nuestro cerebro, el resto de nuestro cuerpo o nuestros genes?

CAPÍTULO 11

ESTAMOS HECHOS PARA LA ESPIRITUALIDAD

En 2009, los investigadores que trabajaban en el laboratorio de mi colega el doctor Brad Peterson, también en la Universidad de Columbia, empezaron a plantearse las mismas preguntas sobre la depresión que yo me planteaba sobre la espiritualidad: «¿Tiene una base fisiológica la depresión? ¿Es visible en el cerebro?».[1] Brad y su equipo pensaron que, si establecían una trayectoria de la depresión, tal vez fuera posible verla, que quizá no afectara solo a una actividad cerebral específica, sino que hubiera también estructuras cerebrales específicamente asociadas con la depresión y con otros trastornos emocionales y enfermedades mentales. En la que sería una contribución fascinante al campo de la psicología, el laboratorio de Brad utilizó técnicas de neuroimagen para examinar las estructuras cerebrales de ciento treinta y una personas elegidas entre la extensa muestra de datos de Myrna Weissman. La edad de los sujetos iba de los seis a los cincuenta y cuatro años. La mitad tenía antecedentes familiares de depresión, mientras que la otra mitad tenía un riesgo de depresión bajo.

Se vio que los sujetos cuyos padres y abuelos habían sufrido de depresión mostraban un *adelgazamiento relativo de la corteza cerebral*

181

en el hemisferio derecho de hasta un veintiocho por ciento. La capa más superficial de esta área del cerebro era mucho más fina en las personas que tenían alto riesgo de depresión. Brad dijo que lo más extraordinario del hallazgo era «verlo al cabo de dos generaciones, y verlo tanto en niños como en adultos. El adelgazamiento está presente incluso aunque esos descendientes no hayan enfermado ellos mismos todavía». Dijo que el adelgazamiento cortical no era necesariamente un rasgo genético heredado, sino que podía ser «consecuencia de crecer con padres o abuelos enfermos. Los estudios han demostrado que cuando los padres están deprimidos, cambia el entorno en el que crecen los niños».

El área del adelgazamiento, es decir, la corteza cerebral, es donde procesamos los estímulos emocionales. En concreto, esta parte del cerebro es importante para el razonamiento, la planificación y el estado de ánimo. Una corteza más delgada inhibe nuestra capacidad de percibir y orientarnos en el mundo, y de percibirnos a nosotros mismos con claridad. El equipo de Brad demostró a nivel material y fisiológico lo que hasta entonces solo conocíamos en sentido clínico: que la depresión va acompañada de un estrechamiento del campo perceptual y una distorsión de nuestro sentido de la relación con los demás y con el mundo en general, es decir, que la mente da vueltas y vueltas y no es capaz de tener una perspectiva integral y situar las cosas en contexto.

Si había rutas biológicas visibles de la depresión, ¿podría haber también vías biológicas de la espiritualidad?

EN 2011, SE me presentó inesperadamente una oportunidad única. Mi antigua colega Myrna, que había compartido tan generosamente sus datos intergeneracionales conmigo y con Brad, había acudido a la Fundación John Templeton, una organización que apoya el descubrimiento científico en busca de respuestas a «las grandes preguntas» de la humanidad. Aprovechando la circunstancia de que hacía años la fundación me había concedido un premio por el artículo epidemiológico que había escrito con la ayuda de su equipo, les preguntó si estaban interesados en subvencionar a su laboratorio para estudiar los correlatos neuronales de la depresión. Se ofrecieron a financiar el estudio, y quisieron que formara parte de él la «mujer de la espiritualidad y la religión» –o sea, yo– como investigadora.

Era un sueño hecho realidad. Dispondríamos de los inestimables datos que Myrna había recogido en su estudio a lo largo de treinta y cinco años, una muestra de tres generaciones que incluía a personas con alto riesgo genético de depresión, así como a personas con una herencia espiritual que venía de lejos.

Myrna había estudiado a la misma cohorte de mujeres de New Haven durante el tiempo suficiente como para que en la actualidad tuvieran hijos y nietos. La generación más antigua era de la edad de mis padres, y la segunda, de la mía. Quizá hasta habíamos frecuentado las mismas cafeterías, cuando yo estudiaba allí, o habíamos ido a ver a los mismos grupos en Toad's Place. Sentía una conexión con este grupo «G-2» porque fue viviendo en New Haven cuando pasé aquel año de depresión al mismo tiempo que a ellas se las había entrevistado, y, como muchas de aquellas mujeres, había experimentado un despertar espiritual. Vi mi historia reflejada en las suyas, y eso es lo que creo que son siempre para mí las bases de datos: historias humanas. Ahora, por primera vez, contábamos con la financiación y la muestra ideal para investigar la relación entre depresión y espiritualidad en la misma cohorte de mujeres cuyos pasos había seguido durante gran parte de mi vida como científica.

Poco a poco, establecimos el diseño del estudio. Decidimos examinar las áreas occipital y parietal y el precúneo, situado en la zona media de la corteza parietal superior, áreas que otros investigadores habían descubierto que estaban asociadas con la depresión. El lóbulo occipital, situado en la parte posterior de la cabeza, se considera habitualmente el centro de percepción visual del cerebro; el lóbulo parietal, un poco más arriba, nos ayuda a orientarnos dentro de un campo de información sensorial, y el precúneo es la parte del lóbulo parietal utilizada durante la reflexión.

Centrándonos en las áreas cerebrales de la percepción, la orientación y la reflexión, tomaríamos imágenes por resonancia magnética (IRM) de personas con alto y bajo riesgo genético de depresión, y compararíamos y contrastaríamos las estructuras cerebrales de los participantes de alto riesgo que habían declarado tener una fuerte espiritualidad personal con las de aquellos que no. «¿Qué crees exactamente que vamos a encontrar ahí? —me preguntaban con cariño mis colegas riéndose de mí—. ¿De verdad crees que vamos a ver algo?».

No sabía qué contestar. Pero la solidez de los datos epidemiológicos y los recientes estudios de imágenes que mostraban las rutas de la depresión me hacían creer en la posibilidad de que, en nuestra investigación, obtuviéramos también algún resultado claro. Y confiaba en que los números reflejarían la verdad.

Pero no estaba preparada en absoluto para lo que vimos el día en que, tras dieciocho meses de estudio, el equipo de resonancia magnética se reunió para revisar los nuevos hallazgos: el día en que Ravi, el analista de datos, nos repartió las imágenes que mostraban la composición del cerebro de personas de alta y baja espiritualidad, y tuvimos nuestra primera visión clara e impresionante del *cerebro despierto*.

Los sujetos para quienes la espiritualidad y la religión eran muy importantes tenían una estructura neuronal más sana que aquellos para los que la espiritualidad y la religión tenían una importancia

184

media, baja o nula.[2] Al contemplar la imagen impresa de lo que el equipo de resonancia magnética llamaría a partir de entonces el «cerebro rojo» –el cerebro altamente espiritual, con sus extensas zonas de grosor cortical–, vi al fin el homólogo material de lo que había descubierto a lo largo de los últimos veinte años de trabajo clínico y epidemiológico. El cerebro rojo tenía que ver con el efecto amortiguador de la espiritualidad, con cómo algunos estamos más protegidos contra la depresión tras haber pasado por difíciles periodos de riesgo en nuestro desarrollo, con cómo tenemos la posibilidad de debatirnos con la incomprensión y las dudas de una manera que intensifique nuestra conciencia espiritual y determine, un momento tras otro, nuestro modo de percibir la vida y de participar en ella.

El hallazgo abrió una nueva puerta en la comprensión de la psique. En aquellas personas que habían descubierto la dimensión espiritual de la vida, fuera cual fuese su tradición religiosa, o tuvieran o no una religión, parecía ser que el cerebro era capaz de protegerse de las estructuras de la depresión a nivel neurológico por muy consolidadas que estuvieran.

PARA MÍ, UNO de los aspectos más emocionantes de publicar un hallazgo en una revista científica es el proceso de la revisión por pares, de enviar el artículo que la revista está considerando publicar a otros dos científicos, al menos, que harán un análisis externo. Existe en la comunidad científica el entendimiento generalizado de que *cualquier* artículo mejora gracias a la colaboración, y de que muchos artículos salen reforzados de un análisis o revisión adicionales. Dado que nuestro estudio de resonancia magnética del cerebro despierto era una investigación tan innovadora, tan alejada de todo lo que *JAMA Psychiatry* había publicado hasta entonces, teníamos que ser aún más meticulosos. Nuestro estudio fue sometido a una segunda ronda completa de revisión por pares para garantizar que el riguroso análisis fuera particularmente incontrovertible.

La revisión por pares es siempre anónima. Cuanto más trascendental o novedoso sea el hallazgo, más probable será que lo revisen científicos expertos y reconocidos en su campo. Pero es fundamental en el proceso de validación que el análisis se atenga estrictamente al método científico y al estudio de los datos, y que no influyan en él cuestiones personales, modas culturales o ni tan siquiera las afinidades en el área de estudio. El trabajo se evalúa exclusivamente en función de su rigor y su valor para la ciencia.

Sin embargo, no se me había olvidado la expresión ceñuda de quienes me oyeron hablar en las Grand Rounds hacía quince años. Ni siquiera los científicos más rigurosos habían sido capaces de contemplar los datos sin que interfirieran sus prejuicios sobre la espiritualidad, que consideraban una mera muleta en sí misma y un artefacto cultural en el estudio. ¿Cabía la posibilidad de que los expertos nos devolvieran el artículo revisado y nos aconsejaron que buscáramos una variable oculta para explicar el cerebro rojo?

Pero las revisiones volvieron llenas de anotaciones estrictamente científicas y muy interesantes; señalaban detalles que convenía aclarar o la necesidad de incorporar datos estadísticos de seguimiento. En respuesta a uno de nuestros hallazgos, que el engrosamiento cortical era mayor entre las personas con una espiritualidad no solo alta sino sólidamente asentada —una alta espiritualidad mantenida a lo largo del tiempo—, un revisor preguntaba: «¿Podrían investigar si el grosor cortical protege contra el grado en que se presentan los síntomas de la depresión?». En otras palabras, ¿protegía el cerebro rojo no solo contra los casos graves, contra una depresión mayor persistente, sino que su acción era lo bastante sutil como para mejorar los síntomas cotidianos de la depresión de grado entre leve y moderado? Realizamos un nuevo análisis, utilizando una escala de depresión para incorporar sus síntomas, y descubrimos que el engrosamiento cortical resultaba efectivamente protector contra los síntomas depresivos cotidianos incluso en su grado más leve, no solo contra los episodios periódicos de depresión clínica. De no haber sido por el interés puramente científico de aquel revisor, tal vez no habríamos descubierto este hecho.

Otro de los revisores observó que el efecto del engrosamiento cortical era aún de mayor magnitud en el grupo con alto riesgo de depresión, y nos pidió que investigáramos este dato. ¿Por qué las personas de gran espiritualidad que tenían un alto riesgo congénito de depresión presentaban un mayor engrosamiento cortical que aquellas de gran espiritualidad que tenían un riesgo de depresión bajo? Mi perspicaz colega Craig Tenke planteó la hipótesis de que quizá los cerebros de alto riesgo fueran más sensibles al impacto de la espiritualidad. Fue una idea magnífica, la posibilidad de que las personas más propensas a la depresión fueran capaces de encontrar en la espiritualidad una fuente de enriquecimiento más profunda; que la sensibilidad a la depresión fuera acompañada de la sensibilidad a la espiritualidad, que se traducía en un mayor fortalecimiento neuroanatómico. Quienes presentaban un bajo riesgo de depresión obtenían beneficios de la espiritualidad, pero los beneficios que obtenían aquellos con alto riesgo de depresión y adelgazamiento cortical eran todavía mayores. Tal vez entre ellos se encuentren nuestros artistas, escritores, líderes religiosos, chamanes y músicos, especialmente sensibles a la experiencia.

Inspirados por lo que acabábamos de descubrir gracias a la revisión por pares, decidimos investigar un aspecto más del grupo que tenía alto riesgo genético de depresión. Pedimos a los sujetos del estudio que vinieran al laboratorio y simplemente cerraran los ojos y se relajaran, con un electroencefalograma (EEG) conectado a la parte posterior de la cabeza, en el área del lóbulo parietal, allí donde habían mostrado un mayor grosor cortical.[3] La función del EEG es medir la energía que emite el cerebro. En los sujetos con una fuerte espiritualidad personal, la longitud de las ondas emitidas desde la parte posterior del cerebro era equivalente a *alfa de gran amplitud* (alfa es una frecuencia de 8 a 12 Hz), una longitud de onda que se ha detectado también en el cerebro de los monjes durante ciertas prácticas de meditación y que igualmente se «activa de repente» de un modo admirable en las personas medicadas con fármacos ISRS (inhibidores selectivos de la recaptación de la serotonina) para tratar la depresión, aunque esa emisión de ondas alfa, de gran amplitud, desaparece en cuanto dejan de tomarlos. En nuestro estudio, la longitud de estas ondas era aún más pronunciada en los participantes que tenían una fuerte espiritualidad personal y se habían recuperado de una depresión mayor. De nuevo, vimos un sorprendente entrelazamiento de la depresión y la espiritualidad en el cerebro.

La larga búsqueda había terminado y, de inmediato, los hallazgos planteaban preguntas que nos invitaban a abrir una nueva línea de investigación. Habíamos localizado el cerebro despierto y tenido un atisbo de él. Habíamos descubierto que la zona parietal, hacia la parte posterior de la cabeza, más o menos donde roza el borde de una gorra de béisbol o una kipá judía, tiene un papel esencial en la activación de la conciencia espiritual. Y habíamos descubierto la relación inversa: que la conciencia espiritual hace al cerebro capaz de amortiguar la depresión y de defenderse a lo largo de toda una vida de una propensión a la depresión transmitida a lo largo de generaciones.

La depresión y la espiritualidad parecían ser dos caras de una misma moneda, experiencias enormemente distintas que, como habíamos visto, tenían significativos aspectos fisiológicos en común. Durante mucho tiempo me había preguntado, desde una perspectiva epidemiológica y clínica, si algunos tipos de depresión podían ser un síntoma de la sed de espiritualidad de una persona y una llamada para que el ser espiritual despertara. Ahora teníamos la evidencia fisiológica, material, de que está integrada en nuestro cerebro la facultad de experimentar un estado de conciencia espiritual y de que, a la larga, el cerebro conectado espiritualmente es un cerebro más sano. De repente, la depresión no me parecía ya necesariamente una enfermedad, al menos no en todos los casos. Parecía más una sensibilidad o una capacidad perceptiva: una llamada a la puerta, que ofrecía la oportunidad de vivir con un cerebro despierto.

CAPÍTULO 12

LOS DOS MODOS DE CONCIENCIA

Habíamos encontrado el sitio del cerebro donde vive la espiritualidad y habíamos visto los beneficios estructurales en que se traducía un cerebro despierto. Ahora me preguntaba cómo activar la espiritualidad y disfrutar de su capacidad protectora, para el cerebro y para la vida. Quería tratar de ver la espiritualidad en el momento en que se experimenta, para saber si era posible identificar la actividad neuronal que corresponde a la experiencia de la conciencia espiritual en tiempo real.

Otros laboratorios de distintos sitios del mundo estaban empezando a utilizar la técnica de obtención de imágenes mediante resonancia magnética funcional (IRMf) en un intento por cartografiar el cerebro y asignar a los pensamientos, sentimientos y experiencias humanos zonas específicas. Si la resonancia magnética mide y localiza las señales de radiofrecuencia emitidas por los átomos de hidrógeno en el cuerpo para crear imágenes anatómicas, la resonancia magnética funcional crea un mapa de la actividad cerebral en tiempo real midiendo el flujo de la sangre en el cerebro. Dado que el flujo sanguíneo aumenta en las zonas cerebrales que están en uso, un escáner de IRMf puede detectar alteraciones en la actividad neuronal basadas en los cambios del flujo sanguíneo en las distintas zonas.

En la Universidad de Yale encontré unos colaboradores maravillosos para que se ocuparan del aspecto técnico de la neuroimagen. Marc Potenza y Rajita Sinha llevaban décadas tomando parte en investigaciones similares relacionadas con el estrés y las adicciones. Más recientemente, lo habían hecho utilizando el método *in-scanner* que Rajita había ideado basándose en la evidencia de que, cuando contamos una experiencia personal con todo lujo de detalles, la descripción de la experiencia provoca los mismos correlatos neuronales que la experiencia en sí. Queríamos adaptar la metodología de la narración personal para ver los correlatos neuronales de las experiencias espirituales en el escáner de IRMf. Esta novedosa tecnología traduciría los resultados de los estudios epidemiológicos de devoción personal, así como los hallazgos más recientes sobre la fortaleza estructural del cerebro despierto, a imágenes vivas dentro del escáner. Trabajamos juntos durante todo un año antes siquiera de haber reunido los datos para diseñar un innovador estudio que fuera capaz de identificar los correlatos neuronales de la experiencia espiritual mientras los participantes contaban, dentro del escáner, tres experiencias personales distintas y detalladas: una de una situación estresante, otra de un momento relajante y otra de una experiencia espiritual.[1]

DADO QUE EL final de la adolescencia y comienzo de la edad adulta es un periodo en el que afloran la espiritualidad *y* la depresión, decidimos invitar a participar a jóvenes, chicos y chicas, de entre dieciocho y veintisiete años.[2] Se les pidió que describieran las tres experiencias con el mayor detalle posible: que explicaran dónde estaban, con quién, qué estaban haciendo, qué aspecto tenían las cosas y qué sensaciones corporales notaron durante la experiencia.

Aproximadamente la mitad de los relatos de espiritualidad personal estaban localizados en un momento de oración o un servicio religioso, y destacaba en ellos la presencia de sonidos (campanas, voces que entonaban un canto o una oración) y la sensación de que se desvanecían las barreras entre el sujeto y los demás, o entre el sujeto y el mundo. Aproximadamente la otra mitad de los relatos no incluían la oración ni el culto religioso, sino que describían momentos de conciencia espiritual en la naturaleza: en una playa, en la cima de una montaña nevada o frente al estanque de un parque urbano. Estas narraciones solían incluir referencias a la luz y al cielo y a una sensación de unidad con el entorno; había frases como: «Ser parte de todo lo que te rodea y sentir que todo es parte de ti»; «Estar unido a los árboles, las rocas, las montañas, el cielo», o «Ser solo una mota en el universo, y a la vez sentir que el universo entero está dentro de ti». Unas pocas narraciones espirituales no incluían ni la oración ni la naturaleza, sino que describían una experiencia trascendente vivida durante un acontecimiento deportivo o mientras se tocaba algún instrumento. La sensación que más destacaba, nuevamente, era la de ser absorbido por algo cualitativamente mayor, de traspasar el cuerpo y fundirse con la música o la multitud jubilosa.

Tanto si la experiencia espiritual había sido laica o religiosa, si había tenido lugar en un espacio cerrado o en la naturaleza, en soledad o en compañía de otras personas, todas las narraciones espirituales tenían importantes elementos y sensaciones físicas en común. Físicamente, todos los participantes se sentían envueltos en una calidez y una calma, llenos de energía e intensamente vivos. El corazón les latía más deprisa, se les agudizaban los sentidos y la cabeza se vaciaba de pensamientos. Emocionalmente, experimentaban claridad, asombro, apertura, paz y unidad, y sentían una poderosa conexión, a veces una conexión de amor desbordante, con otras personas, con un poder superior o con el entorno. Los límites de la individualidad se disolvían. No era solo que tuvieran una sensación de tranquilidad o paz, o una ausencia de dolor o agitación. No era solo que hiciera un buen día y el sol brillara en el cielo y las flores olieran muy bien y por todo ello se sintieran felices. Las experiencias física y emocional tenían un significado específico que iba más allá de ellas: un sentimiento de unidad con el entorno o con lo divino; la sensación de que su voz individual, su identidad, su presencia se disolvían en algo más grande que los rodeaba o trascendía. Narraron experiencias directas y sentidas de unidad, momentos en los que tenían conciencia de pasar de ser un punto a ser una onda. Y narraron el despertar súbito a una atención y una percepción transparentes, momentos de revelación súbita en los que un problema, un conflicto o una pregunta se resolvían instantáneamente en esa claridad: «*Y entonces* me di cuenta de que la vida me cuida y de que Dios tiene un plan para mí»; «*Y de repente* supe que soy parte de la vida total, y que encontraré mi rumbo».

En cambio, las narraciones de experiencias de relajación eran física y emocionalmente neutras. Los participantes hablaban de estar tumbados en la cama envueltos en la calidez del edredón, leyendo o escuchando música, descansando en una tumbona al sol. Eran experiencias agradables, pero no había ningún significado asociado a ellas.

Yo preveía que los relatos sobre el estrés se referirían a los esfuerzos por cumplir un objetivo importante o por superar un reto, como aprender mandarín o aprobar el examen de acceso a la universidad. Pero todas y cada una de las narraciones de experiencias estresantes —ya se tratara de la obsesión por conseguir un determinado trabajo, una posición o a una determinada persona, de la lucha por ganar un premio o de la batalla librada en silencio tras una ofensa o un momento de miedo– tenían menos que ver con la superación de un reto que con hacer lo imposible por tener control de la situación al encontrarse cara a cara con la incertidumbre: *Tengo que conseguir como sea ese trabajo, esa cita, entrar en la universidad. ¿Cómo lo voy a hacer? ¿Cómo voy a conseguir eso que me importa tanto, y cómo voy a conservarlo? ¿Tengo alguna oportunidad, llegaré a tiempo?* El estrés parecía provenir no solo del obstáculo o el conflicto, sino también de cómo esa circunstancia obligaba a la persona a cuestionar su dominio de la situación o su autoestima. El estrés parecía brotar del terror a no tener o conseguir lo que esa persona más ansiaba. En contraste con las experiencias espirituales y de relajación, los relatos de estrés incluían sensaciones físicas como el desasosiego, pensamientos acelerados, accesos de pánico, tensión muscular, crispación de la mandíbula, una sensación de peso en el pecho o como si el estómago se hundiera y un sentimiento general de vacío, de agotamiento, de oquedad. Si en los relatos de experiencias espirituales había una súbita claridad o comprensión, una reconfiguración instantánea del sentido de todo, las narraciones de experiencias estresantes coincidían todas en su cualidad repetitiva, estancada, rumiadora. No entraba en ellas ninguna información nueva. No dejaban espacio para ninguna revelación.

Resultaba sorprendente leer los relatos de cada uno de los participantes uno detrás de otro. La misma persona que sentía una desconexión extrema y una total incertidumbre era también capaz de sentir una profunda claridad y unidad con todo. Qué interesante. Estaba impaciente por ver cuál sería su actividad cerebral mientras escuchaban dentro del escáner sus propias experiencias. ¿Veríamos alguna asociación o patrón entre las experiencias de estrés o conciencia espiritual? ¿Y coincidiría lo que descubriéramos con las asociaciones que otros laboratorios habían visto entre ciertas redes neuronales y la depresión? Dos semanas después de relatar sus experiencias de estrés, relajación y espiritualidad, los participantes volvieron al laboratorio y escucharon las grabaciones de sus tres relatos mientras estaban dentro del escáner. Al abrir los archivos electrónicos del equipo, podía ver iluminadas en los escáneres de IRMf las ramas de color rojo, azul y amarillo que representan los circuitos de conexión cerebrales.

Durante las experiencias de estrés, los cerebros de los participantes mostraban una gran activación de la ínsula y el cuerpo estriado, las zonas del lóbulo frontal que actúan en el cerebro como centros de motivación y recompensa. Si colocamos la mano abierta justo encima de la cabeza, podemos localizar su posición aproximada. Estas zonas nos ayudan a actuar para conseguir objetivos o recompensas; pero si las utilizamos en exceso, la ínsula y el cuerpo estriado son como un engranaje atascado que nos dice constantemente: «Lo tengo que conseguir. Lo tengo que conservar. Tengo que hacer que suceda». O bien: «¡Oh no, no es suficiente, necesito más!». Estas son las regiones en las que experimentamos el deseo imperioso y la ansiedad, y son las redes neuronales que, cuando están desequilibradas, nos llevan a la adicción y al abuso de sustancias psicoactivas. Todas las emociones presentes durante los relatos de estrés —miedo, temor, arrepentimiento, ira, desesperación, incertidumbre, impotencia, desconexión, sensación de estar atascado o de no tener control de las situaciones, deseo de escapar o desaparecer, un excesivo empeño por conseguir más— aparecían asociadas con una actividad acrecentada en la ínsula y el cuerpo estriado.

Durante la narración de las experiencias espirituales, aparecieron cuatro patrones claros.

El primero era una desactivación, un apagado, de la red neuronal por defecto, la «caja de rumiación», el área que suele estimular durante la depresión un incesante monólogo mental autocrítico que nos impide percibir el momento presente. Ver apagarse las luces todo a lo largo de la red neuronal por defecto era como estar ante una representación gráfica de la retirada del pequeño yo, controlador y obsesionado consigo mismo; como presenciar su despedida.

A continuación, se observaba una clara activación en la red ventral de la atención. El cerebro tiene dos redes de atención, dorsal y ventral, que interactúan de un modo dinámico. La red dorsal de la atención se corresponde con la atención descendente: filtra la información sensorial y perceptual entrante y, aunque es útil para mantenernos centrados en una tarea u objetivo concretos, también impide la entrada de cualquier información que no sea relevante para ellos. Cuando este filtro inhibitorio se libera de su función, la red ventral de la atención, la atención ascendente, toma el relevo. Aquel día descubrimos que las experiencias espirituales activan la red ventral de la atención, lo cual nos permite captar información que esté fuera del campo sobre el que tenemos control consciente y recibir así percepciones imprevistas pero de profunda significación para nosotros. La red ventral es la responsable de que experimentemos esos súbitos momentos de revelación, esa instantánea comprensión y claridad que habían tenido en común todas las narraciones espirituales.

En tercer lugar, vimos cómo durante las experiencias espirituales se activaba la red frontotemporal. Esta red procesa las representaciones que nos hacemos de los demás y de los vínculos de relación, de estar en los brazos de nuestra madre, por ejemplo, o de abrazar a nuestra pareja. A la vista de este hallazgo, parecía indudable que un sentimiento de conexión íntima acompañaba a los estados espirituales. Y descubrimos, además, actividad subcortical, relacionada con el procesamiento de emociones positivas y gratificantes como el amor y la dicha, muy diferentes de las emociones positivas de las que hablaban las experiencias relajantes.

Por último, observamos una actividad incrementada en el córtex cingulado posterior y una reducción de la actividad en el lóbulo parietal inferior, que es donde lidiamos con las diferencias que percibimos entre nosotros mismos y los demás. El lóbulo parietal se ocupa de dos funciones cognitivas fundamentales: una es la percepción y representación del yo y de los demás en el tiempo y el espacio; la otra es la atribución de autoría a las acciones, y la actividad en el lóbulo parietal izquierdo indica que esa autoría se atribuye a agentes externos. Las IRMf mostraban que, en el estado espiritual, la actividad parietal pasaba de intensa e incesante a vibrante o moderada. La intervención de los parietales es lo que hace que el cerebro perciba la separación. En una experiencia espiritual, los límites definidos y recios que nos separan de todo se suavizan, y, al atenuarse el sentimiento de separación, acogemos sensaciones de unión y trascendencia. Esto da a entender que, cuando tenemos una experiencia espiritual, la identificación con nuestro ser físico se relaja y por tanto los límites que percibimos entre nosotros y los demás son más difusos. Entramos en una percepción menos limitada, más expandida de quienes somos. Percibimos que formamos parte de un único todo.

En síntesis, nuestro estudio reveló que las experiencias espirituales son visibles en el cerebro, plasmadas en tres hechos significativos:[3]

- Una reorientación involuntaria de la atención.
- Un sentimiento de amor o fusión propios de las relaciones íntimas.
- Una percepción de nosotros mismos como seres diferenciados y a la vez parte de una sola totalidad trascendente.

Por primera vez, pudimos ver en el escáner que el despertar espiritual conlleva una conciencia de nosotros mismos *y* una relación que nos trascienden. Y que las experiencias espirituales inducen un sentimiento de unidad o intimidad *sea o no* explícitamente relacional el contenido de la experiencia. Cuando traspasamos la percepción habitual y nos salimos de nosotros mismos, tenemos un sentimiento de conexión. Pasamos de ser un punto a ser una onda.

Habíamos localizado los lugares donde se produce esa transición de punto a onda, los lugares de esa conexión con la conciencia despierta. **La red ventral de la atención es donde vemos que el mundo está vivo y nos habla, la red frontotemporal es donde sentimos el cálido y amoroso abrazo de los demás y de la propia vida, y el lóbulo parietal es donde sabemos que importamos, que pertenecemos y que nunca estamos solos.**

Observando las dispersiones de color en los escáneres, se me ocurrió que no solo estaba presenciando una representación de cómo, al disolver la perspectiva del «pequeño yo» en una percepción de la vida más expansiva y completa, nos sentimos mejor y más seguros en el mundo, sino que estaba observando también el misterioso proceso por el que nacen los poemas, las sinfonías y las invenciones: con presencia en la realidad, apertura a nuevas percepciones e información, y la capacidad para transformar las percepciones en comprensión, ideas, significado y acción. Habíamos encontrado la estación de acoplamiento neuronal del amor, la unidad y el diálogo con la vida.

Había dos hechos que me parecían particularmente impactantes y significativos. En primer lugar, los momentos de intensa conciencia espiritual eran biológicamente idénticos, fueran o no explícitamente religiosos; a nivel fisiológico eran iguales, tanto si la experiencia había sucedido en un lugar de culto como en una «catedral vegetal» durante un paseo por el bosque. El sentimiento mostraba el mismo grado de intensidad y activaba las mismas vías neuronales en las IRMf: los mismos correlatos neuronales de funcionamiento. Esto demostraba que todos y cada uno tenemos una parte espiritual del cerebro que podemos activar en cualquier momento y lugar. Los seres humanos llevan miles de años librando las llamadas guerras santas, enfrentándose entre sí para imponer sus respectivas creencias religiosas. Pero lo que yo tenía delante, claro como la luz del día, mostraba que todos utilizamos la misma parte espiritual del cerebro. En los fieles de todas las religiones, y en aquellos individuos espirituales que no profesan ninguna religión, la percepción espiritual activa los mismos correlatos neuronales.

En segundo lugar, esa activación parecía ser algo que cada uno podíamos *elegir*. El mismo cerebro sano de un joven podía utilizarse para el estrés —para aislarse, sentirse impotente, vivir constantemente preocupado, desarrollar adicciones y dejarse dominar por la ansiedad— o para la experiencia espiritual. La misma persona, con la misma vida de cara al exterior, el mismo cociente intelectual, el mismo estatus socioeconómico, los mismos amigos, los mismos genes, la misma familia y el mismo entorno, podía ver el mundo como un luminoso lugar de abundancia o como un lugar de vacío y escasez. Lo que los participantes veían y experimentaban estaba determinado por cómo configuraban su vida interior. Según cómo elegía una misma persona percibir las cosas, vivía despierta o atrapada.

EL ESTUDIO DE IRMf puso de manifiesto que todos tenemos a nuestra disposición en todo momento dos posibles modos de percibir el mundo: la conciencia de logro y la conciencia despierta. Está en nuestra mano emplear una u otra.

La **conciencia de logro** es la percepción de que nuestro cometido es organizar y controlar nuestra vida. Cuando vivimos con conciencia de logro, la principal preocupación es: «¿Cómo puedo conseguir, y conservar, lo que quiero?». Es un modo de conciencia útil, y a menudo necesario. Nos hace enfocar la atención y comprometernos con nuestros objetivos, nos permite concentrarnos y poner la energía en una tarea concreta: estudiar para un examen, completar un proyecto, llegar con puntualidad a una cita, adquirir destreza en cualquier actividad. Nos da la capacidad para dirigir el impulso y ejecutar sin distracciones lo que conlleve en la práctica alcanzar nuestras metas. Es una forma de percepción sumamente necesaria y útil.

Pero cuando se utiliza en exceso, o de forma exclusiva, la conciencia de logro acaba por anular otra clase de percepciones y cambia la estructura del cerebro, abriéndonos camino a la depresión, el deseo obsesivo, la ansiedad y el estrés. Cuando se rompe el equilibrio, la conciencia de logro nos da una perspectiva tan estrecha que perdemos de vista el panorama general, y nos obsesionamos con una única idea o vía de acción; entonces nunca estamos satisfechos, a menudo nos volvemos solitarios, nos aislamos.

Además, no nos ayuda a hacer frente a la situación cuando los resultados no son los que preveíamos. Si en la vida nos guiamos solo por la conciencia de logro, con frecuencia nos sentimos frustrados o angustiados cuando las cosas no salen como habíamos planeado o esperábamos. E incluso cuando parece que las cosas van viento en popa, vivimos convencidos de que depende enteramente de nosotros conseguir que solo nos pasen cosas buenas o impedir que nos pasen cosas malas. La vida es un escenario inerte sobre el que actuamos, intentando que todos y todo estén al servicio de nuestros objetivos y deseos particulares. Esto puede hacer que acabemos apartados, atascados en una interminable rumiación o sumidos en un persistente sentimiento de temor, estrés o hasta vacío.

Cuando vivimos solo con una conciencia de logro, desarrollamos un problema de percepción. Tenemos una envanecida sensación de control incluso mientras vamos quedándonos desconectados del latir de cuantos nos rodean. Es una forma de ser solitaria, esta subjetividad atomizada e inherentemente vacía. Incluso teniéndolo todo, nos puede parecer que no tenemos nada, y eso nos hace querer más, esforzarnos más, y quedarnos así atrapados en un ciclo de motivación y recompensa. Llevado al extremo, se convierte en ansia y adicción: necesitamos una dosis cada vez mayor para sentirnos bien, sin que ninguna cantidad de control ni de éxito sea capaz de extinguir el ansia.

Cuando vivimos con una **conciencia despierta**, hacemos uso de otras partes del cerebro, y literalmente *vemos más*, pues integramos la información que nos llega de múltiples fuentes. En lugar de considerarnos creadores de nuestro camino, hacedores independientes, nos percibimos como *buscadores* de nuestro camino. Paseamos la mirada por la inmensidad del paisaje y nos preguntamos: «¿Qué me está mostrando la vida en este momento?». Esta conciencia despierta nos permite percibir más posibilidades y oportunidades, sentirnos más conectados con los demás, comprender la relación entre distintos acontecimientos y experiencias, estar más abiertos a la inspiración creativa y a los instantes de revelación, y sentirnos más sintonizados con el propósito y el significado de nuestra vida.

En el estado de conciencia despierta, no perdemos de vista ni abandonamos nuestros objetivos, pero nos quitamos las anteojeras. Renunciamos al empeño por conseguirlos a toda costa. Entendemos que la vida es una fuerza dinámica con la que podemos sintonizar e interactuar. Ya no soy yo contra el mundo, o yo intentando demostrar mi dominio sobre el mundo, sino yo escuchando lo que la vida me dice, consciente de que la vida se encuentra conmigo donde estoy y como soy. Sigo teniendo deseos y metas, sigo experimentando decepción y dolor, pero me inclino hacia el fluir

LOS DOS MODOS DE CONCIENCIA

de la vida, prestando atención a las puertas que se abren y a las que se cierran.

Como resultado de esta conciencia despierta, los ojos captan un significado más profundo en todo lo que sucede. A la conciencia de logro, el desconocido que empieza a hablarnos en el autobús quizá le resulta molesto, un intruso, o simplemente invisible. En estado de conciencia despierta, es posible que lo escuchemos e incluso descubramos que es relevante para nuestra vida lo que está diciendo. En este estado, la vida ya no es inerte, una plataforma en la que procurar satisfacer nuestras necesidades y deseos. Es un diálogo vivo y consciente que incluye algunas sorpresas interesantes. Cuando vivimos con una conciencia despierta, las dificultades no desaparecen de nuestra vida. Pero tenemos la capacidad para percibir el dolor o las crisis de una manera nueva. Entretejida en la urdimbre de la vida, hay una certeza palpitante de que en realidad nunca estamos solos.

La conciencia de logro es necesaria. Nos sirve para ponernos en marcha y perseguir el balón de lado a lado del campo. Pero para decidir adónde debe ir el balón, para ver en toda su extensión el campo de juego, para ser conscientes de los demás jugadores, para entender las consecuencias y repercusiones de las jugadas que decidimos hacer —y para tener presente, antes que nada, por qué estamos jugando—, necesitamos de la conciencia despierta. En otras palabras, no podemos dejar que la conciencia de logro tome ella sola las decisiones más importantes de nuestra vida. Solo cuando acogemos los dos modos de conciencia fundamentales podemos percibir la realidad con exactitud. Cada día elegimos y decidimos miles de veces, y tomamos mejores decisiones cuando hacemos uso de la capacidad perceptual que nos da la perspectiva más amplia, más valiosa y más clara. Necesitamos que nuestras acciones se basen en la información que recibimos de *ambos* modos de conciencia.

Habíamos visto hacía ya tiempo que el cerebro espiritual es un cerebro más sano. Ahora veíamos por qué, veíamos los componentes neuronales de la conciencia despierta. Y veíamos que el despertar espiritual es una elección que podemos hacer en cada momento: en cada momento podemos elegir cómo percibir el mundo y percibirnos a nosotros mismos.

CAPÍTULO 13

LA CLAVE ESTÁ EN
LA INTEGRACIÓN

Durante el largo camino que recorrí hasta encontrar a Isaiah y descubrir el cerebro despierto, tuve que hacer uso de la conciencia de logro y de la conciencia despierta. Las fecundaciones *in vitro*, la persistencia, el método científico y los análisis estadísticos eran elementos necesarios todos ellos; no podía sentarme tranquilamente a esperar a que me llegara un bebé o una respuesta científica. Intentar conseguir lo uno y lo otro exigía constancia, seriedad y perspicacia. Pero la conciencia de logro por sí sola no me estaba llevando a lo que quería. En un punto del camino, recibí la ayuda de la conciencia despierta. ¿Cómo? Abriéndome a la sincronicidad: el niño huérfano en la televisión, el embrión de pato, la abuela y la nieta en el metro vestidas para ir a la iglesia. Respondiendo a la oportunidad: haciendo la presentación en las Grand Rounds, tomando un avión a Iowa. Confiando en mi saber interior, incluso aunque fuera contrario a los planes o preferencias de otros, o incluso a los míos propios. Una interacción creativa y dinámica entre la conciencia de logro y la conciencia despierta me iluminó y aclaró el camino.

La clave está en la integración. Si solo utilizamos la conciencia de logro, todo se reduce a lo que tenemos y no tenemos. Evaluamos nuestro bienestar y el sentido de lo que hacemos en función de los resultados, de si somos o no capaces de satisfacer nuestros deseos, de en qué medida conseguimos encajar en los moldes y cumplir con las exigencias establecidas. El camino de la vida se hace entonces estrecho y estresante. Ahora bien, si miramos la vida solo desde la perspectiva de la conciencia despierta, viviremos libres de ataduras mentales y sorprendidos por percepciones y revelaciones súbitas, pero desconectados de la esfera en la que podríamos hacer algo con ellas. Y no ser capaces de tener los pies en el suelo y tomar decisiones prácticas, o discernir soluciones, o marcarnos un camino y seguirlo, nos hace sufrir.

No podemos vivir exclusivamente en un estado de conciencia despierta, como demuestra el caso de Elena. Nació en Estados Unidos y tuvo una educación típicamente americana. Es una mujer brillante que terminó sus estudios con honores; triunfó profesionalmente y, en un momento dado, abandonó su vida aburguesada y se hizo monja budista, y se fue a vivir a un centro de retiro donde meditó durante tres años, tres meses, tres semanas y tres días. Durante el tiempo de ordenación, tuvo transformadoras experiencias místicas y ahondó en su espiritualidad, pero nadie le habló de cómo integrarse de nuevo en el mundo cuando terminó el retiro y llegó el momento de volver a casa. Tras casi cuarenta meses de continua soledad contemplativa, regresar al mundo la sumió en un estado de confusión. Se sentía agredida por las luces y el ruido. Las conversaciones y los trámites cotidianos la aturdían.

Una mañana se despertó al amanecer en su casa, a las afueras de la ciudad, convencida de que su santidad el dalái lama la estaba llamando. Hizo las maletas, se puso la túnica azafranada y se quedó en el césped, delante de la casa, esperando a que él la recogiera. El sol fue subiendo en el cielo, llegó el mediodía, luego el atardecer, luego se puso el sol, y ella seguía allí, segura de que el dalái lama estaba en camino. Es muy posible que, en un sentido espiritual, el dalái lama la hubiera llamado a servir al mundo de una determinada manera, o sencillamente a seguir profundizando en su práctica y a fortalecer su compromiso con la vida espiritual. Pero llevaba tanto tiempo viviendo solo en un estado de conciencia despierta que ya no era capaz de discernir a qué nivel de realidad había percibido esa llamada espiritual. Pensó que un coche estaba literalmente a punto de pararse en la acera y que el dalái lama la invitaría a subir. La inspiración que habría podido ser aquella llamada percibida en estado de conciencia despierta se perdió, por no contar con la ayuda de la conciencia de logro para poder descifrarla y llevarla a la práctica eficazmente.

CUANDO ESTAMOS DESINTEGRADOS, en uno solo de los modos de conciencia, ya sea la conciencia despierta o la conciencia de logro, no estamos aprovechando plenamente las capacidades neuronales que contribuyen a una salud integral. Pero, en la práctica, ¿cómo se hace para integrar ambos modos de conciencia? ¿En qué se traduce esa integración en la vida cotidiana? ¿De qué forma nos ayuda a proponernos objetivos y a tomar decisiones, a relacionarnos con nuestros amigos, parejas, familiares, colegas y comunidad, a sanar de un trauma o de experiencias dolorosas, a trabajar por un mundo mejor?

El equipo de la Universidad de Yale que colaboraba con nosotros empleó esta vez una técnica especial de resonancia magnética, llamada de proyección de imágenes por tensor de difusión (ITD), para explorar el vínculo entre los tractos de la sustancia blanca del cerebro y diversas orientaciones espirituales, es decir, distintas perspectivas de la vida o formas de ser. Lo que hace la técnica ITD es esencialmente evaluar en qué condiciones se encuentra la autopista que une distintas zonas del cerebro. Para ello, observa el ritmo y la dirección del agua al difundirse por este órgano, y ve dónde circula en abundancia y dónde es solo un hilillo que corre con lentitud. En la dirección que mejor y más rápido fluye es hacia el interior de las estructuras recubiertas de mielina. Al observar el recorrido del agua, se pueden ver las rutas habituales del cerebro y también medir su conectividad, es decir, qué partes se comunican entre sí y qué partes permanecen aisladas.

Entrevistamos a los participantes extensamente sobre sus vidas, y rellenaron cuestionarios validados acerca de sus experiencias espirituales y religiosas, en los que se les preguntaba por su orientación religiosa, sus prácticas o conciencia espirituales cotidianas y qué papel tenían el cuestionamiento y la duda en su vida espiritual. Medimos también su grado de correspondencia con un constructo muy específico que se ha asociado con una espiritualidad asentada y floreciente: la integración de las capacidades neurológicas y perceptuales en un estado de búsqueda. La **orientación a la búsqueda** se caracteriza por la tendencia a hacer de la vida un viaje: a buscar respuestas a cuestiones personales sobre las que necesitamos decidir, así como a las grandes preguntas existenciales; a percibir la duda como algo positivo, y a estar abiertos al cambio, o más exactamente, abiertos a percibir con mirada nueva y a utilizar luego la nueva experiencia para impulsar el cambio. En el estado de búsqueda, nos abrimos a los mensajes de la vida, nos tomamos en serio lo que descubrimos y acto seguido fundamentamos nuestras decisiones y acciones en ese aprendizaje: es nuestro manual de funcionamiento personal.

Cuando medimos con la técnica de ITD la difusión de agua en el cerebro de veinticuatro jóvenes, descubrimos que un atributo fundamental de la búsqueda —la disposición a examinar las propias perspectivas e ideas religiosas y espirituales— tiene correlación con una alta integridad de la materia blanca en múltiples tramos del cerebro, incluidos aquellos que conectan zonas de uno y otro hemisferio.[1] En otras palabras, los sujetos que declararon vivir orientados a la búsqueda —con una vida espiritual en la que estaba implícita la apertura a percibir respuestas sorprendentes y a cambiar de perspectiva— tenían un cerebro mejor conectado que aquellos que estaban menos abiertos al cambio.

Una buena conexión interna de cada área del cerebro, así como de cada área con las demás, es señal de salud. Significa que la corteza prefrontal está conectada con la región parietal. Que los hemisferios izquierdo y derecho están conectados. Que la información fluye. Que ninguna zona está aislada o secuestrada por otra y que el cerebro está receptivo a la información del presente, en lugar de reproducir una y otra vez el mismo disco rayado. Que hay un diálogo vivo entre pensamiento, percepción, orientación y reflexión, en vez de la miopía cansina de la rumiación sin fin que está relacionada con la depresión, que nos obliga a mirar las mismas cosas una y otra vez, a revivir repetidamente el trauma y la infelicidad. En el estado de búsqueda, hay muchas formas de percepción y conocimiento trabajando juntas. El cerebro es capaz de hacer un uso vasto e integrado de la información que han codificado de diferentes maneras las distintas regiones.

Curiosamente, **algunas redes del cerebro que, en estado de búsqueda, están fuertemente conectadas tienen una conexión disfuncional en estado de depresión**.[2] En la depresión, la red neuronal por defecto —que procesa los recuerdos relevantes para nuestro sentido de identidad y las reflexiones con fuerte carga emocional— se vuelve, en lenguaje científico, internamente hiperconectada y externamente hipoconectada. Esto significa que el cerebro se enfoca exageradamente en los pensamientos, a menudo autorreferenciales, y se desconecta del entorno. En lugar de recibir información relevante del mundo, el cerebro estrecha su perspectiva, se vuelve egocéntrico y rumiador, y deja de transmitir ideas o información al centro cerebral de mando para que las evalúe y establezca un curso de acción. Cuando sufrimos de depresión, no tenemos el guante de béisbol perceptual extendido hacia el mundo, sino vuelto hacia dentro.

Tampoco la red de saliencia tiene un funcionamiento óptimo durante la depresión.* En un cerebro sano orientado a la búsqueda, la amígdala, el estriado ventral, la corteza cingulada anterior dorsal y la ínsula trabajan juntos para procesar los estímulos afectivos y salientes del entorno y para guiar la motivación y el comportamiento. Pero en el cerebro deprimido, la amígdala se desacopla de la red y el circuito de recompensa se rompe. Nos volvemos ansiosos y reactivos, y estamos más atentos a los estímulos negativos. Incluso aunque haya información externa que nos dice que podemos estar tranquilos, que se nos quiere y se nos valora, es menos probable que la percibamos. Y cuando la red de saliencia se interrumpe y el cerebro no puede pasar la información a su centro de mando, no hay una voz reguladora que redirija la atención a una información más relevante o que revise una conclusión negativa. La red de control cognitivo no recibe de la red de relevancia una invitación a evaluar los objetivos, las ideas y las percepciones. Entonces, la propia red se altera. Las regiones laterales de la corteza prefrontal están menos conectadas, y esto dificulta el procesamiento de la información y la regulación de las emociones.

---

* N. de la T.: Se dice que un objeto tiene saliencia, o es saliente, cuando sobresale a simple vista con respecto a los objetos de su alrededor. En el cerebro, la saliencia es la capacidad de relacionar las funciones de integración para poder seleccionar, de entre los diferentes estímulos que se reciben, aquellos que contienen una información más relevante, y prescindir de los demás.

En la depresión, algunas partes del cerebro están desreguladas y desconectadas; ni tienen un funcionamiento óptimo ni colaboran entre sí. En cambio, en el estado de búsqueda el cerebro está conectado y cohesionado, sus distintas regiones y redes están en armonía. Esencialmente, **en estado de búsqueda el cerebro integra la conciencia de logro y la conciencia despierta**.

Y cuando integramos los dos modos de conciencia, *literalmente vemos más*. Anna Antinori y su equipo de la Universidad de Melbourne demostraron que la apertura a la experiencia –de los «cinco grandes» rasgos de la personalidad, el que mayor similitud neurológica tiene con la orientación a la búsqueda– cambia lo que vemos en el mundo.

Antinori reunió a más de cien voluntarios –algunos de los cuales presentaban un alto grado de apertura a la experiencia, el rasgo asociado con la búsqueda y también con la creatividad– para medir en ellos un fenómeno llamado «rivalidad binocular», mostrando a cada ojo una imagen diferente y viendo cómo percibían los participantes dos imágenes discordantes. Cuando se les mostraba una mancha verde en un ojo y una roja en el otro, la mayoría alternaban entre una y otra imagen, y percibían un solo color cada vez. Sin embargo, los participantes que tenían un alto grado de apertura a la experiencia demostraron una percepción visual de la que no eran capaces los demás: en lugar de alternar entre los dos colores, veían una mancha roja y verde unificada.[3] Eran capaces de ver simultáneamente dos estímulos que competían entre sí por destacar.

Las redes de atención filtran constantemente la información sensorial que entra en nuestro campo consciente: nuestro cerebro define lo que vemos y lo que ignoramos. En estado de búsqueda, la cantidad de percepciones posibles aumenta. El mundo parece más lleno y detallado. Percibimos «esto y aquello» en lugar de «esto o aquello». Nos llega más información y tenemos más posibilidades perceptuales, estamos más equipados para darle un sentido claro. Usamos la conciencia despierta para captar nueva información, percibiendo y valorando espontánea y simultáneamente lo que nos llega. Y entonces nuestra red de saliencia da la señal, nos avisa de que ha entrado algo que podría ser importante, y al instante enviamos esa información a la conciencia de logro, donde la evaluamos y decidimos qué acción tomar.

La orientación a la búsqueda es una especie de conmutador entre la conciencia despierta y la conciencia de logro. Puede que la conciencia de logro plantee una pregunta y que recibamos una respuesta de la conciencia despierta; y a la inversa: podemos recibir inspiración de una experiencia despierta, y luego discernir su significado y concretarla en nuestra vida con la conciencia de logro. Esta interacción dinámica favorece el pensamiento innovador y creativo. El estado de búsqueda nos permite resolver los problemas de una manera totalmente nueva, ya se trate de tomar una decisión sobre alguna cuestión personal importante, de un asunto profesional o de enfrentarnos a la ardua tarea de superar el desengaño, la pérdida y el trauma. En estado de búsqueda, la propia vida es un viaje de incesante creatividad, lleno de sorpresas y rebosante de amor, conexión y sentido. Basta con que hagamos uso de los dos modos de conciencia que ya tenemos, con que nos tomemos en serio los momentos de intuición y comprensión súbita, y honremos la constante interacción de perspectivas que da a cada momento un significado y un rumbo nuevos. Estamos hechos para despertar, transformarnos y expandirnos incluso a pesar de los traumas. Si respondemos a la llamada, a menudo con ayuda de la espiritualidad, podemos hacer realidad nuestro gran potencial para una vida iluminada.[4]

Conviene hacer una puntualización. Parece ser que hay muchos tipos diferentes de eso a lo que llamamos depresión, toda una diversidad de clasificaciones, atendiendo al grupo de síntomas y experiencias internas que la acompañan. El cerebro despierto, al abrirnos la puerta a una dimensión nueva y al crecimiento espiritual, ofrece una vía de curación en un determinado tipo de experiencia depresiva. Hay formas de depresión que mejoran visiblemente con un tratamiento farmacológico o con la terapia tradicional, sin que la dimensión espiritual entre en escena. Sin embargo, ninguno de estos tratamientos clásicos cumple por sí solo la promesa de la «salvación» en el caso de la depresión que acompaña a determinadas etapas de nuestro desarrollo. Este tipo de depresión es una «llamada del alma», una invitación espiritual a vivir con plenitud, a amar más profundamente y a abrirnos al diálogo con el universo sagrado. Este tipo de depresión, que percibimos en nuestro saber más íntimo, da igual si tiene lugar en una etapa madura de la vida, en la adolescencia, en la mediana edad, o en respuesta a una situación grave o a un trauma, nos hace señas para que despertemos a la vida.

Cuanto más práctica tengamos en alternar entre la conciencia de logro y la conciencia despierta, más sintonizados estaremos con una forma inspirada de pensar, sentir y caminar por el mundo. Nuestra vida se llena entonces no solo de soluciones sino también de asombro, al ir descubriendo nuestro propio viaje sagrado y cómo nuestro viaje individual se ensambla con los viajes de los demás y con la propia vida. Y algo muy importante: el estado de búsqueda no les está reservado a unas pocas personas dotadas de capacidades excepcionales o iluminadas, monjes y monjas, clérigos y maestros o maestras espirituales. El estado de búsqueda está al alcance de todos los seres humanos. Estamos hechos para vivir así.

MI CARRERA CIENTÍFICA empezó como un viaje para comprender los efectos beneficiosos y protectores de la espiritualidad, para descubrir cómo era que la espiritualidad nos salvaguardaba de la depresión, la ansiedad y las adicciones, y en qué sitio del cerebro vivía. Cuando nos asomamos al cerebro y lo examinamos con detalle, descubrimos tres formas principales de plasmar el saber de nuestro cerebro despierto en el día a día: con **una atención despierta, una conexión despierta y el corazón despierto**. En los siguientes capítulos, cuento algunas experiencias y explico varias prácticas que nos ayudarán a cultivar las dimensiones fundamentales de la espiritualidad, a mejorar de ese modo la salud de nuestro cerebro y a tener una vida más eficaz, conectada e iluminada.

CAPÍTULO 14

ATENCIÓN DESPIERTA

M e encanta bajar en kayak por el Saugatuck, remar varios kilómetros río abajo. Una tarde estaba sola en el río, avanzando
rápido en dirección al centro de la corriente, cuando vi una ban-
dada de gansos que nadaba directa hacia mí, graznando y chillan-
do a todo volumen con el cuello estirado hacia la orilla derecha:
«¡Onkrrr! ¡Onkrrr!». Si hubiera mantenido la conciencia de logro
y me hubiera ceñido a mi idea original con una atención descendente, los habría ignorado, me habrían parecido hasta molestos y
habría seguido bajando a toda velocidad por el centro del río. Pero
presté atención a su llamada, viré y seguí la dirección que sus cue-
llos indicaban con insistencia. Paleé con ímpetu hacia la derecha, y
esquivé por muy poco un enorme bloque de cemento sumergido
a pocos centímetros de la superficie, resto de un antiguo puente,
y que habría hecho volcar el kayak, o algo peor, si hubiera chocado
contra él. En la conciencia de logro, los animales apenas si parecen
seres sintientes. En la conciencia despierta, aparecen como guías
sumamente perspicaces.

Cuando nos dejamos llevar solo por la conciencia de logro, es más fácil que estemos limitados por la obsesión y el deseo

egocéntricos. La atención despierta nos abre otros canales de percepción. Aprendemos no solo a advertir las cosas que aparecen en nuestra vida, sino también a encontrarles significado. Vemos más y somos más capaces de hacer uso de lo que vemos.

PARA ACTIVAR NUESTRA capacidad innata de atención despierta, primero silenciamos al «pequeño yo» bajándole el volumen a la conciencia de logro, para que pueda aflorar la conciencia despierta. Hay muchas formas de hacerlo conscientemente: con cantos, oraciones, la expresión creativa o la meditación, entre otras.

Una de las maneras de entrar en un estado de atención despierta es practicando el *mindfulness*, o atención plena; son muchas las investigaciones científicas que examinan actualmente la neuroanatomía del *mindfulness*.[1] Cuando nos soltamos intencionadamente del agarre de los pensamientos, ocurren dos cosas importantes en el cerebro: por una parte, se activan la corteza prefrontal dorsolateral y la corteza cingulada anterior y, por otra, se desactiva la corteza cingulada posterior, donde comienza la red neuronal por defecto. En otras palabras, el *mindfulness* contribuye a que tome el mando la parte frontal del cerebro, lo cual centra e intensifica la atención, y a que la red neuronal por defecto se relaje, lo cual suaviza notablemente el control que tenían sobre nosotros los pensamientos descontrolados. Reducimos el ruido de la rumiación y preparamos la conciencia para percepciones nuevas.

Se ha visto que el *mindfulness* atenúa la reactividad emocional, rectifica la percepción distorsionada de nosotros mismos y aminora la intensidad de la adicción. En un estudio, personas que querían dejar de fumar utilizaron la práctica de la atención plena para desvincularse de la sensación de necesidad imperiosa.[2] El *mindfulness* no hizo desaparecer el ansia, pero interrumpió la espiral del hábito; estando plenamente atentos, los participantes podían experimentar el ansia y aun así no dejarse controlar por ella y elegir no encender el cigarrillo. Al interrumpir y acallar los pensamientos obsesivos –activando la corteza prefrontal dorsolateral y la corteza cingulada superior, y desactivando la corteza cingulada posterior–, el *mindfulness* es la entrada a una nueva capacidad perceptual.

Lo mismo ocurre cuando pasamos tiempo en la naturaleza. El ecologista Gregory Bratman, profesor adjunto de Ciencias Medioambientales en la Universidad de Washington, ha investigado cómo influye el medioambiente en el bienestar humano.[3] Preocupado por la relación entre la creciente concentración urbana de la población y el incremento de los trastornos mentales, quiso medir el impacto emocional y cognitivo de interactuar con la naturaleza, y para ello examinó los efectos de un paseo de cincuenta minutos en un entorno natural y otro de cincuenta minutos en un entorno urbano. Descubrió que los beneficios del paseo por la naturaleza eran significativos y cuantificables: habían disminuido la ansiedad, la rumiación y las emociones negativas; se habían conservado las emociones positivas, y la memoria operativa había mejorado. En otro estudio, esta vez sobre los efectos de un paseo de noventa minutos en un entorno natural y en un entorno urbano, vio que, además del descenso de la rumiación que habían declarado los participantes que habían paseado por la naturaleza, su cerebro mostraba una menor actividad en la corteza prefrontal subgenual, lo que significaba que se habían silenciado los pensamientos y el parloteo interior.

El *mindfulness* y el contacto con la naturaleza, como ejemplos de prácticas «silenciadoras», preparan al cerebro para el despertar espiritual.[4] En otras palabras, acallar el bullicio hace más posible percibir la dimensión espiritual, nos conduce a la puerta de entrada. Una vez en el umbral, tenemos la posibilidad de dar un paso más; podemos elegir aprender a vivir con una atención despierta.

UNA MANERA INFALIBLE de activar la atención despierta es empezando a darnos cuenta de la sincronicidad en nuestra vida cotidiana. La experiencia del reverendo Walter Earl Fluker, teólogo y defensor de la justicia social, ilustra magníficamente el hilo dorado de la sincronicidad que recorre su vida.

Creció en el barrio South Side de Chicago, en el que habían aterrizado sus padres cuando a los cuarenta y tantos años se fueron de Misisipi, donde trabajaban como aparceros. Su padre había terminado la educación primaria; su madre no sabía escribir su nombre. Las calles eran un sitio especialmente peligroso para un niño como Walter, un escuchimizado ratón de biblioteca. Sin embargo, una y otra vez, los guías, como él los llama, aparecieron en su vida.

La primera fue la señora Watley, una vecina ya mayor cuyo marido trabajaba en una imprenta. Un día cuando Walter volvía de la escuela, lo paró en la calle y le regaló unas hojas de papel y un puñado de lápices afilados que olían a madera fresca. Nada más entrar en casa se sentó a la mesa de la cocina y empezó a escribir; es su primer recuerdo de escribir poesía.

La siguiente fue la señora Alice McClaskey, una profesora que llegó a su vida en un momento difícil: Walter se aburría en el instituto de formación profesional; estaba preocupado por sus padres, a los que les habían robado varias veces a plena luz del día; tenía miedo por su hermano mayor, reclutado hacía poco y enviado a Vietnam. La señora McClaskey lo introdujo a la literatura, concretamente a Shakespeare, y, dice él, «creó en mí un espacio para que fuera yo». Falleció cuando Walter estaba en el último curso de formación profesional. Le escribió un poema, y le pidieron que lo leyera en el acto que el instituto organizó en su memoria, donde otra guía, la señora Adelaide Ward, se dio cuenta de su interés por la poesía y la escritura, y le consiguió unas prácticas en una agencia de publicidad industrial del centro de la ciudad, donde todos los empleados salvo él eran blancos.

Luego lo llamaron a filas. Aunque no tenía estudios universitarios, se las arregló para que le dieran el puesto de asistente de capellán en Fort Riley, Kansas. Una de sus obligaciones era ayudar a preparar un boletín cada domingo en viejo papel litográfico. El capellán solía incluir en él meditaciones de un tal Howard Thurman, un nombre que no volvió a oír y en el que no volvió a pensar durante años. Hasta que estando en el seminario, en Illinois, sufriendo aún a causa de su divorcio, empezó a sentir interés por la hermosa mujer que vivía en el apartamento de al lado. Después de dos años de llamar a su puerta con toda clase de excusas para ver si se fijaba en él, finalmente un día lo invitó a entrar, y lo primero que vio Walter fue un enorme póster en la pared que decía: «Mientras tengas un sueño en el corazón, tu vida tendrá sentido». Estaba autografiado por Howard Thurman.

Cuando Walter y Sharon empezaron a salir, el seminario invitó a Howard Thurman a dar una charla, y Walter fue elegido entre los seminaristas para ir a recogerlo al aeropuerto. Sharon les tenía preparado un almuerzo y, mientras comían, Walter se enteró de que era la ahijada de Thurman. Este lo miró con ojos inquisitivos y le preguntó: «¿Quién eres? ¿Qué pretendes hacer con tu vida?». Al cabo de un tiempo, Sharon llevó a Walter a Atlanta para que conociera a sus padres, y Howard Thurman y su esposa, Sue Bailey, se unieron a ellos una noche. Y así comenzó la relación de Walter con su mentor, que tan decisiva sería en su vida.

El último año de seminario, Walter seguía intentando descubrir su verdadera vocación. ¿Debía terminar el seminario o empezar a estudiar Derecho? ¿Qué era lo que la vida quería para él? Suplicaba constantemente una revelación, pero nada se le revelaba. Desesperado por oír algún consejo, le escribió una carta a Thurman. Recibió su respuesta escrita a mano, con la hoja cubierta de garabatos: *Eres como un niño sentado debajo del árbol de Navidad, rodeado de tantos regalos que no sabe cuál abrir primero. Lo principal es, debes esperar a escuchar el sonido genuino que hay en ti. Cuando lo oigas, esa será tu voz, y esa será la voz de Dios.* «Todo cambió de repente cuando leí eso —dijo Walter—. No tenía ni idea de lo que significaba, pero sabía que era verdad».

Cuando rechazaron su solicitud para un programa de posgrado en la Universidad Northwestern, donde Sharon estaba trabajando en su doctorado, Walter empezó un curso de doctorado en la Universidad de Boston. Una mañana de abril se despertó oyendo en la cabeza la risa de Thurman, se levantó y le escribió una carta en la que le agradecía todo lo que había hecho por ayudarlo a encontrar su camino. La semana siguiente, Sharon fue a Boston a hacerle una visita a Walter y estaban sentados en los escalones de la Escuela Episcopal de Teología de Cambridge, cuando un colega se les acercó y les dijo: «Howard Thurman ha muerto esta mañana».

La mayoría de las obras y escritos de Thurman encontraron un lugar permanente en la biblioteca de la Universidad de Boston, y Walter, que seguía preparando el doctorado, decidió hacer su disertación sobre los conceptos de comunidad que habían desarrollado Howard Thurman y Martin Luther King, Jr. Más tarde, como editor de los Howard Thurman Papers, encargó a varios investigadores la lectura y organización de la obra completa de Thurman, y de este modo su mentor continuó orientando su vida intelectual y profesional durante los siguientes cuarenta años. «Los guías y las sincronicidades no se buscan —dijo Walter—. Vienen a nosotros. Cuando estamos receptivos, los reconocemos».

Incluso los obstáculos aparecen muchas veces en el momento oportuno para enseñarnos algo importante. Ideé este ejercicio llamado Tres Puertas para mostrar que cuando miramos solo con la lente de la conciencia de logro, vemos piedras enormes que nos cierran el paso, pero cuando prestamos una atención despierta, vemos que las rocas son en realidad escalones que nos indican el camino que debemos seguir. Para fortalecer la atención despierta, he creado esta práctica, que he compartido con banqueros y abogados, generales del Ejército de Estados Unidos, estudiantes de la Universidad de Columbia, jóvenes neoyorquinos sin hogar y pacientes que trabajan para superar el sufrimiento y encontrar bienestar mental y físico. El ejercicio es igual de apropiado y eficaz en todos los casos, porque nos enseña a prestar atención al camino de la vida.

1. En una hoja de papel o en tu diario, dibuja el camino de tu vida.
2. Señala un punto del camino en el que te encontraste con un obstáculo: una pérdida, un desengaño, una muerte; un momento en el que aquello que deseabas —un trabajo, una relación, un premio o algún tipo de logro, una carta de aceptación de una universidad determinada— parecía que estaba al alcance de la mano, que casi podías darlo por seguro, y luego, misteriosa, inexplicablemente, la puerta se cerró de golpe y no conseguiste lo que querías o lo que pensabas que ibas a conseguir. Dibuja el portazo en el camino.
3. Ahora piensa en lo que ha sucedido a consecuencia de esa pérdida o decepción y que no habría sucedido en caso contrario. Porque la puerta se cerró, y porque no te empeñaste con obstinación en forzarla a que se abriera, porque te detuviste y miraste a tu alrededor, viste una nueva puerta

que no habías visto antes. ¿Qué nueva comprensión o conexión o camino surgió, qué nueva puerta se abrió, cuando se cerró la primera puerta? Añade la puerta abierta, que conduce al nuevo paisaje del camino.

4. Ahora, ¿puedes identificar a un mensajero o ayudante que apareció y, sabiendo o no que lo hacía, te apoyó u orientó de alguna manera? Pudo ser alguien a quien nunca habías visto o alguien a quien conocías bien; alguien que se presentó en persona o que te llamó o te envió una carta, o alguien en quien pensaste en un momento crucial. ¿Quiénes fueron los mensajeros o ayudantes que te señalaron la puerta abierta? Dibuja al mensajero o mensajeros en el camino.

5. Repite otras dos veces los pasos 2, 3 y 4, de modo que tu camino de la vida muestre tres puertas que se cerraron y tres que se abrieron, así como a quienes aparecieron en el camino para indicarte una dirección.

Este ejercicio sirve para identificar tres ejemplos concretos de momentos en los que nuestra red ventral de la atención nos proporcionó una visión nueva. Y cuando observamos cómo se han cerrado y abierto puertas en nuestra vida, y nos damos cuenta de quiénes aparecieron en nuestro camino, somos más capaces de ver que la pérdida y el desengaño son a menudo no una amenaza para nuestra vida, sino experiencias que le dan profundidad.

Como me dijo el reverendo Fluker: «A veces, cuando no estamos abiertos a recibir ninguna orientación, los guías siguen apareciendo. Y si nos obstinamos en no advertirlos, ellos conocen la manera de que lo hagamos. En última instancia —continuó—, las experiencias de sincronicidad son "momentos de éxtasis en los que soy más yo que nunca"».

Cuanto más nos abrimos a la guía de las sincronicidades, más fácil nos resulta entender la vida como un acto creativo y vivir permitiendo que se revele.

CUANDO DESPERTAMOS LA red ventral de la atención, se ensancha no solo nuestro campo de visión, sino también la percepción de lo que constituye una información real y transformadora.

El general de división Thomas Solhjem, jefe del Cuerpo de Capellanes del Ejército de Estados Unidos, explica que su uso deliberado de la atención despierta lo ayuda a cumplir con lo que él llama sus «citas divinas».

—El sitio donde supuestamente debes estar no siempre es el sitio donde la misión dice que debes estar —comenta.

Una vez, cuando trabajaba en los Rangers,* había una gran operación de rescate en marcha, y, desde un punto de vista pragmático, debería haber elegido estar con la Compañía B, allí donde había más gente. Pero usó la atención despierta para que le indicara qué decisión tomar, rezando por recibir alguna señal, preguntando en silencio: «Dime, ¿dónde quieres que esté?». Cuando acalló la conciencia de logro y dejó espacio a la conciencia despierta, tuvo la fuerte convicción de que debía ir a uno de los helicópteros que estaban evacuando a la gente.

Así que allí estaba cuando el fuego de las ametralladoras alcanzó al helicóptero y el jefe de la tripulación recibió un disparo en la cabeza. Lo trasladaron rápidamente, junto con otros tres soldados heridos, a un pequeño avión de ala fija habilitado como unidad quirúrgica. Solhjem sujetó la cabeza del jefe de la tripulación mientras el médico intentaba recomponerlo. Finalmente, el médico se

---

* N. de la T.: Regimiento de infantería que opera como fuerza de élite.

volvió hacia Solhjem: «Capitán, yo he hecho ya todo lo que está en mi mano. El resto depende de usted». «Así que rezamos allí en el avión por aquellas cuatro almas –siguió diciendo Solhjem–. Todos sobrevivieron. Si hubiera estado en cualquier otro sitio durante la operación, me habría perdido esa cita divina».

Solhjem explica que cuando en estado de atención despierta percibe alguna indicación, no es que «reciba un mensaje de voz del espacio exterior». Es «una sensación dentro, es escucharte a ti, escuchar un saber que ha llegado a ti y te impulsa en la dirección correcta. Es más que planificar una misión».

Añade: «Cuando me dirige la necesidad que algo en el exterior tiene de mí, o la necesidad de conexión que tiene algo en mi interior, cuando estoy atento a la realidad que podría perderme si no lo estuviera, entonces es cuando consigo los mejores resultados espirituales y la vida me recompensa con más generosidad. Y uno se da cuenta de que no ha llegado a eso él solo».

Ahora trabaja en el Pentágono como principal asesor religioso y espiritual de los altos mandos del Ejército. Mientras viaja por todo el mundo y procura guía espiritual a la gran familia del Ejército, se asegura de incluir tiempo en su calendario para «pasearse» por el edificio de oficinas más grande del mundo, confiando en que se encontrará con quien tenga que encontrarse y se iniciará una conversación. Ya sea en el anillo más destacado del Pentágono o en los urinarios, o en algún campamento, puesto o estación remotos, es probable que coincida con alguien que, en respuesta a su: «¿Cómo estás? ¿Cómo estás *de verdad*? ¿Cómo está tu alma?», le conteste: «Estoy pasando por un momento difícil con mi hijo adolescente» o «Mi marido está enfermo». La práctica deliberada de la atención despierta hace que acuda con entusiasmo a sus citas divinas, expectante ante la posibilidad de cumplir un propósito trascendente.

LA CONCLUSIÓN GENERAL a la que llegaron en el siglo xx los estudios de la mente es que la imaginación es algo que construimos. La imaginación es invención. Un engaño. Pero en estado de conciencia despierta, la imaginación no es tanto un acto de creación como de percepción, una forma de detectar información. Al igual que detectamos el calor del quemador eléctrico si acercamos demasiado la mano a la cocina, también detectamos imágenes —o emanaciones que capta el oído o cualquiera de los demás sentidos— que nos permiten percibir algo real. En una práctica de visualización guiada, podemos percibir información muy útil, que nos oriente o tenga un asombroso efecto terapéutico.

Las visualizaciones pueden hacer entrar en nuestra conciencia a personas, seres vivos de otra especie o una presencia sagrada. He visto obrarse en algunos pacientes cambios asombrosos al invitar en una visualización a alguien con quien la relación estaba estancada, alguien vivo o muerto. Y en lo que a descubrimiento personal se refiere, he presenciado lo auténticamente reveladora que ha sido para algunas personas una visualización clásica tan sencilla como:

Cierra los ojos y mantén una respiración lenta, pausada, para silenciar la conciencia de logro.
Despeja tu espacio interior. Ahora, invita a un animal, y observa para ver cuál viene. Pregúntale: «¿Qué me tienes que decir?».

Esta visualización del animal le proporcionó una información importante y curativa a Darren, un joven actor que se estaba rehabilitando tras años de adicción. El animal que apareció en su conciencia fue un camaleón. Al principio, le molestó: «Un camaleón —dijo—. Ese soy yo. Siempre interpretando algún papel. Intentando ser lo que otros quieren que sea».

Con la conciencia de logro, eso era cuanto conseguía ver en el camaleón, y era la causa de su vacío, su sentimiento de ineptitud y finalmente su adicción. La percepción autocrítica lo dominaba: «Todo lo que hago es una pura representación. Solo soy una fachada, sin nada dentro».

Pero de repente oyó lo despiadado que estaba siendo consigo mismo. Al ver al camaleón y observar la reacción que le provocaba, se dio cuenta por primera vez en su vida del hábito de autocriticarse. Se quitó conscientemente la lente de logro y se preguntó: «¿Y si acepto al camaleón, el único animal del mundo que ha venido a mí?».

Cuando se dio permiso para acoger la imagen del camaleón en lugar de juzgarla, vio algo nuevo. Un camaleón es muy adaptable. Es rápido y vivo, y sabe sobrevivir en todo tipo de entornos. Esa comprensión instantánea puso fin a la percepción de que era un farsante y un adulador, y se percibió a sí mismo y sus cualidades de una forma nueva: un tipo creativo, flexible.

Cuando nuestra red ventral de la atención está activa, estamos abiertos a darnos cuenta de las cosas y a atribuirles un sentido que favorece nuestra evolución y curación. A veces, la información y las imágenes que nos llegan son confusas, incluso incómodas.

El reverendo Fluker estaba en una sesión de terapia cuando le vino a la mente una imagen extraña: una enorme madre zarigüeya con sus crías colgándole de la espalda. Era una imagen tan inesperada que se echó a reír. Durante la sesión, notó como si también él cargara con muchos niños, y se sintió agobiado y con miedo a que se le cayeran. Entonces afloró la impresión de un recuerdo, la sensación de haberse caído de los brazos de alguien siendo muy pequeño. Sabía que su madre había tenido ataques de epilepsia, así que esa vieja impresión sensorial, ese recuerdo olvidado durante tantos años de que alguien lo había dejado caer, cobró inmediatamente sentido.

A la vez le atemorizó. Como buen hijo de la academia, en teoría solo debía fiarse de nociones de orden estrictamente epistemológico y de la verdad cuantificable. Y la información que acababa de recibir, aunque se ajustara a hechos sabidos de su vida, le llegaba del modo más incuantificable.

También el recuerdo en sí era doloroso. Le había aterrorizado sentir que los brazos que le daban seguridad lo soltaban de repente, que su cuerpo se desprendía. Sin embargo, mientras revivía la caída, había algo además del miedo, no una voz exactamente, sino una presencia a su alrededor que le decía, no con palabras, era un sentimiento: *No te preocupes. Te sostenemos.* Eso le dio una paz inexplicable.

Una semana después, fue a Búfalo por motivos de trabajo y se llevó a sus dos hijos pequeños, y cuando tuvo una mañana libre fueron al Museo de Ciencias. Entraron, doblaron una esquina y se tropezaron con la exposición de una madre zarigüeya, las crías colgándole agarradas a la piel, idéntica a la imagen que había surgido de la nada en la terapia. Le temblaban las manos mientras él y sus hijos leían que las zarigüeyas son marsupiales, que llevan a sus crías en una bolsa, que las incuban hasta que son lo bastante fuertes como para salir ellas solas de la bolsa y, agarrándose a la piel de la madre, descender y finalmente ponerse en pie.

Mientras el reverendo Fluker respiraba lentamente para tranquilizarse, le llegó el significado de la zarigüeya, a través de la conciencia de logro y la conciencia despierta, a través de la cabeza y el corazón. Profesionalmente, estaba diseñando un modelo de liderazgo ético, esforzándose por encontrar o crear algo en lo que pudieran hallar protección y fortaleza los nuevos cargos, hombres y mujeres jóvenes procedentes en su mayoría de lugares similares al barrio donde él había crecido. La zarigüeya le inspiró al instante la idea de una incubadora moral, que cuidara de la seguridad física de esos jóvenes líderes, de su disciplina mental y sagacidad intelectual, que los mantuviera psicológica y espiritualmente completos, y moralmente anclados mientras aprendían a estar al mando. A nivel emocional, la zarigüeya volvió a despertar en él la sensación de una presencia que le decía: *Te sostenemos. No tengas miedo.*

«Vivimos aislados, apartados —dijo—. Nos sentimos solos la mayor parte del tiempo, tenemos tanto miedo..., y todo porque no sabemos que la vida nos sostiene».

CUANDO DESPERTAMOS LA atención, podemos acceder a percepciones que nos ayudan a reescribir nuestra manera de entender el mundo. El general de división Solhjem me presentó a varios capellanes militares que utilizan la atención despierta para ayudar a los miembros del ejército que tienen a su cargo. El método terapéutico que utilizan consiste en pedirles:

1. Cuenta un relato detallado del incidente traumático. Con la memoria, vuelve al momento y al lugar del trauma. Revívelo con todos los sentidos: qué ves, qué hueles, qué oyes...
2. Durante la narración, en el momento de mayor angustia o remordimiento, expresa tu arrepentimiento o sentimiento de responsabilidad por lo que ha ocurrido.
3. A continuación, invita a entrar a tu poder superior, con cualquiera que sea para ti la imagen de la trascendencia. Esto puede incluir una oración individual, un círculo de oración o, en algunas tradiciones, una imposición de manos.
4. Observa qué nueva reordenación del significado surge espontáneamente.
5. Después, vuelve al relato con esa nueva información.

Un capellán veterano me contó la historia de un hombre que llevaba diez años bloqueado en un estado de trauma, tras haber disparado y matado accidentalmente a otro soldado, un miembro de su escuadrón. Vivía en una especie de estupor, encerrado en sí mismo; estaba tan consumido por la culpa que se había vuelto inaccesible para su familia y meticulosamente obsesivo, y tenía tanto miedo de cometer un error fatal que apenas se atrevía a hacer nada. Durante años, el tratamiento se había centrado en encontrar el modo de interrumpir los pensamientos y comportamientos obsesivos. Pero no estaba surtiendo efecto, probablemente porque las tendencias obsesivas eran la forma que este hombre tenía de protegerse contra su terrible sentimiento de culpa e indignidad. El capellán, al darse cuenta de que este modelo de tratamiento de «eje x» no estaba funcionando, introdujo el de «eje y», de mayor implicación emocional por parte del terapeuta. Se comprometió con el hombre en la búsqueda.

De entrada, le pidió al soldado que contara la historia del doloroso incidente, que reviviera el trauma.

—Estoy en la base —empezó a decir—. Acabo de limpiar y recargar mi arma. Oigo un ruido y me giro. Y el arma se dispara. Mi amigo está en el suelo. Hay sangre por todas partes.

—¿Qué sientes? —le preguntó.

—Horror. Culpa. Miedo. Grito, es el dolor más terrible que he sentido nunca. El cuerpo se me paraliza.

—Invitemos a Dios a este momento —dijo el capellán.

Aunando las dos zonas temporales —el momento presente y el momento del trauma que el soldado estaba reviviendo—, el capellán ofreció una oración, pidiendo a Dios que lo guiara. Los dos hombres rezaron juntos. De repente, las lágrimas inundaron las mejillas del soldado.

—He escuchado a Dios —dijo—. Miraba el arma y veía que el seguro estaba quitado. Y Dios me decía: «Has cometido un error lamentable. No lo has hecho intencionadamente. Estás perdonado. Todo el mundo está perdonado».

Un malentendido común en el campo de la salud mental es pensar que lo que nos deprime es el acontecimiento traumático o doloroso en sí. Pero el sufrimiento mental no es tanto resultado directo del trauma como resultado de la forma en que ese trauma se impone a todo en nuestra experiencia diaria de la vida, y estrecha y limita nuestra percepción. La curación no se produce reviviendo una y otra vez el trauma, como se vio obligada a hacer Esther Klein en la Unidad 6, sino aportando una visión nueva del trauma que permita una nueva comprensión; iluminando la verdad que durante tanto tiempo ha sido imposible ver.

En muchas ocasiones, otros habían intentado convencer al soldado de que era inocente. Pero él no había sido capaz de desprenderse del sentimiento de total y absoluta indignidad. Al volver al momento con el que era tan despiadadamente intransigente, al acontecimiento que lo tenía atrapado en un callejón sin salida, y abrirse a la conciencia espiritual, había aparecido información nueva que le permitió reordenar el significado. A él, la revelación le llegó en el lenguaje espiritual que conocía, pero podría haberle llegado de un modo diferente, como mostraban los relatos espirituales que hicieron los sujetos de nuestro primer estudio de IRMf en Yale: el sonido de las voces cantando juntas, la luz del sol que brilla a través de los árboles, el olor reconfortante de una abuela, como expresiones de la santidad o la bondad supremas. En el caso de este hombre, fue directamente la voz de Dios dándole el perdón. Dejó de creer que era malo, dañino, eternamente culpable. Fue capaz de seguir adelante sabiendo en lo más profundo de sí que era digno de perdón.

El capellán me contó un segundo caso de sanación y transformación por obra de la atención despierta. Una mujer que había sufrido una agresión sexual hacía varios años afrontó el trauma rodeándose de un muro infranqueable en su relación con los hombres. Se negaba en redondo a volver a tener una relación íntima porque le resultaba imposible confiar en nadie y porque se sentía avergonzada; pensaba que la agresión había sido en cierto modo culpa suya. Mientras le contaba al capellán lo ocurrido –la cita en un restaurante, el paseo de vuelta a casa, unas copas, el dormitorio, la agresión por parte de aquel hombre por el que se sentía atraída y en el que confiaba–, él, utilizando el lenguaje espiritual que les era familiar a ambos, la animó a abrir la conciencia despierta y ofrecer una oración por su sanación y restablecimiento.

–Deja entrar a Dios en el dormitorio –le dijo–. ¿Qué ves?

–Veo a una chica inocente –contestó–. Está herida. Dios le dice: «No es tu culpa».

La conciencia despierta abrió en ella la posibilidad de una renovación: sacudió de raíz la interpretación que había hecho en su día, rompió el disco rayado de la culpa y la vergüenza, e hizo sonar los primeros acordes de una nueva canción: «Me han herido y no es mi culpa. No necesito apartar a nadie de mí».

CUANDO PIENSO EN la atención despierta, se me viene a la mente el techo de la Capilla Sixtina, y en él la imagen de Dios dando vida a Adán. Así se nos da la vida, por la conciencia. La atención despierta nos pone a disposición de las sorpresas, de una inesperada información que nos hace girarnos. Y cuando esa valiosa información nos llega, es como si la mano de la vida se extendiera para tocarnos la nuestra. No somos un imperceptible yo atomizado y solo en el universo insondable. No estamos solos. La vida siempre nos tiende

la mano. La conciencia integrada nos predispone a ver, sentir y conocer la mano de la vida, y a alargar la nuestra en reconocimiento;
a estar en constante diálogo con la conciencia que fluye dentro, a
través y alrededor de nosotros, siendo como somos parte de la vida
a la vez que una contribución a ella. Cuando despertamos esta capacidad innata, crecemos y sanamos.

CAPÍTULO 15

CONEXIÓN DESPIERTA

Unos meses después del *inipi*, en julio de 2001, un asistente nos condujo a Phil y a mí a través de una soleada sala de juegos, en la Casa de Bebés n.º 5 de San Petersburgo, hacia una gran cuna en la que se veía a cinco bebés tumbados bocabajo en círculo alrededor de unos cuantos juguetes: una pelota azul brillante, un bloque de madera a rayas, un animal de madera pintado... Una de las niñas empezó a llorar. Un niño de mejillas redondas empujó la pelota hacia ella y la observó expectante. Cuando ella manoseó la pelota con interés, él sonrió e hizo gorgoritos con cara de alegría. El niño era Isaiah. Nuestro hijo. «Los bebés se cuidan entre ellos —nos dijo el asistente—. Cuando uno llora, los demás lo animan pasándole juguetes».

Sostuve a mi hijo por primera vez. Su peso cálido me llenaba los brazos. Hundí la nariz en su pelo rubio muy suave, le besé la barriguita, las deliciosas mejillas redondas. Aspiré su tierno olor a bebé, lo estreché contra mi corazón. Él apretó sus manitas regordetas contra mi pecho y arqueó la espalda para poder mirarme. Entonces me tocó la cara. Nunca había sentido una explosión de amor y reconocimiento tan intensa. Casi no podía separarme de él para pasárselo a Phil. Luego me senté como hipnotizada al lado del hijo y el padre. A Phil le corrían las lágrimas por las mejillas.

La asesora de adopción nos informó de dos cartas que la madre biológica de nuestro hijo había dejado en el hospital una semana después de dar a luz. La primera decía: *Volveré dentro de seis meses a por el pequeño Vladislav. Antes necesito ganar suficiente dinero*. En la segunda, renunciaba a la patria potestad: *Por favor, asegúrense de encontrar para nuestro pequeño Vladislav unos padres que le den amor*. Allí estábamos nosotros para dárselo; era la respuesta a la petición de su madre. E Isaiah la respuesta a la nuestra.

Nos habían advertido de que Rusia aplicaba una ley de retención, un periodo de espera obligatorio para todas las adopciones internacionales. Una vez que habíamos conocido a nuestro hijo, debíamos volvernos a casa sin él. Yo comprendía la razón de que existiera esta ley; era natural querer asegurarse de que la familia adoptante sería un buen hogar para el niño o la niña antes de que viajara con sus nuevos padres a otro país. En teoría, el periodo de espera tenía sentido. Pero cada día que Isaiah no estuviera en casa con nosotros sería un día en que temeríamos perderlo. Ya éramos una familia. Sentíamos por él un inmenso amor, y él había pasado ya diez meses en un orfanato; ¿por qué demorar la adopción un minuto más? En la práctica, me parecía contraproducente. Quería tener tiempo de establecer un vínculo con Isaiah antes de que naciera su hermanita o hermanito. Y cuanto más tiempo pasara y más se acercara la fecha del parto, más me costaría viajar.

Pedimos una cita en el juzgado para presentar nuestro caso, pero la jueza que normalmente presidía estos asuntos se iba de vacaciones al día siguiente. No había nadie ante quien pudiéramos presentarlo. Nuestra agencia de adopción hizo innumerables llamadas telefónicas para averiguar si un tribunal de otra ciudad podría pronunciarse sobre el caso, y había agotado prácticamente todas las posibilidades cuando recibimos una llamada suya en el hotel. Al final, la jueza había cancelado las vacaciones; le habían concedido un premio de ciencias a su hija, y la familia entera quería estar en San Petersburgo para la ceremonia de entrega de premios. La jueza escucharía nuestro caso por la mañana.

Al día siguiente Phil y yo nos presentamos ante ella en la sala del juzgado. Hacía un calor pegajoso y agradecí llevar puesto un vestido holgado, para acomodar la barriga suavemente abultada.

—Señoría, le pedimos que por favor no aplique la ley de detención. Queremos llevarnos a casa al que espiritualmente es ya nuestro hijo.

Nos dirigió una mirada severa. Por un momento pensé que iba a preguntarme por el embarazo, y que se negaría a dejarnos adoptar a Isaiah teniendo un hijo biológico en camino. Pero de repente me di cuenta de que tenía el rostro tenso porque estaba conteniendo las lágrimas.

—Los niños necesitan amor —dijo, y, con un golpe de martillo, se saltó la ley.

EN CUANTO LLEGAMOS a casa con Isaiah, lo primero que hicimos fue sentarlo a la orilla del Saugatuck. Iba absorbiéndolo todo: la luz reflejada en el agua, los árboles frondosos, todo aquel verdor y el cielo y el canto de los pájaros. En diez meses de vida, había salido del orfanato una sola vez, cuando lo llevaron al hospital rápidamente para desobstruirle el conducto lagrimal. Con veinte bebés al cuidado de una o dos mujeres, no era fácil, ni siquiera posible, sacar a los pequeños al aire libre para que les diera el sol. Así que nunca había visto árboles ni el cielo inmenso. Frotaba los pies descalzos en la hierba suave. Le brillaban los ojos y nos agarraba, como queriendo que admiráramos también aquella maravilla, compartirla con nosotros. Es un momento que nunca olvidaré.

Desde el día que vimos al pequeño huérfano en la televisión, la historia de aquel niño nos había ido enseñando que el amor engendra amor. La primera semana que pasó Isaiah en casa, nuestros vecinos le organizaron una fiesta de bienvenida en el parque infantil que hay cerca de una vieja iglesia colonial, una de esas típicas iglesias blancas de Nueva Inglaterra. Trajeron montones de comida y regalos, y felicitaciones con mensajes de apoyo y consejos, todo lo que ojalá hubieran sabido ellos cuando fueron padres. Nos conmovió y sorprendió el gran despliegue de calidez y conexión con que nos dieron la bienvenida al reino de la familia.

Ahora, cuando visitaba a la obstetra para una revisión o una ecografía, Isaiah estaba a mi lado, en su cochecito. El bebé que llevaba dentro estaba activo, dando patadas. Isaiah me miraba, balbuceando, y encogía y estiraba las piernas con fuerza. Las patadas que sentía dentro y veía a mi lado coincidían.

Todavía estaba aprendiendo a no contener la respiración a cada minuto del embarazo. Pero el modo en que había ocurrido esta concepción me daba en realidad plena confianza en que iría bien. La llegada de Isaiah y todo lo que había vivido hasta encontrarlo me habían cambiado. Sabía que tenía la opción de tensarme por miedo a ceder el control o de dejar que la vida me guiara y se me fuera revelando.

Cuando me puse de parto, mi madre vino rápidamente desde Boston para quedarse con Isaiah, que estaba durmiendo. Me sentí rodeada de amor, completamente apoyada y sostenida. Pero en la sala de dilatación, a medida que las contracciones iban siendo cada vez más seguidas y dolorosas, y pasaban las horas y no dilataba lo suficiente y el bebé no llegaba, me fue entrando un miedo atroz. Pensé que se me iba a romper el cuerpo. Veía el terror en la cara de Phil.

Finalmente, el médico nos dijo: «Hay una desproporción cefalopélvica. No hay manera de que este bebé pueda atravesar tu estructura ósea. Vamos a prepararte para una cesárea».

Phil me había dicho una vez que tenía miedo de que muriera de parto. Me apretaba la mano mientras la enfermera empujaba la camilla hasta la sala de operaciones. Allí dentro, me desorientaba que tuviera la cara oculta detrás de una mascarilla, ver aquella cortina corrida atravesándome el pecho, separándome de mí, no sentir la parte inferior del cuerpo. Entonces oí el llanto de un bebé. «¡Está aquí!», dijo Phil.

Antes de que me diera cuenta, habían cortado el cordón umbilical y bañado a mi hijita, y la enfermera la sostenía en alto, con el cuerpo arqueado de los pies a la cabeza y una cresta tupida de pelo grueso y negro como el azabache que le salía en punta de la coronilla. Leah. Mi primera impresión: que mi hija debía de ser muy fuerte para tener un pelo así. La enfermera me la puso con suavidad sobre el pecho, justo encima del corazón, y el calor y la ternura de su cuerpecito me traspasaron.

Unas horas más tarde, Leah y yo estábamos juntas en la cama de la habitación. Phil se había ido a casa a dormir unas horas para poder estar con Isaiah cuando se despertara. Yo estaba sola con ella. No podía dejar de mirarla: la inocencia pura, una cualidad sabia y celestial que la hacía parecer que tuviera ochocientos años. Como todos los recién nacidos, parecía a la vez anciana y nueva. Le sonreí a aquel pequeño ser de rostro milenario. «Te amo», le susurré.

Ella abrió los ojos. Bamboleó la cabeza para mirarme. Por la noche me pareció que me sonreía y me guiñaba uno de aquellos sabios ojitos. A la mañana siguiente, Phil llevó a Isaiah al hospital para que conociera a su hermanita recién nacida. «¡Bebé, bebé!», dijo alargando la mano para tocarla.

«Solo quiero que sea capaz de amar», había dicho yo hacía muchos meses en la agencia de adopción.

Leah apretó en su puño diminuto el dedo de su hermano. Lo miró como si se acabaran de reencontrar.

Me asombré una vez más por el viaje tan insólito que nos había unido en una familia. Pensé en los estudios de física cuántica sobre el entrelazamiento, en la relación entre partículas tan íntimamente ligadas que el cambio que experimenta una afecta a la otra, incluso separadas por una gran distancia. Si el entrelazamiento se produce entre las partículas más mínimas de la materia, ¿podría producirse también entre los seres vivos? ¿Entre una mujer sentada, incapaz de despegar los labios, en una tienda de campaña llena de humo en Dakota del Sur y un bebé que se despierta en un orfanato en Rusia? ¿Entre Isaiah y Leah, gemelos espirituales concebidos a medio mundo de distancia, pero conectados desde el principio?

Me acordé también de un simposio de formación continua al que había asistido en la Facultad de Medicina de la Universidad de Harvard uno o dos años antes de que llegara Isaiah. El doctor Larry Dossey, que llevaba mucho tiempo ejerciendo como médico en Dallas —un hombre de unos sesenta años fornido y con aire dominante que tenía aspecto de haber jugado en la línea ofensiva del equipo de fútbol americano del instituto—, había hecho una presentación sobre el poder de la oración y la intuición en la medicina, un tema sorprendente y muy de agradecer en un centro de formación médica riguroso y tradicional. Comparó los tipos de intuición que había presenciado en contextos médicos con el peculiar vínculo que tenía con su hermano gemelo: un algo especial que muchas parejas de gemelos idénticos experimentan, una forma de saber, o incluso de compartir, lo que el otro gemelo está viviendo, incluso aunque estén físicamente alejados. Era como si el mismo pensamiento, sentimiento o sensación física ocurriera simultáneamente en dos cerebros o cuerpos diferentes. «Como profesionales de la medicina —dijo el doctor Dossey—, no podemos ignorar la no localidad de la conciencia».

Continuó explicando que nuestra conciencia es en realidad parte de un campo de conciencia que él llama Mente Única.

Se alzaron las manos por todo el auditorio, los asistentes atropellándose unos a otros por formular una u otra versión de la misma pregunta: «¿Cómo funciona eso?».

El doctor Dossey sonrió. «En el campo de la medicina —dijo—, a menudo sabemos que algo funciona antes de tener la más mínima idea de cómo funciona».

Muchos medicamentos —la aspirina, la penicilina, los anestésicos generales— demostraron ser medios eficaces para tratar la inflamación, el dolor o las infecciones antes de que se pudiera explicar el mecanismo por el que lo eran. «¿Y sabéis qué? —añadió, riéndose—. Nunca he visto a un paciente que fuera a someterse a cirugía mayor rechazar un anestésico general porque el anestesista no supiera explicarle con precisión cómo funcionaba».

Me pasaba lo mismo con el *inipi*. Ser incapaz de explicar lo que había sucedido allí no había empañado en absoluto mi asombro y alegría ante la inminente llegada de dos bebés. Las palabras del doctor Dossey me vinieron a la mente sentada ahora con mis dos hijos en el hospital: *la no localidad de la conciencia*. En conjunción con lo que se sabía hasta el momento sobre el entrelazamiento cuántico, que la conciencia fuera no local daba a entender que, al igual que las partículas diminutas pueden unirse e interconectarse a distancia, también pueden hacerlo las mentes o las conciencias. Tal vez fue eso lo que sentí en el *inipi*: esa comunión y conciencia compartida entre todas las mujeres de la tienda, así como la conexión con una fuente trascendente a la que la sanadora nos había ayudado a acceder. Me parecía especialmente significativo que el bebé que había llegado no fuera una hija, como Phil había dicho que quería, sino un hijo. Las mujeres del *inipi* habían rezado por la curación de sus hijos desaparecidos, extraviados, que sufrían, y la vida nos había enviado a *nuestro* hijo perdido. Que no se había materializado como si fuera un plato elegido del menú de comida para llevar. Que había llegado como fruto del diálogo y la conexión con otras personas y con el universo. ¿Cuál era el mecanismo de esa conexión?

DESDE 1987 EL doctor Jacobo Grinberg, neuropsicólogo de la Universidad de México, había hecho una serie de experimentos que comenzaban todos de la misma manera: dos personas se sentaban juntas en una habitación y meditaban durante veinte minutos, centrando la atención en establecer un fuerte vínculo entre sí.[1] A continuación, se las conducía a dos salas diferentes, protegidas por apantallamiento electromagnético, en las que Grinberg hacía diversas mediciones de su actividad cerebral. Al examinar los electroencefalogramas, por ejemplo, descubrió que, una vez que los participantes habían establecido intencionadamente un vínculo, sus patrones de ondas cerebrales se empezaban a sincronizar aunque estuvieran en habitaciones separadas sin posibilidad de comunicarse. En otra versión del experimento, una vez que los meditadores se encontraban en habitaciones separadas y protegidas, el técnico de laboratorio hacía destellar una luz brillante en los ojos de uno de los participantes, y esos cien destellos de luz aleatorios eran visibles en el electroencefalograma en forma de picos o descargas repentinos.

Cuando Grinberg comparó los dos electroencefalogramas –el del participante que había estado expuesto a los destellos de luz y el del que había estado aislado en la otra sala protegida–, vio con fascinación que las ondas cerebrales inducidas se correspondían un veinticinco por ciento del tiempo. El participante que no había estado expuesto a los destellos los había registrado *mentalmente* una cuarta parte del tiempo que el otro participante los registraba *físicamente*. Al parecer, la actividad eléctrica de un cerebro pasaba simultáneamente al otro sin que hubiera entre ellos una conexión eléctrica o una señal transmitida del modo convencional. La superposición era demasiado significativa para poder explicarla como una mera casualidad. ¿Por qué mecanismo compartían la información esos dos cerebros? Era como si, de alguna manera, esos dos cerebros fuesen uno solo, como si estuvieran separados y unidos a la vez.

Se denomina «arrastre» a la sincronización de dos oscilaciones, como cuando dos diapasones acaban por vibrar a la misma frecuencia o dos péndulos comienzan a sincronizarse y a oscilar al mismo ritmo. Las investigaciones de Grinberg habían revelado la sincronización de las ondas cerebrales entre una pareja unida por la empatía. Andrew Newberg, neurocientífico y director de investigación del Marcus Institute of Integrative Health de Filadelfia, descubrió, mediante resonancias magnéticas y escáneres PET, que la fuerza del arrastre aumenta cuando se suman más personas en estado trascendente.[2] Cuando un grupo de personas rezan juntas, en este caso en una misma sala, las vías neuronales propias del estado de oración se activan más rápidamente en todos los que participan del culto. Es como si el estado espiritual no solo se compartiera, sino que se contagiara. Si nueve personas están rezando juntas, sus cerebros están conectados, y cuando una décima persona entra en la sala, el recién llegado alcanza rápidamente el mismo estado espiritual de conexión. (Quizá esto explique el Minyán hebreo: la presencia mínima de diez fieles que exige el judaísmo ortodoxo para celebrar ciertos rituales).

Numerosos estudios de electroencefalogramas han demostrado que, cuando dos personas están emocionalmente sincronizadas, y se reflejan mutuamente en una tarea, o emocionalmente conectadas en un estado empático, los dos cerebros se sincronizan: se sincroniza la actividad oscilatoria de ambos para estar en la misma fase (las ondas suben y bajan juntas).[3] Y esto es particularmente notable en el caso de la longitud de onda llamada alfa (8-12 Hz). Curiosamente, la sincronización alfa proviene del área parietal, la misma área posterior del cerebro donde tiempo atrás descubrimos el engrosamiento cortical, en el estudio de resonancia magnética de la Universidad de Columbia sobre adultos a los que la espiritualidad protegía contra la depresión, y donde la resonancia magnética funcional del estudio de la Universidad de Yale sobre la experiencia espiritual en tiempo real había mostrado una actividad incrementada. Retomando lo anterior, alfa es la onda que nos lleva a la conciencia unificada, a la conexión despierta.

¿Cómo se produce el arrastre cerebral, y qué beneficios obtenemos de este tipo de conexión?

Un fascinante estudio dirigido por Pavel Goldstein, de la Universidad de Haifa, se propuso investigar el acoplamiento —o resonancia— entre dos cerebros como un posible mecanismo para aliviar el dolor.[4] La comunidad científica ya ha reconocido que, cuando experimentamos empatía por alguien que sufre, se activan en nosotros las mismas estructuras cerebrales que en esa persona. En otras palabras, el dolor y la empatía hacia el dolor activan las mismas redes neuronales, concretamente la ínsula anterior bilateral y la corteza anterior del cíngulo medio. Si ese efecto cerebral de espejo es un componente esencial de la empatía, pensaron Goldstein y su equipo, ¿podría ser también la base de nuestra capacidad para curar y aliviar el dolor?

Utilizando una técnica llamada hiperescaneo, que permite monitorizar simultáneamente la actividad cerebral de al menos dos personas mientras interactúan una con otra, el equipo de Goldstein observó lo que ocurría en los cerebros de varias parejas hombre-mujer, unidos por una relación sentimental, mientras se daban la mano y se consolaban mutuamente en un momento de dolor. Por razones de coherencia, y porque se ha demostrado que las mujeres obtienen mayor beneficio del apoyo social que los hombres, se asignó a las mujeres el papel de «receptoras» y a los hombres el de «aliviadores». Se evaluó a las parejas mientras se daban la mano, mientras estaban sentadas juntas sin tener contacto físico y mientras estaban sentadas en habitaciones diferentes, en situación de dolor y sin dolor. Los escáneres registraron la actividad neuronal de ambos miembros de la pareja a lo largo del experimento para que el equipo pudiera explorar dos cuestiones: en primer lugar, si el contacto físico afectuoso aumenta la sincronía entre los cerebros y, en segundo lugar, si había alguna relación entre el grado de sincronía de un cerebro con otro y lo capaz que era el aliviador de mitigar el dolor de su pareja. En conjunto, el estudio quería descubrir si la resonancia entre uno y otro cerebro podía ser una de las razones del poder curativo del amor.

Goldstein y su equipo descubrieron que tomar la mano de la persona que sufre tenía dos consecuencias significativas: el contacto interpersonal aumentaba la precisión empática del aliviador y reducía el sentimiento de dolor en la receptora. Es decir, tocar con afecto a un ser querido que se encuentra en una situación dolorosa incrementa, por una parte, nuestra capacidad para consolarlo y, por otra, el alivio que experimenta. Además, una red específica de resonancia cerebral parece desempeñar un papel en esto. Durante el contacto físico en una situación de dolor, los escáneres revelaron un fuerte reflejo o sincronía entre el área parietal del cerebro de las mujeres y las áreas occipital, temporal y parietal derechas del cerebro de los hombres. Al parecer, habían encontrado el circuito bicerebral del abrazo afectuoso, el efecto balsámico de enlazarse en un reconfortante «ya está, ya está». Esta sincronía intercerebral se produce principalmente en la longitud de onda alfa. La sincronización de las respectivas ondas alfa es mayor cuanto más intensos son la presencia o el contacto afectuosos, el grado de dolor o la necesidad de consuelo y la intimidad que siente la pareja. ¿Quiénes somos el uno para el otro? Estamos hechos para reconfortarnos mutuamente.

Fueron dos las posibles explicaciones que Goldstein y su equipo ofrecieron de este hallazgo. Primera, que el contacto social comunica comprensión social, lo que a su vez activa el circuito de recompensa en el cerebro, por lo cual disminuye el dolor. Y segunda, que el contacto interpersonal alivia el dolor al difuminar las fronteras entre el yo y el otro, lo cual crea un estado de amor unitivo que ayuda al aliviador a «sentir» el dolor de la receptora y a transmitirle su afecto y apoyo. Por ambas razones, este estudio demuestra que cuando sentimos empatía y transmitimos cariño y consuelo a otra persona, nuestros cerebros se acoplan. Forman una unidad. Y esa unidad es un mecanismo o condición sustancial para la curación.

En otro estudio igualmente innovador, la doctora Jeanne Achterberg mostró que el poder curativo del amor podía transmitirse no solo a través del contacto o la proximidad físicos, sino también a distancia.[5] En el North Hawaii Community Hospital de Waimea, Achterberg utilizó la tecnología de IRMf para examinar si los pensamientos de sanación enviados a distancia podían correlacionarse con la activación de ciertas funciones cerebrales en los sujetos que recibían esa intención curativa. Varios sanadores hawaianos con una larga experiencia seleccionaron cada uno a una persona a la que las unía un vínculo de compasión, y a estos receptores se los puso en un escáner, aislados de todo contacto sensorial con los sanadores. A estos últimos, se los llevó a la sala de escáner de un edificio diferente y se los monitorizó mientras enviaban intenciones de curación a sus destinatarios a intervalos de dos minutos, a partir de un momento elegido por ellos al azar. Los receptores no tenían forma de anticipar o discernir con los sentidos cuándo se enviaban los mensajes de curación. Y, sin embargo, diez de cada once veces, en el momento exacto en que el sanador enviaba la intención, se activaban áreas específicas del cerebro de los receptores: puntos precisos en el cíngulo anterior y medio, el precúneo y las regiones frontales. La probabilidad de que esto ocurriera solo por azar es inferior a una entre diez mil. Achterberg llegó a la conclusión de que es posible que las intenciones de curación compasiva enviadas a distancia tengan un efecto físico directo en el receptor, es decir, que cuando estamos vinculados afectivamente con alguien, podemos influir en su cuerpo y sus procesos mentales.

EXPERIMENTAR LA SINCRONICIDAD, una vez más, durante una gira de conferencias reforzó mi convicción de que era un fenómeno real. En Provo, Utah, mientras daba una charla académica sobre la espiritualidad como factor de resiliencia, sentí una sacudida al encontrarme con las miradas relucientes y penetrantes de un hombre y una mujer mayores sentados en la última fila del auditorio de cuatrocientas plazas. Seguían la charla con una atención tan radiante que era como si me enviaran luz; su mirada me llegaba como rayos de sol que parecían penetrarme físicamente, y una agradable calidez se me concentraba en el pecho. Estaban sentados hombro con hombro, apoyados la una en el otro con una presencia y una conexión exquisitas. Destacaban en aquel mar de gente. En el gran auditorio oscuro, sus ojos resplandecían de amor.

Tenía que conocerlos. Al terminar la charla, corrí hacia el pasillo. Debieron de percibir que me dirigía hacia ellos y me esperaron, luego me estrecharon la mano con afecto. El doctor Gary Weaver tenía el pelo oscuro y los ojos limpios y azules, el torso ancho bajo la camisa impecable. Su esposa, Colleen, llevaba una falda larga y botas camperas de color marrón teja, la melena clara le rozaba los hombros de la blusa de colores vivos. Me dieron las gracias por la charla; la espiritualidad y la resiliencia eran temas importantes también en su trabajo.

Yo estaba invitada a un pequeño almuerzo académico privado en el club de profesores, pero no me quería marchar sin saber más sobre los Weaver. Intuía que tenían algo importante que enseñarme, así que, en un impulso, pedí a mis anfitriones que por favor les hicieran un hueco en mi mesa.

Gary y Colleen llevaban treinta años trabajando con jóvenes que habían sobrevivido a abusos terribles y luego se habían convertido en maltratadores, que habían estado ya tres veces o más ante un juez e iban a ser trasladados del centro de detención de menores a la cárcel de adultos si perdían su última oportunidad. Los Weaver eran su última oportunidad. Luego me enteré de que el índice de éxito de su intervención en la vida de aquellos chicos y chicas que estaban a punto de ser condenados de por vida era del ochenta y cinco por ciento. El apoyo de Gary y Colleen iba mucho más allá del ámbito clínico. Habían adoptado a veintiocho de los jóvenes.

—¿Cómo lo hacéis? —les pregunté—. ¿Cómo trabajáis con ellos?

Intuí que en su eficacia con los jóvenes remitidos al tribunal tutelar de menores influía considerablemente el amor que irradiaban, y también, como habían dado a entender después de la charla, la conciencia espiritual. El resto de nuestra mesa estaba enfrascado en una discusión académica sobre paradigmas de investigación y modelos estadísticos y sobre dónde iba a publicar cada cual sus próximos artículos; a mí solo me interesaba hablar de cómo ayudaban a aquellos jóvenes Gary y Colleen Weaver.

—Nos adentramos en el desierto —dijo Gary con vaguedad, los ojos chispeantes—. Ya te lo enseñaré algún día.

Se sirvió el postre, y luego los invitados empezaron a levantarse y a salir, dejando arrugadas sobre las sillas y las mesas las servilletas blancas de lino. Solo quedábamos sentados Gary, Colleen y yo, y allí seguimos hasta bastante después de que los camareros retiraran los platos.

—¿Me lo puedes mostrar ahora? —le pregunté en voz baja—. ¿Cómo se enseña la conciencia espiritual?

—No es a través de ninguna religión —me contestó—. La mayoría de los jóvenes con los que trabajamos han tenido roces serios con los mensajeros de las religiones.

Se quedó callado un momento, luego chasqueó los dedos.

—¡Vamos a hacerlo!

Me fue guiando a través de este ejercicio de visualización trascendente, llamado Consejo de Acompañantes:

Siéntate. Cierra los ojos.

Visualiza una mesa delante de ti. Puedes invitar a tu mesa a quien quieras, vivo o muerto, que sepas que de verdad desea lo mejor para ti.

Una vez que estén todos sentados, pregúntales de uno en uno si te quieren.

Ahora, a tu mesa, invita a tu yo superior, la parte de ti que está mucho más allá de cualquier cosa que hayas hecho o no hayas hecho, de cualquier cosa que tengas o no tengas.

Pregúntale a tu yo superior y eterno si te quiere.

Ahora, a tu mesa, invita a tu poder superior, quienquiera o lo que quiera que sea para ti. Pregúntale a tu poder superior si te quiere.

Y ahora, con todas esas presencias sentadas a tu mesa, en este momento, pregunta: «¿Qué necesito saber ahora mismo? ¿Qué necesitáis decirme?».

Era un atajo a la *conexión despierta*, a comprender de verdad que estamos en relaciones —con nuestros antepasados, nuestros seres queridos, nuestro yo superior, nuestro poder superior— que trascienden la presencia física y de las que recibimos algo vital y de enorme utilidad. El Consejo de Acompañantes que hay dentro de ti está siempre contigo. Tal vez esté compuesto por personas distintas en cada ocasión. Puedes hacerles preguntas en cualquier momento, en cualquier lugar.

Desde aquel día, he hecho este ejercicio innumerables veces, con estudiantes, padres, madres, directores de empresa, abogados, personas del mundo de la tecnología y las finanzas, y todos sin excepción se han sentido revitalizados y reconfortados. Quienes trabajan en instituciones y profesiones de élite acostumbran a compararse continuamente, a medirse en términos de competitividad, y esa autoevaluación implacable acaba haciéndoles sentirse muy frágiles. Al hacer este ejercicio, en solo unos minutos de silencio y contemplación se dan cuenta de lo queridos que son, de lo mucho que los demás, incluidos aquellos a los que quizá olvidaron hace tiempo o que han fallecido, están con ellos.

Como descubría en mi trabajo clínico una y otra vez, tomar conciencia de esta conexión amorosa abre la puerta a una profunda sanación.[6] Y volví a descubrirlo cuando me pidieron que diseñara un método de intervención clínica en Covenant House, un centro de acogida para jóvenes sin hogar con conductas de riesgo, en el West Side de Manhattan, cerca del túnel Lincoln. El centro ofrece alojamiento temporal y asesoramiento para el desarrollo profesional a jóvenes que se encuentran en un momento de transición, tras haber vivido en hogares de acogida, o que provienen de familias disfuncionales. «Mi mundo es una casa en la que, detrás de cada puerta que abro, hay más fuego», dijo Randy al empezar el curso de terapia de grupo.

Tenía veinte años y su vida estaba marcada por una continua desconexión. Había nacido en Trinidad y su padre lo había abandonado cuando era pequeño. En la actualidad, tenía una relación tensa con su madre y su hermana, con las que había emigrado a Nueva York; ya no vivía con ellas, apenas se hablaban. Sufría de ansiedad grave —estaba en el límite de un diagnóstico de depresión mayor—, que solía manifestarse en un comportamiento altamente reactivo. Era incapaz de escuchar una crítica, y las relaciones le provocaban un conflicto extremo. La primera vez que mi equipo y yo vimos a Randy, estaba hablando por teléfono con su novia a voz en grito. La ira era su forma de descargar el dolor e intentar controlar su entorno. Además, se automedicaba, consumía con frecuencia sustancias psicoactivas.

Randy se marcó tres objetivos para la terapia de grupo, que iba a consistir en una sesión grupal de dos horas una vez a la semana complementada con sesiones de terapia individual de puertas abiertas: «Pienso aprender más formas de superar la angustia y la ira y de transformarlas en algo o en cualquier cosa que valga algo —escribió—. Tengo un nuevo trabajo que empiezo mañana y mi principal objetivo es conservarlo trabajando en serio cada día». El tercero era que quería aprender a «cultivar mejores relaciones. Creo que me ayudará como persona aprender a querer a la gente por lo que es y no solo por lo que hace».

Cada sesión de grupo empezaba con un ejercicio de relajación y una visualización guiada. Desde el punto de vista fisiológico, estas prácticas servían para calmar el sistema nervioso, aquietar la conciencia de logro y preparar a los participantes para que llegaran más suavemente a la parte de la sanación, con menos reactividad. Una vez que todos los participantes habían entrado en la sala de conferencias de Covenant House, cada uno buscaba un sitio en el suelo donde sentarse tranquilamente y cerrar los ojos. Lorne, el estudiante de doctorado que tenía a mi cargo y que había trabajado con Gary y Colleen Weaver en el desierto, apagaba las luces fluorescentes y, con un cuenco tibetano, producía un sonido nítido y envolvente, como se hace en muchas tradiciones místicas para facilitar la relajación y la meditación, que establecía el tono para la práctica.

Mientras las vibraciones llenaban el espacio, nuestro equipo pedía a los jóvenes que se concentraran en inspirar y espirar profundamente, llenando el abdomen y luego el pecho, y soltando el aire hasta vaciarse. Este proceso, calmante de por sí, inducía además un estado de arrastre por efecto del sonido, algo similar al arrastre de ondas cerebrales que Jacobo Gringerg y Andy Newberg vieron en sus estudios. El patrón vibratorio del cuenco tibetano hacía que las ondas cerebrales de los participantes se sincronizaran con las ondas sonoras en un patrón profundamente relajante, el equivalente al primer periodo de sueño REM, con presencia de ondas *theta*.

La siguiente parte del ejercicio los adentraba aún más en una experiencia espiritual. Se indicaba a los jóvenes que visualizaran cómo se abrían sus corazones y sintieran el amor que fluía con naturalidad a su interior, cada vez más y más abundante, hasta que se llenaban de amor; entonces cada corazón enviaba amor a otro joven del círculo. Esta experiencia de enviar y recibir amor creaba un sentimiento de conexión despierta. A continuación, desde el amor que sentían, con los ojos todavía cerrados, se les pedía que crearan una imagen mental de su yo superior, la parte de nosotros que está más allá de lo que tenemos o no tenemos, de lo que logramos o no logramos: nuestra esencia pura, nuestro ser genuino, invulnerable a nuestros errores o privaciones, a lo que les hacemos a los demás o los demás nos han hecho. Les pedíamos que imaginaran a su yo actual recibiendo el amor incondicional de su yo superior.

A muchos les resultaba muy difícil enviarse intencionalmente a sí mismos amor incondicional. Al intentarlo, surgían en su interior ideas negativas muy arraigadas sobre por qué no merecían otra cosa que dolor y aislamiento. Poco a poco, sin embargo, iban oponiendo cada vez menos resistencia a recibir amor y a corresponderlo, hasta acabar viéndose a sí mismos como seres humanos intrínsecamente buenos y dignos de amor, y siendo más conscientes de su conexión viva con los demás.

En cuanto se sentían vibrar al unísono con su yo superior y con sus compañeros, sin mediación de nadie ni de nada, los cambios eran palpables, incluso en los comienzos del programa. Al cabo de unas semanas, a Randy se lo veía menos enfadado y aislado. Dijo que sentía como si tuviera más «agua» a su disposición –y literalmente pasaba más tiempo cerca del agua, caminando por la orilla del Hudson al salir de trabajar– y que tenía más herramientas para sofocar el fuego de la ira. Al llegar la novena semana, nos dijo que quería intentar reparar la relación con su novia, que pensaba pedirle perdón y decirle cuánto la quería y lo importante que era para él.

A la siguiente sesión de grupo llegó eufórico, la espalda erguida, los ojos llenos de luz. Su novia lo había perdonado. La relación volvía a estar en pie. Era la primera vez en su vida que había visto y sentido resolverse favorablemente un conflicto y la primera vez que había abordado un conflicto con expresiones de amor, mostrándose vulnerable, en lugar de con ira.

Pero una semana después, la ira volvió a apoderarse de él. Otros residentes del centro de acogida que no estaban en el programa de terapia habían instigado una pelea y provocado a Randy hasta hacerlo participar. Estaba a punto de arremeter a puñetazos contra uno de ellos cuando un compañero de terapia de grupo consiguió disuadirlo y detener la pelea. En la siguiente sesión, hablamos de lo ocurrido, de por qué había estallado el conflicto y de cómo finalmente se había evitado la violencia habitual. Los jóvenes contaban lo fácil que era que las tensiones y exigencias del entorno desbarataran en un instante todos sus progresos. Dijeron que muchas veces se sentían como cangrejos dentro de un cubo, todos y cada uno impidiendo que ninguno escapara. Dijeron también que estaban aprendiendo lo importante que era trascender la presión para someterse a esa cultura de ira y violencia; abrir sus corazones, enviar y recibir amor, y cultivar y mantener una conexión despierta.

Un joven lo expresó sin ambages: «Ese tipo —dijo señalando a un chico que estaba sentado al otro lado de la sala—, antes nos odiábamos. Estábamos en bandas enfrentadas. Pero ahora es mi hermano, y nos queremos. Cuando hemos hecho esa visualización hoy, le he enviado amor».

Se golpeó el pecho. El otro chico se golpeó el pecho en respuesta. Me dejó sin palabras presenciar cómo aquellos dos jóvenes recios y endurecidos por la vida se expresaban un sentimiento de auténtico perdón, respeto y amor.

Para cuando finalizó el programa, los síntomas de angustia y los niveles de depresión y ansiedad generalizada habían disminuido significativamente en todos los participantes y se observaba una clara mejoría en su funcionamiento interpersonal. Todos habían llegado a la terapia con un gran sufrimiento, viviendo en un estado de separación, enfadados y enfrentados con los demás y con el mundo. Y el proceso por el que habían pasado esas semanas los había despertado a una forma de ser distinta, a un sentimiento de unidad y conexión incluso con miembros de bandas rivales o personas de las que llevaban tiempo distanciadas.

La última vez que vimos a Randy, lo habían ascendido a encargado de la copistería en la que empezó a trabajar justo al principio del curso de terapia. Sus puntuaciones en las escalas clínicas habían descendido de unos niveles clínicamente significativos a unos niveles no clínicos; él dijo que los sentimientos de ira «habían caído del techo al suelo. Hay más —añadió después—. Adivine a quién llamé el domingo. A mi madre. Hacía mucho que no hablaba con ella, pero la llamé para desearle un feliz Día de la Madre».

UNA Y OTRA vez —desde el *inipi* en Dakota del Sur hasta la sala de una jueza en Rusia, desde los estudios de arrastre hasta los veintiocho hijos de Gary y Colleen Weaver— veía lo mismo: que las relaciones despiertas nos transforman y nos sanan. En lugar de con un sentimiento de oposición, competitividad, recelo o ira, tenemos infinitas formas posibles de relacionarnos. La vida y el laboratorio estaban revelando lo mismo: que estamos unidos en una red de amor, que la propia vida nos sostiene en un abrazo amoroso.

Y... yo estaba al mismo tiempo profunda, indescriptiblemente cansada. Los dos, Phil también. En diez meses, Leah no había dormido ni una sola noche de un tirón. Las ocasiones de conseguir un poco de descanso, normalmente entrecortado, se presentaban dispersas como el confeti. Isaiah tenía poco más de dos años, era un pequeño salvaje, rápido como un lince. Leah ya empezaba a ponerse de pie ella sola, y era cuestión de tiempo que los dos echaran a correr a toda velocidad. Me dolía el cerebro de agotamiento y también del esfuerzo por mantener la atención puesta en los dos todo el tiempo, para impedir que se atragantaran con una canica o se cayeran a una zanja. Phil estaba tan agotado que salía de casa y conducía, solo por conducir, por tener un rato de atención abierta y expansiva sin ruidos ni intrusiones ni tener que atender a las necesidades de nadie.

Una tarde se había ido a dar una vuelta; los niños estaban en la alfombra rodeados de tacos de madera construyendo y derribando torres, cuando mi madre llamó desde Boston. «He tenido un sueño –dijo–. Había tres sillas de bebé en el asiento trasero de vuestro coche».

Me reí. ¿Un tercer hijo? Habíamos tardado cinco años en concebir a Leah. ¿Y cómo nos las arreglaríamos? Desde hacía mucho tenía la sensación de que mi único momento de descanso era mientras hacía cola en la cafetería. Todo el resto del tiempo que pasaba despierta, o tenía la atención puesta en el trabajo o me sonaba constantemente en la cabeza una voz que me iba diciendo: «Levanta la mano, abre el grifo, llena la olla, ponla al fuego, saca del paquete los tallarines». Tenía que hacer un esfuerzo sobrehumano para no meterme en la mediana mientras conducía de vuelta a casa después de trabajar.

Y, sin embargo, aunque la fatiga me estrechaba el campo de visión, mi hija y mi hijo eran portales directos a la conciencia despierta. Me llevaban al más ingrávido y eufórico estado de amor, no solo *hacia* ellos, sino *con* ellos, *a través* de ellos. Me conectaban con algo mucho mayor. Con la vida toda. Me maravillaba mirar a Isaiah y a Leah. Y no era solo la profunda belleza de estos dos seres lo que me llenaba de repente de tal calidez. Era la cualidad de su presencia y su conciencia. Al igual que los sanadores indígenas del estudio de Achterberg, mis bebés eran pura resonancia y arrastre. Su capacidad de percepción despertaba la mía. Como cuando trajimos a Isaiah a casa por primera vez y lo sentamos a la orilla del río y él nos agarraba para compartir con nosotros su extático asombro. O cuando estaba tumbada en la cama con Leah a mi lado y me miraba con un amor tan desbordante que casi no me sentía digna de devolverle la mirada. Y a la vez, amar a mi hija y a mi hijo me había enseñado que todos somos dignos de amor, que el amor es nuestro derecho de nacimiento. Así estamos hechos, para dar y recibir. El agotamiento era real. Y eran reales también la enseñanza y el amor ilimitados, la conexión entre nosotros y mucho más allá. El agotamiento no era un muro que me cerraba el camino; era la entrada a algo mucho mayor y más profundo que nada de lo que había conocido hasta entonces.

Cuando me desperté de repente aquella noche, con el oído instintivamente alerta al llanto de Leah, la casa estaba en silencio. Oía respirar a Phil; fuera, el rumor del río. Luego fue como si la habitación oscura se abriera. Sentí acercarse la profundidad sagrada. Primero una numinosa densidad resplandeciente, después la misma presencia intensa y profunda que me había visitado ya dos veces con anterioridad.

—¿Quieres venir conmigo? —preguntó.

Como la última vez, la respuesta fue inmediata, intuitiva, libre y natural como una exhalación.

—Sí, mucho —contesté.

—¿Y Phil quiere venir?

Si hubiera respondido con la cabeza, si hubiera hecho una lista de elementos a favor y en contra, en una mano la espaciosidad de nuestros corazones, en la otra sus ojeras, tal vez me habría quedado callada. Pero respondí con el corazón.

—Mucho.

El resplandor se desvaneció. El corazón recuperó la calma, y estaba a punto de volver a dormirme cuando Phil se despertó y se giró hacia mí. Llevábamos meses tan cansados que rara vez buscábamos contacto íntimo. Pero aquella noche se despertó y vino a mí.

Por la mañana, mientras intentaba que Isaiah no metiera las manos en el bebedero del perro y limpiaba a la vez las manchas de cereales con leche del asiento de la trona, lo sentí en lo más hondo de mi ser. Nuestro tercer bebé estaba en camino.

CAPÍTULO 16

EL CORAZÓN DESPIERTO

Desde el día que nació, nuestra tercera bebé, Lila, fue imperturbable. Su naturaleza fuerte y realista quedó patente desde el primer momento. Estábamos en el hospital, recuperándonos tras el parto, y Phil vino a ver cómo nos encontrábamos, a todas luces desbordado por la situación doméstica y la perspectiva de añadir una recién nacida al cóctel.

—Bueno, parece que habéis descansado —refunfuñó. Cruzó la habitación de un lado a otro varias veces y luego dijo—: Necesito un café. —Y salió enfadado.

—Oh, Lila —dije, mirándole la carita sonrosada—, ¿qué vamos a hacer?

Ella me devolvió una mirada serena y resuelta, como diciéndome: «Tranquila, ¡todo va bien!».

Nada la ponía nerviosa. Ella sería la única persona de la familia capaz de sacar a Phil de sus bajones de ánimo: parodiaba su humor adusto, rumiador y autocrítico paseándose por la habitación con los labios fruncidos, negando rotundamente con la cabeza y diciendo: «No, no, no está nada bien», hasta que Phil soltaba una carcajada. Lila había nacido preparada para ver la luz y la oscuridad, lo bueno y lo malo, y elegir luego el lado luminoso. Era intrépida y tenía una sonrisa viva y radiante capaz de conquistar a cualquiera.

CUANDO GARY WEAVER murió, en marzo de 2014, fue Lila quien me acompañó al funeral. Nos reunimos en su iglesia, en un pequeño pueblo del caluroso desierto de Utah. Acudieron cientos de personas; hubo que abrir la parte posterior de la iglesia para que hubiera más espacio, y aun así no fue suficiente. Lila estaba a mi lado, con un vestido de volantes y debajo lo que ella llamaba los «*shorts* de acción», arrodillada en el asiento mirando hacia atrás, con el vientre apretado contra el respaldo del banco.

—Mamá —dijo, recorriendo con los ojos el interior de la iglesia—. Hay mucha gente.

—Sí. Gary transformó la vida de mucha gente.

Le pregunté si se acordaba de cuando Gary y Colleen fueron a vernos a Connecticut. Habían escuchado atentamente a Lila hacer una descripción extensa y detallada de sus compañeros de guardería, y luego Gary sacó la armónica y estuvo tocando mientras los demás bailábamos.

La última vez que la había llevado conmigo al desierto de Utah, había salido disparada a escalar las estructuras rocosas del Parque Nacional Arches; la veía colgarse cabeza abajo en arcos de doce metros de altura, tan feliz y libre en aquel paraje que acabé atándole al cuello un silbato para poder localizarla en el desierto inmenso. Era una aventurera nata —se metía en el río en plena época de deshielo, se iba a correr descalza por unos enormes riscos que había cerca de casa ella sola, con la emoción de encontrar quizá algún «fuerte secreto» en el que viviera un zorro—, pero que se sintiera tan a gusto en el desierto, aquella soltura, creo que tenía que ver con el tiempo que había pasado con Gary y Colleen participando de su forma de ser. Gary siempre había dicho que Dios está en el desierto.

Empezaron a sentarse a lo largo de los dos primeros bancos los veintiocho hijos que habían adoptado Gary y Colleen, chicos remitidos al tribunal tutelar de menores a los que ellos habían criado y ayudado a orientarse en la vida. Ahora tenían todos de treinta a cuarenta años: maridos y padres, profesores, ecologistas, terapeutas y empresarios. Sin la intervención de Gary Weaver, es posible que hubieran seguido languideciendo en la cárcel, aislados, que no hubieran tenido las relaciones que para ellos hoy eran tan importantes ni la oportunidad de ser a su vez tan importantes para otras personas y para sus comunidades. El estudiante de posgrado que tuve a mi cargo tiempo atrás, Lorne, estaba sentado entre ellos.

Cuando Lorne era todavía un estudiante de doctorado, el primer estudio electroencefalográfico en el que colaboré en la Universidad de Columbia había revelado que las personas que se recuperan de la depresión por su profunda espiritualidad emiten posteriormente ondas alfa, lentas y de gran amplitud, es decir, la longitud de onda que emiten los monjes tras prolongadas prácticas de meditación. Yo tenía curiosidad por saber si esa longitud de onda aparecía en otros sitios de la naturaleza, y le pedí a Lorne que me ayudara a averiguarlo. Le pregunté: «¿Qué hay en la naturaleza, un árbol, una hoja, un animal, que vibre en alfa?».

Lorne se presentó en mi despacho una semana después con una gran sonrisa: «¡Hay alfa por todas partes!».

Me mostró una investigación iniciada ya en 1893 para examinar lo que hoy se denomina «resonancias Schumann», una serie de picos en las frecuencias extremadamente bajas del espectro del campo electromagnético de la Tierra. La resonancia alfa está presente en el espacio que envuelve la corteza terrestre hasta una altura de kilómetro y medio, emitida una y otra vez por las tormentas eléctricas y otros fenómenos que tienen lugar en la ionosfera. Las ondas alfa, de gran amplitud, están por todos lados. La misma longitud de onda de los cerebros en estado meditativo o de oración, y que comparten los hombres y mujeres que se toman de la mano en momentos de dolor, es la longitud de onda de la unidad de la vida. El sitio de acoplamiento entre los cerebros, por el cual nos percibimos en un terreno común con los demás seres humanos, es el mismo por el cual percibimos nuestra unidad con Dios, la naturaleza o el universo. La energía de todas estas formas de conciencia unitiva, de pasar de ser un punto a ser una onda —ya sea en la comunión con otras personas, la naturaleza o un poder superior— vibra en frecuencia alfa. **Cuando despertamos, resonamos a la misma frecuencia que toda la naturaleza de la Tierra**. Nos unimos de nuevo a la vida.

Gary Weaver enseñaba que el universo es consciente y rebosa de amor; él descubrió y enseñó una forma de vivir en armonía con esa resonancia, de transformarnos por el amor y el sentimiento de formar parte de la vida, de renovar la concepción de lo que somos los unos para los otros.

Al terminar el servicio, los veintiocho hijos se levantaron para transportar el féretro. Nos reunimos fuera, rodeados por el marrón, el amarillo, el naranja y el rosa de las montañas. Uno de ellos me contó cómo había encontrado a Gary: «De niño no soportaba estar en mi casa. Había gritos, ira. Me pasaba el día dando vueltas con la bici, solo para estar lejos. Y había una casa en la que me paraba porque siempre se oía reír a la gente y siempre había música. Era la casa de Gary. Tocaba la armónica, y yo me quedaba fuera sentado en la bici, a veces una hora. Cómo iba a imaginar que años después me adoptaría».

A mí y a tantos otros, Gary nos enseñó que tenemos dentro un aparato con muchos canales; y podemos utilizar nuestra práctica volitiva interior como antena para acceder al mundo consciente y desbordante de amor que nos rodea. Cuando lo hacemos, estamos menos deprimidos y ansiosos, somos menos adictivos y vivimos más conectados. El corazón despierto es el sitio de nuestra unidad con la totalidad de la vida.

CUANDO VIVIMOS ÚNICAMENTE con una conciencia de logro, las relaciones que establecemos tienden a ser transaccionales —consideramos a cada persona en función de si nos ha ayudado o perjudicado— y las decisiones que tomamos tienden a ser unilaterales, dictadas por el interés. Un corazón despierto nos da otra posibilidad: tomar decisiones y buscar soluciones que nos beneficien personalmente y sean beneficiosas para todos.

Bob Chapman, presidente y director general de la empresa Barry-Wehmiller, proveedora mundial de ingeniería, asesoría y tecnología de producción, con sede en San Luis, contaba cómo había evolucionado su forma de dirigir la empresa —y cómo se había disparado su éxito— cuando entendió con el corazón despierto sus responsabilidades de director.

Tenía una formación empresarial, decía Chapman, de lo más tradicional: una licenciatura en Ciencias Económicas por la Universidad de Indiana, un máster en Administración de Empresas por la Universidad de Míchigan y dos años trabajando en la consultoría Price Waterhouse antes de incorporarse a Barry-Wehmiller, en 1969, y, durante la primera mitad de su trayectoria profesional, se había dedicado a hacer lo que le habían enseñado en la Facultad de Ciencias Económicas: utilizar a los demás para triunfar. «Si necesitaba un ingeniero o una recepcionista, los llamaba y les pagaba por hacer un trabajo. Posiblemente era amable con ellos —decía—, pero cuando ya no los necesitaba los despedía, para reducir costes y aumentar los beneficios, que era lo único importante».

Tuvo mucho que ver en su transformación haber asistido a una boda en Aspen, Colorado, y ver a su amigo llevar al altar a su preciosa hija. «Fue entonces cuando me di cuenta —dijo Chapman—. Las doce mil personas que trabajan para Barry-Wehmiller en el mundo, a las que siempre había considerado solo por la función que cumplían para el éxito de la empresa, ya fueran ingenieros,

contables, ensambladores, operarios de máquinas, expedidores...,
de repente me di cuenta de que cada uno de ellos era la preciosa
hija o el precioso hijo de alguien, como lo eran aquellos dos jóvenes
que se casaban ese día. En ese momento comprendí que mi papel
como director era contribuir a que los empleados de Barry-Wehmiller se desarrollaran, descubrieran y compartieran, y a que se los
apreciara por sus cualidades mientras estaban a mi cargo».

La gran mayoría de los trabajadores estadounidenses —el
ochenta y ocho por ciento— sienten que no son nadie para las organizaciones en las que trabajan. Chapman dijo: «Nos dimos cuenta
de que la forma en que tratamos en el trabajo a los miembros de
nuestro gran equipo influye decisivamente en cómo llegan a casa y
tratan a su pareja y a sus hijos».

Su despertar puede resumirse en una sola frase: «Quiero que
los empleados vuelvan a casa contentos, sabiendo que lo que son y
lo que hacen importa de verdad».

Entiende su papel de un modo muy distinto a como lo entendía; ahora, en lugar de utilizar a los trabajadores para su éxito personal, se esfuerza por crear valor humano en armonía con el valor
económico. En la actualidad, dice: «La medida del éxito es el grado
en que conseguimos mejorar la vida de cada persona».

Al morir su padre, la empresa de la que Chapman se hizo cargo estaba al borde de la quiebra. Cuando los bancos le cortaron
el crédito, se encontró en una situación desesperada. Finalmente
fue a ver al vicepresidente de finanzas con un plan: buscar posibles
empresas que absorber y nuevos productos para poder abrirse a un
futuro mejor en mejores mercados. El vicepresidente de finanzas
le contestó: «Gran idea, Bob. Solo hay un problema. No tenemos
dinero».

Sin preocuparse por la falta de fondos o de experiencia, Chapman se dedicó a buscar oportunidades que diversificaran el actual

negocio que estaba a punto de irse a pique. «¿Y qué compras cuando no tienes dinero? —decía—. Pues los negocios que no quiere nadie, los que básicamente se regalan».

Compró una serie de empresas que, sobre el papel, parecían estar en quiebra. Dos años más tarde, hizo una oferta pública de venta de acciones en la Bolsa de Londres cuyo valor era treinta y cinco veces superior al de la suscripción, y a principios de los años noventa del pasado siglo, la Facultad de Ciencias Empresariales de la Universidad de Harvard hizo un estudio de caso sobre esta radical transformación.

A menudo han sido las épocas de máximas dificultades las que han creado oportunidades de prosperar. Durante la crisis financiera de 2008, cuando apenas se hacían nuevos pedidos, un pedido atrasado de treinta millones de dólares se suspendió de la noche a la mañana, y Chapman pensó que iba a tener que recurrir a la tradicional reducción de plantilla para compensar la importante caída de ingresos. «A ningún director le gusta tener que hacer recortes ni despedir a nadie, pero está obligado a esforzarse todo lo posible por cumplir las expectativas de rentabilidad de los inversores —decía—. Sin embargo, sabíamos que prescindir de un número significativo de trabajadores sería catastrófico para pueblos enteros, así que nos preguntamos: "¿Qué haría una familia solidaria si uno de sus miembros estuviera en crisis?". Pondrían cada uno de su parte y aceptarían cargar con un poco de dolor para que nadie de la familia tuviera que soportar todo el dolor él solo».

Chapman se redujo el salario anual a diez mil dólares, lo que ganaba en su primer trabajo al salir de la universidad, y pidió a todos los empleados que se tomaran un mes de vacaciones sin sueldo. En lugar de recortar costes despidiendo a gente, todos conservaron sus puestos de trabajo, lo que reafirmó la cultura de solidaridad que se había propuesto crear.

Entonces ocurrió algo totalmente inesperado. Como los empleados sentían que la empresa cuidaba de su seguridad y sus intereses, empezaron a cuidarse espontáneamente entre sí, y algunos se tomaron una o dos semanas más de permiso sin sueldo para que alguien en peor situación pudiera seguir trabajando. «No le habíamos pedido a nadie que fuera altruista –decía Chapman–. Pero la atención sincera es contagiosa».

Los empleados estaban dispuestos a renunciar a su sueldo de un mes por ayudar a otro miembro del equipo. La empresa sobrevivió a la extraordinaria crisis económica y, lo que es igual de importante, la forma en que Chapman y el equipo respondieron confirmó la generosidad de todos.

Una cultura empresarial de solidaridad no tiene por qué estar reñida con la obtención de beneficios. Bajo la dirección de Chapman, Barry-Wehmiller ha pasado de ser una empresa valorada en dieciocho millones de dólares a convertirse en una compañía de ámbito global de tres mil millones de dólares que ha absorbido a más de ciento quince negocios al borde del cierre. En 2017, la revista empresarial y laboral *Inc.* nombraba a Chapman director general número 3 de Estados Unidos, y el crecimiento compuesto del valor de las acciones de la empresa ha aumentado bastante más de un diez por ciento al año desde 1997.

Aun con todo, las evidencias externas del éxito son insignificantes si se las compara con el valor intrínseco del profundo sentimiento de conexión. En un momento en que la empresa crecía de forma espectacular y el caso de Barry-Wehmiller y sus formidables logros estaba en boca de toda la comunidad empresarial del país, Chapman recuerda que le dijo a su pastor:

–Sabe, no estoy seguro de si creo en Dios.

Sin vacilación, su pastor lo miró y le dijo:

–Lo bueno, Bob, es que Él sí cree en ti.

Con una sonrisa, Chapman le respondió:

—Yo pensaba que estaba aquí para confirmar o no si Dios existe.

En lugar de eso, tuvo una revelación transformadora, y el amor incondicional que descubrió se traduce en la asombrosa responsabilidad que siente hacia aquellos a quienes —en palabras suyas— tiene el privilegio de dirigir.

El amor incondicional al que despertó Chapman es un componente sustancial de la espiritualidad en las más diversas tradiciones y culturas de todo el mundo. En 2016, recibí una generosa subvención privada para investigar las dimensiones universales de la espiritualidad, y el equipo (que contaba con el magnífico método de recolección de datos y la elegante traducción de dos estudiantes de doctorado, Clayton McClintock y Elsa Lau) empezó por estudiar a cinco mil quinientos participantes en India, China y Estados Unidos. Entre estas personas, que representaban las tradiciones religiosas con mayor número de fieles en todo el mundo —cristianismo, islamismo, hinduismo y budismo— así como la categoría no religiosa, secular, o espiritual pero no religiosa, descubrimos cinco fenotipos espirituales comunes a todas ellas:[1]

1. Altruismo.
2. Amor al prójimo como a sí mismo.
3. Sentido de unidad.
4. Práctica de trascendencia sagrada.
5. Adhesión a principios morales.

Existen repartidas por el mundo expresiones extraordinariamente vivas y diversas de la vida espiritual: historias distintas, con su propia simbología y narradas en diferentes idiomas; ceremonias, rituales, prácticas trascendentes y otras formas sagradas de reunirse. Esta rica diversidad en la expresión de la espiritualidad proviene, en una tercera parte, de la herencia espiritual que transmitimos con nuestras enseñanzas a las siguientes generaciones y, en otra tercera parte, de lo que ellas aprenden del entorno. Nuestro estudio tuvo en cuenta las diversas expresiones y nos dio una imagen más clara de ese tercio de espiritualidad heredada que se suma a la capacidad humana para la espiritualidad. Los cinco fenotipos universales nos permitieron ver con claridad que, si bien es cierto que en la formación de la espiritualidad influyen las tradiciones de cada cultura, el asiento de la percepción espiritual es innato. En última instancia, podemos compartir con los demás la experiencia espiritual que vivimos a un nivel profundo, con el «saber del corazón», y sentir la experiencia espiritual de cualquier otro ser humano, más allá de los límites de las llamadas confesiones religiosas, porque todos tenemos el mismo cerebro fundamentalmente espiritual.

Los estudios anteriores ya nos habían mostrado que la espiritualidad está en lo más profundo de nuestra naturaleza, en nuestro cerebro, dentro de nosotros. Ahora podíamos definir con más precisión lo que significa ser espiritual. Los pacientes de la Unidad 6 que acudieron al servicio improvisado de Yom Kipur, los jóvenes de New Haven que experimentaban momentos de trascendencia estando en contacto con la naturaleza o durante la oración, los chicos de Covenant House que conectaban con su yo superior, Iliana tras la muerte de su padre, Kathleen mientras intentaba reorientarse tras el divorcio...: cada uno de ellos había conectado con aspectos de la conciencia espiritual que son universales e innatos.

Una vez que hubimos identificado los cinco fenotipos espirituales universales, me pregunté si sería posible especificar aún más la localización de la espiritualidad en el cerebro. ¿Podría asignarse a cada fenotipo un correlato neurológico preciso? Sabiendo los beneficios estructurales que se obtenían del cerebro despierto,

¿podríamos determinar cuál o cuáles tenían un efecto más protector contra el adelgazamiento cortical y la depresión?

Volvimos a colaborar con Myrna Weissman y a trabajar con su maravillosa base de datos longitudinales, esta vez para examinar a más de setenta adultos de entre veintidós y sesenta y tres años, hijos y nietos de las mujeres deprimidas y no deprimidas de su cohorte original. A cada participante, su equipo le había vuelto a tomar imágenes de resonancia magnética de los hemisferios cerebrales izquierdo y derecho a los treinta años de haberse iniciado el estudio, lo que significaba que podíamos observar las modificaciones de la estructura cerebral relacionadas con la espiritualidad personal y los síntomas de depresión a lo largo de todo ese tiempo. Utilizando un formulario con preguntas relevantes para cada fenotipo espiritual, dimos a cada participante una «puntuación por factor de fenotipo espiritual», es decir, puntuamos la intensidad con que estaba presente cada uno de los cinco, y examinamos la asociación entre el grosor cortical en las regiones espirituales del cerebro, los síntomas y diagnósticos de depresión y las puntuaciones por factor de fenotipo.[2]

Hicimos un descubrimiento importante. Se veía un mayor grosor cortical —una protección estructural contra la depresión— en los participantes que tenían un alto riesgo de depresión y, además, un sentimiento relativamente acentuado de los dos primeros fenotipos, «altruismo» y «amor al prójimo como a sí mismo» (con el fenotipo de «sentido de unidad» presente, pero con una señal estadística variable). No se observaron los mismos beneficios neuronales en personas con bajo riesgo de depresión o con preferencia por los restantes fenotipos espirituales.

Más concretamente, el altruismo y el amor al prójimo tenían correlación con el grosor cortical en toda la red espiritual del cerebro, incluidas las áreas de vinculación afectiva, lo que indicaba el fuerte efecto protector de la **espiritualidad relacional**, una espiritualidad personal en la que destacan por igual el compromiso con otros seres humanos y la propia conciencia de un poder trascendente o superior, es decir, *cómo el amor divino y el amor humano son inseparables*. Estos resultados nos remitían a la piedra angular de todas las tradiciones religiosas: que el amor sagrado y trascendente se aviva en el servicio a los demás. Lo que nos mostró el escáner sugería la existencia de una base neuroanatómica para la espiritualidad relacional. Es posible que en ella estén los cimientos de la posibilidad humana, donde los humanistas laicos y los predicadores y maestros religiosos se encuentran: el valor supremo del servicio al mundo.

Vimos que las personas con alto riesgo de depresión que mostraban además un alto nivel de altruismo y amor al prójimo tenían un menor riesgo relativo de depresión. Esto significa que las prácticas de espiritualidad relacional, centradas en el altruismo y el amor a los demás, podían ser beneficiosas para las personas con alto riesgo de depresión y ofrecerles una vía de resiliencia. Es más, descubrimos que, para aquellas con alto riesgo de depresión, el altruismo y el amor al prójimo son *previsiblemente* un escudo protector contra los síntomas depresivos. En otras palabras, las personas con un alto nivel de altruismo y amor estarán menos deprimidas en el futuro que las que son menos altruistas, y el efecto positivo es aún mayor si han estado deprimidas en el pasado. Si tomamos Prozac para tratar la depresión y luego interrumpimos el tratamiento, es posible que volvamos a estar deprimidos en cuestión de semanas. Nuestro estudio, por el contrario, daba a entender que el altruismo vivido diariamente podía curar.

¿Cómo es que el altruismo –el generoso servicio práctico a los demás– previene contra la espiral descendente de la depresión a aquellas personas que tienen una tendencia crónica a sufrir? Tal vez porque las saca del aislamiento y las reconecta, lo cual es tan beneficioso para ellas como para aquel a quien ayudan. Tal vez porque el altruismo da propósito y sentido a sus vidas al permitirles expresar una profunda vocación de ayudar. Tal vez porque nos devuelve a nosotros mismos, a nuestra forma óptima de ser, así como a una percepción cierta de la naturaleza de la vida. El altruismo nos permite salir del estrecho desfiladero del egoísmo, el aislamiento y la competitividad, desde el que tenemos una percepción fragmentada del mundo, y despertar nuestros corazones al mundo tal como es.

Y el mundo florece entonces con nosotros. Nuestra forma óptima de desenvolvernos en el mundo brota de nuestro verdadero ser, y es buena para los demás y para la Tierra. La misma forma de ser que da lugar a un cerebro sano e interconectado crea un estado de interconexión en la humanidad, y en cada uno de nosotros con la totalidad de la vida. El cerebro despierto nos abre los ojos a esa conexión con los demás y con la Tierra, y nos guía, a veces por la fuerza, para que vivamos de un modo que apoye esa conexión. El altruismo es esencialmente una forma encarnada de la conciencia de unidad y amor. Nuestra conciencia y nuestra forma de ser se integran y se fortalecen mutuamente, pues el altruismo es tanto vía como destino de nuestro despertar, máxima expresión de lo que somos los unos para los otros.

De todos los hallazgos sobre el cerebro despierto, quizá la mayor revelación sea esta: que **está en nuestra naturaleza innata construir un mundo mejor**. Que lo que es bueno para todos es también lo mejor para cada uno de nosotros.

CUANDO ACTIVAMOS EL altruismo, ponemos en marcha un funcionamiento neuronal que es esencial para nuestro bienestar personal y nuestra prosperidad, y para el bienestar y la prosperidad de todos. Todo el mundo sale ganando cuando les abrimos nuestro corazón a los demás y a la totalidad de la vida.

Tim Shriver, presidente de Special Olympics y miembro de la conocida familia Kennedy, cuenta cómo le ayudó el corazón despierto a transformar un sentimiento de fragmentación en una percepción de unidad y cómo influye esa percepción espiritual de unidad en su trabajo y su activismo actuales.

El sentimiento de dicotomía y fragmentación empezó en sus primeros años de vida, cuando su mundo de juegos, armonía y unión se hizo pedazos, atravesado por «un espanto y un dolor sin fin, imposibles de asimilar» tras los asesinatos de sus tíos John y Robert Kennedy. Shriver no sabía cómo conciliar íntimamente el sufrimiento por sus muertes y un sentimiento de paz.

Seguía marcado por la sensación de fractura cuando empezó a trabajar en educación urbana y vio que muchos de los niños con los que trabajaba estaban profundamente heridos, marcados por el dolor. «Me quedé alucinado —decía—, porque sentía que teníamos tanto en común... Aparentemente yo era un chico blanco y rico, que tenía una educación universitaria, dinero, privilegios y todo eso que, en la superficie, por supuesto tengo y soy. Pero emocionalmente era igual que aquellos niños que se paseaban de noche por las calles, sin querer ir a la escuela, sin encontrarle ningún sentido al mundo ni entender qué importancia podía tener nada».

Sin embargo, no sabía cómo ayudarlos —o ayudarse a sí mismo— a sanar esa sensación de irrelevancia. «Lo único que se me ocurría era insistir en que no escucharan a la voz que les sonaba en la cabeza —cuenta Shriver—. Les decía: "Haced los deberes, trabajad más, esforzaos más, sacad mejores notas. Yo puedo ayudaros a conseguir una casa con garaje en las afueras. Pero, maldita sea, haced los deberes". Y ellos una y otra vez me contestaban: "No, eso es mentira. Nada de eso va a darme lo que busco. ¡Ni de lejos!''. Y tenían razón. Para ellos era mentira. Para todos nosotros es mentira».

Cuando tenía veinticinco años, en New Haven, con el corazón roto por un desengaño amoroso, buscando un sitio donde vivir después de que sus dos compañeros de piso terminaran la carrera, uno de Derecho, el otro de Arquitectura, y se mudaran uno a Nueva York y el otro a Boston, el párroco de San Martín de Porres se ofreció a alquilarle una habitación en la rectoría.

Asistía en las tareas parroquiales, ayudaba a servir la comida y a limpiar. Una tarde, un feligrés le dejó un libro sobre la oración meditativa y le habló de la unidad que hay dentro de cada ser humano. «Dejarse conmover por la revelación, ser receptivo a una unidad que existe ya... –dice Shriver–. No entendía ni una palabra».

Pero sintió curiosidad. Una noche se sentó en la capilla solo, con todas las luces apagadas salvo las del altar, con los ojos cerrados, tratando de estar presente y en silencio en aquel espacio. Al cabo de lo que le pareció una eternidad, pero que probablemente fueran solo tres o cuatro minutos, abrió los ojos y se quedó como hipnotizado frente al mural de san Martín que cubría la pared de detrás del altar y que mostraba a este monje mendicante de color, al que en el monasterio humillaban, en el exterior alimentando a los pobres con las sobras del monasterio. Shriver se sintió desbordado de impresiones. «En primer lugar, aquel santo era un hombre normal y corriente. No había hecho nunca más que ser quien era; no hizo nada grandioso ni notable, no había conseguido ningún gran logro, como yo siempre había pensado que era mi deber conseguir. Fue un momento a la vez enormemente triste –me daba mucha pena la humillación y el rechazo que había sufrido– y enormemente liberador. San Martín es santo cientos de años después de su muerte. ¿Por qué? Por nada que mereciera un gran reconocimiento. No tuvo que hacer nada extraordinario, solo dejar que su corazón se abriera y hacer el trabajo de amor y justicia que se le había encomendado, por más sencillo que fuera. Si tenía migajas y sobras para dar, daba migajas y sobras. Eso era todo».

En aquel momento, sintió una libertad que no sabía que existiera, una libertad que ni siquiera sabía que se pudiera buscar. Fue un sentimiento de unidad, de estar a salvo en su propia presencia en aquella pequeña iglesia y de que acababa de abrírsele un nuevo horizonte. Tenía un nuevo camino que andar. Una nueva manera de ser profesor, de defender a quienes lo necesitaban, de ser íntegro. Si hasta entonces su meta había sido conseguir aprobación y éxito para sí mismo o para sus estudiantes, ahora tenía un nuevo objetivo: estar presente, y que su presencia sirviera para que cada uno de aquellos estudiantes tomara conciencia del regalo que era para el mundo; ahora la prioridad era contribuir a que cada niño y niña diera rienda suelta a su bondad y su luz genuinas.

Tras la experiencia, Shriver estaba convencido de que ese cambio de percepción y prioridades podía ayudar a todos los educadores, y a los niños y niñas también. Se reunió con sus colegas y ayudó a fundar el movimiento de aprendizaje social y emocional y a introducirlo en el sistema educativo, un esfuerzo por formar a estudiantes y profesores para que aprendieran a ser conscientes de sí mismos, a trabajar con empatía, a tomar decisiones que favorecieran a todos y a cultivar un sentido de la responsabilidad y el poder basado en la dignidad universal de cada ser humano. Más adelante, su viaje lo llevó a ser presidente de la junta directiva de los Juegos Olímpicos Especiales[*] y a trabajar por poner fin al sentimiento de «otredad», que a la mayoría, inconscientemente, nos

---

[*] N. de la T.: Special Olympics es una organización deportiva internacional que organiza eventos en los que participan personas con discapacidad intelectual y cuyo objetivo es contribuir a través del deporte a que desarrollen confianza en sí mismas y en sus habilidades sociales. Fue fundada en 1962 por Eunice Kennedy Shriver, madre de Timothy Shriver y hermana del entonces presidente de Estados Unidos, John F. Kennedy.

hace despreciar, marginar, culpar y estigmatizar a los que consideramos diferentes a nosotros, en un esfuerzo por saber adónde pertenecemos y por sentirnos seguros.

Dice Shriver que la parte más constante de su conciencia espiritual es el darse cuenta de la frecuencia con que se equivoca, de cuántas veces pasa por alto el cálido y pleno abrazo de la unidad. En un reciente viaje a Alemania, se reunió con la entonces canciller Angela Merkel y habló en el Bundestag. Tras un día de audiencias y comunicados de prensa, salió a cenar con una docena de colegas. Se sentaron alrededor de una gran mesa en un restaurante bullicioso. Un atleta alemán de las Olimpiadas Especiales estaba sentado frente a Shriver, y un profesor universitario a su derecha. «Era un estudioso de santo Tomás —cuenta Shriver—, y yo estaba entusiasmado, hablando con él de Aristóteles y de santo Tomás, los dos enfrascados en una conversación erudita».

El atleta, Philippe, estuvo en silencio durante toda la cena. Shriver intentó varias veces que participara en la conversación, pero Philippe se limitó a sonreír.

Al terminar de cenar, Shriver se levantó para hacer un brindis. Mientras daba las gracias a todos por su asistencia, se fijó en Philippe, que seguía sentado en silencio, y le preguntó si quería decir algo. «Se me quedó mirando. Yo no estaba seguro de cuánto inglés entendía, así que lo invité de nuevo a decir unas palabras, hablándole despacio, vocalizando con todo el cuidado posible. Miró a su alrededor. Dirigió una sonrisa a todos. Y luego dijo, en un inglés fragmentado: "Quiero darles un gracias grande, grande, muy grande a todos. Grande, muy grande". Y me puse a llorar. Sentí tanta vergüenza enfrente de aquel chico... Tantas palabras que no importaban nada... Me había pasado una hora hablando de una teoría académica de mierda que era relevante solo para mi deseo de sentirme más importante, o respetable, o digno, por ser capaz de hablar de teorías de mierda. Y allí estaba Philippe, que encarnaba todo lo que realmente importa: la amabilidad, la presencia, la vulnerabilidad y el amor a todo el mundo. Y yo, como un tonto, no me di cuenta de nada».

Shriver añade que su trabajo lo invita constantemente a preguntarse si es o no un hipócrita: «¿Creo de verdad que este chico que tiene una discapacidad intelectual es un maravilloso hijo de Dios, que es igual a cualquier otra forma de vida que exista o haya existido? ¿O estoy cayendo sutilmente en la trampa de creer que la gente rica, o la gente inteligente, o la gente guapa o culta es mejor?».

Este es el reto de cada uno de nosotros también: podemos ver a los demás como «el otro». O podemos ver el todo.

Dice Shriver que Estados Unidos sufre una crisis espiritual. Que hemos caído en una corrosiva epidemia de alteridad. Que es necesario un cambio social radical que emane de una verdadera experiencia profunda de amor y aceptación, una conciencia despierta de quienes somos los unos para los otros, una sed de justicia arraigada en el poder transformador de la integridad y la dignidad. «Las formas binarias de saber han aplastado a las formas de saber espirituales —afirma—. Los juicios malsanos son tan frecuentes que casi ni nos parecen juicios».

Lo consideramos todo en términos binarios y divisivos. Estado rojo/estado azul. Nacionalista/inmigrante. Blanco/negro. Homo/hetero. Incluso el loable esfuerzo por reconocer y celebrar nuestra individualidad y honrar nuestras diferencias puede volverse estrecho y fragmentado. «Acabamos aislándonos en burbujas que dan un margen muy estrecho a la diversidad de lenguajes y experiencias, y que con demasiada frecuencia acaban sirviendo a sus propios intereses individualistas —dice Shriver—. Hablas con aquellos que te conocen, que te aprecian y piensan como tú, y con los demás no hablas. La forma que tenemos de buscar seguridad y un círculo en el que se nos reconozca es, a nada que nos descuidemos, el camino seguro a la soledad y el miedo, de los que luego posiblemente culpemos a otros. Y, tristemente, cuanto más estrechas son las burbujas en las que vivimos, más miedo sentimos de los demás y mayor es el odio hacia ellos, lo que hace casi imposible hacer justicia y que haya paz».

No hace falta decir que ¡nada es imposible para el espíritu! La sanación llega cuando acabamos con el sentimiento de otredad, cuando encontramos un lenguaje y una forma de estar con los demás que nos permite trascender cualquier división y abrazar nuestra sed común de sentido, valor, conexión y esperanza. Esa es la vía para conseguir la justicia y el respeto que hoy están en gran parte ausentes: atravesar en la práctica las fronteras de la división, negarnos a despreciar a nadie, reconocer la dignidad de todos. Entonces, tendrá una oportunidad la justicia.

Esto significa admitir el dolor, ¡y hay tanto dolor sin resolver en nuestra cultura! Dice Shriver: «Tenemos que ser capaces de solidarizarnos unos con otros cuando se nos rompe el corazón, y la tristeza nos abruma, y el horizonte se vuelve oscuro y vislumbramos una inmensa soledad por haber perdido lo que amamos, lo que ya no tenemos, lo que se nos ha arrebatado para siempre. Debemos encontrar la manera de expresar lo que de verdad sentimos y liberar el dolor, y en esa liberación, descubrir la fuente, la fuerza, la esperanza que nos sostiene. Debemos entrar en las profundidades de nuestra alma, mirar de frente ese dolor y todo el espanto y la angustia que entraña, y saber que, de algún modo, en alguna dimensión, en un sentido profundo, estaremos bien».

Y significa que tenemos que aprender a hablar de una manera nueva. Que nuestro discurso colectivo debe llenarse de preguntas espirituales: ¿qué te inspira a creer en algo trascendente? ¿Cuál es la mayor esperanza, la más persistente, que te brota del corazón? ¿Qué forma de participar intuyes para ti en el futuro aún inimaginable?

Y debemos recordar que mientras quede una sola persona al margen, no somos uno.

Shriver dice: «La oportunidad secreta que se nos presenta es no solo de ayudar, sino de curar. De no dejar que el malestar nos aplaste. De transitar un camino en el que podamos escuchar de corazón la sabiduría que nos llega de una y otra margen y trabajar juntos por la justicia sin crear nuevas divisiones».

UN CORAZÓN DESPIERTO puede llevarnos a un mundo en el que haya menos división social y menos marginación, y puede sanar nuestra relación con el planeta.

Cuando Leah e Isaiah eran muy pequeños y yo estaba embarazada de Lila, un mediodía Phil y yo decidimos llamar a una niñera e irnos a comer a un restaurante que había cerca. Era febrero, un día frío, incoloro, los árboles desnudos, la nieve sucia amontonada a los lados de la carretera. Aproximadamente a un kilómetro y medio de casa, en un cruce con mala visibilidad, había tres cervatillos apretados uno contra otro, con la mirada perdida, sin madre a la vista. De inmediato sentí una conexión con ellos, y también preocupación, tres crías perdidas. Preocupada por si no sabían qué comer, o por si sencillamente no había suficiente comida en las ramas, les envié un mensaje desde el corazón, diciéndoles mentalmente: «Os daré de comer». El cerebro en modalidad de logro replicó al instante: «¿Cómo piensas que te van a encontrar?». Pero al día siguiente, allí estaban los tres, bajando por el camino de casa justo en el momento en que yo salía por la puerta. Me miraron fijamente. Habíamos conectado en el campo del corazón despierto. Tengo casi la certeza de que la conexión habría aparecido como ondas alfa en un electroencefalograma, de ellos o mío.

Ilias Kamitsis, profesor de Ecoterapia en la Universidad de Melbourne, al examinar los resultados de un estudio para ver cómo repercutía exactamente el estar rodeados de naturaleza, el contacto con ella, en el bienestar psicológico y en un sentimiento espiritual más intenso, descubrió que la conciencia espiritual actúa de hecho como *mediadora* en la relación entre el bienestar psicológico y la experiencia de estar en la naturaleza.[3] El cerebro despierto amplifica la forma en que nos relacionamos con la naturaleza, y aumenta los beneficios que obtenemos de esa conexión.

Mary Evelyn Tucker, profesora de Religiones del Mundo y Ecología en la Universidad de Yale, dice que nos encontramos en un momento decisivo del desarrollo humano. La ciencia ha revelado que somos criaturas vivas y en evolución en el contexto de un planeta y un universo vivos y en evolución.[4] Por ejemplo, el nuevo campo de la biosemiótica investiga cómo piensan y se comunican los bosques. Tanto si observamos los sistemas fluviales o forestales como las células individuales o el nacimiento del cosmos, vemos un retrato del mundo y de todos los seres vivos que es fundamentalmente relacional, recíproco, en el que todo está interconectado. Los pueblos indígenas han sabido de esta interdependencia desde hace milenios. Ahora, tener conciencia del lugar que ocupamos en el universo nos exige restaurar con urgencia nuestros ríos, bosques, humedales, costas y espacios degradados, y trascender el materialismo y la explotación desenfrenada de los recursos. Nos da también la esperanza, el asombro inocente, el amor de lo bello y la inspiración que necesitamos para hacer el trabajo que tenemos por delante. Nos da un sentido de pertenencia a algo mucho mayor que nosotros, de ocupar un lugar en la formidable historia que lleva evolucionando y desarrollándose desde hace catorce mil millones de años y de nuestra contribución a ella.

STEVEN CLARK ROCKEFELLER, un Rockefeller de cuarta generación y actualmente el miembro varón de más edad de la familia, es un excelente ejemplo de cómo un corazón despierto y un liderazgo ético pueden confluir en acciones concretas que hacen del mundo un lugar mejor. Su abuelo, John D. Rockefeller, Jr., que tuvo una fuerte influencia en Steven, se regía por una fe cristiana liberal, y dedicó su vida a la filantropía en un esfuerzo por erradicar del apellido de la familia la imagen de «barón ladrón» que se le atribuía a su padre, fundador de la Standard Oil Company. Para saber cómo debía gestionar la familia su gran fortuna, John D. Jr. observó una estricta directriz ética expresada con claridad en su credo: «Creo que todo derecho implica una responsabilidad; toda oportunidad, una obligación; toda posesión, un deber».

La protección del medioambiente fue uno de sus principales intereses filantrópicos, y tuvo un papel destacado en la creación de cinco parques nacionales, entre ellos el Acadia National Park, en Maine, y Grand Teton National Park, en Wyoming, donde Steven pasó varios veranos en su adolescencia. «Las experiencias que viví en la naturaleza me causaron un profundo efecto —dice Steven— y despertaron en mí la certeza de que una presencia sagrada anima todas las cosas».

La cordillera Teton tuvo en él un impacto particularmente fuerte. Steven tenía doce años la primera vez que la vio, en 1946, y dos años más tarde tuvo su primer trabajo remunerado, ayudando al capataz del rancho de su abuelo, al pie de las montañas. A los dieciséis años, trabajó como vaquero del rancho. A los dieciocho, consiguió un trabajo de verano en el Servicio de Parques Nacionales acondicionando los senderos, y vivió en una tienda de campaña con los otros tres hombres del equipo en lo más recóndito de las montañas, a alturas de tres mil y cuatro mil metros. «Era tal alegría vivir y trabajar rodeado de la belleza mágica de esas majestuosas montañas: campos cubiertos de nieve, lagos glaciares, praderas cuajadas de flores silvestres, el correr de los arroyos, los bosques densos, y alces, osos y otros animales salvajes», comenta Steven.

Estas experiencias se le quedaron grabadas; durante años seguían tan vivas en él que, inspirado por el compromiso de su abuelo y su tío Laurance Rockefeller con la preservación de parajes de gran belleza natural y su diversidad biológica, empezó a participar activamente en el movimiento ecologista.

La inmersión de su padre, Nelson Rockefeller, en asuntos internacionales y sus extensos viajes juntos se convirtieron en otro punto de contacto para la conciencia despierta. Recuerda en particular un viaje de dos meses que hicieron por catorce países de África. Acababa de terminar su primer año de universidad, y su padre había empezado a pensar seriamente en presentarse a las elecciones presidenciales de Estados Unidos. Empezaron el viaje en Liberia, en la costa oeste, bajaron hasta Sudáfrica y subieron luego hasta Kenia, para terminar en Egipto. «Era 1957, y la era colonial estaba llegando a su fin. En toda África, la gente aspiraba a la independencia, y muchos estaban preparándose enérgicamente para conseguirla. Sudáfrica seguía bajo el régimen del *apartheid*, y la tensión social y el miedo eran palpables –recuerda Steven–. Cuando llegamos a El Cairo, los británicos habían amenazado con tomar posiciones para hacerse con el control del canal de Suez, y había soldados armados por toda la ciudad».

Viajar con su familia por África, Asia, Europa y América Latina le hizo tomar conciencia de la comunidad internacional y su gran diversidad cultural y de cómo cada uno de nosotros forma parte de la gran familia humana. «Fue en aquellos viajes cuando empecé a tomar conciencia del mundo (del planeta) como un todo vivo e interdependiente», dice.

En la década de los sesenta, Steven cursó estudios de Teología en el Union Theological Seminary de Nueva York y de Filosofía de la Religión en la Universidad de Columbia, lo que lo llevó a profundizar en la teología y la ética cristianas y en la historia de la filosofía y las religiones del mundo. Fascinado por los escritos de los místicos y decidido a explorar a fondo la dimensión espiritual de la experiencia humana, cuando empezó su carrera docente en los años setenta se adentró también en el budismo zen y sus prácticas meditativas. Le conmovía e inspiraba especialmente el primero de los cuatro votos que hacen los practicantes zen: *Los seres vivientes son innumerables, me comprometo a liberarlos a todos*.

«Este voto —explica Steven— expresa la interconexión e identificación compasiva con todas las formas de vida, que es la esencia del ideal espiritual del *bodhisattva* en el budismo zen. La práctica del zen no está dirigida a lograr la salvación o liberación como individuo separado de todos los demás, sino a despertar a la verdad esencial de que somos una familia humana y una comunidad planetaria con un mismo destino, y que el sentido y la plenitud solo se encuentran en mantener, y manteniendo, abierto el corazón; en cultivar el afecto en las relaciones, y en contribuir en la medida de nuestras capacidades al bienestar del gran todo del que somos miembros interdependientes. El zen enseña que uno debe hacer lo posible por alcanzar la iluminación, no para sí mismo, sino para poder ayudar de verdad a los demás y no hacerles daño».

Lo que atrajo a Steven al zen fue, en parte, lo que había experimentado de niño en la naturaleza: la profunda sensación de interconexión con todo lo vivo y la intuición de una inefable unidad subyacente que animaba todas las cosas.

Las tres experiencias de unidad que había tenido Steven —en el contacto con la naturaleza, los viajes internacionales y la espiritualidad contemplativa— se unieron e integraron con el sentido de responsabilidad que había aprendido de su abuelo. Fue esto lo que en los años noventa lo llevó a unirse a la iniciativa de la Carta de la Tierra, que supuso una década de diálogos a nivel mundial para crear un marco ético en el que se pudiera construir una sociedad global justa, sostenible y pacífica, y a aceptar la invitación de la Comisión, dirigida por Maurice Strong y Mijaíl Gorbachov, a presidir el Comité de Redacción Internacional de la Carta.[5] Steven, trabajando en el Comité de Redacción y en la Comisión, con el apoyo de la Secretaría de la Carta de la Tierra, logró destilar los valores y objetivos comunes de entre las dispares propuestas de los cientos de organizaciones y los miles de individuos que participaron en el proceso de consulta y redacción. La Carta de la Tierra fue lanzada en el año 2000 y ha sido respaldada por más de siete mil organizaciones de todo el mundo, incluidas la UNESCO, la Unión Internacional para la Conservación de la Naturaleza y muchos gobiernos. La integridad ecológica y el desarrollo sostenible son los temas centrales de la Carta, y estos objetivos se consideran inseparables de la erradicación de la pobreza, el desarrollo económico equitativo, el respeto de los derechos humanos, la democracia y la paz.

Mientras trabajaba en la Carta de la Tierra, Steven daba clase además en el Middlebury College. Entre los cursos que impartía, algunos trataban sobre la ética medioambiental y el estado del mundo. Los estudiantes a veces se desanimaban y deprimían por lo que le oían explicar sobre el cambio climático, la pérdida de la biodiversidad, la desigualdad ecológica y otras realidades alarmantes.

Basándose en lo que había visto y aprendido trabajando en la Carta de la Tierra, les decía: «Tenéis elección. Hay por todo el mundo, en todas las culturas, mujeres y hombres con visión de futuro que están haciendo un extraordinario trabajo por construir un mundo mejor, que realmente están dando ejemplo. Podéis quedaros aquí sentados sintiéndoos abrumados e impotentes ante las malas noticias. O podéis salir y uniros a esas personas valientes».

Les recordaba que no sabemos cómo será el futuro. Cosas de lo más improbable ocurren a veces: la Unión Soviética se desmoronó sin que se disparara un tiro. El *apartheid* en Sudáfrica terminó sin una revolución sangrienta. «Nadie predijo estos giros de los acontecimientos —dice Steven—. Pueden ocurrir cosas terribles, y sin duda ocurrirán, si nos dejamos llevar por la desesperación y la apatía. Sin embargo, si nos unimos a las extraordinarias mujeres y hombres que lideran enérgicos movimientos para cambiar el mundo, creo que hay motivos para tener esperanza».

NUESTRA SALUD INDIVIDUAL y nuestra prosperidad dependen de que elijamos despertar. También la salud y la prosperidad de nuestros centros educativos, lugares de trabajo, gobiernos, y del planeta. Cuando actuamos en nuestras relaciones, en el trabajo, en nuestra comunidad y en el medioambiente con un corazón despierto, lo hacemos en relación con una realidad mayor. Si la práctica trascendente es la rampa de acceso a la conciencia despierta, un código moral es la rampa de salida a la cotidianidad práctica, al lugar donde aplicar esa capacidad espiritual de percepción y traducirla en una vida de contribución y servicio, eligiendo comportamientos y tomando decisiones que reflejen que algo trascendente nos guía y nos sostiene con amor, que nos pertenecemos los unos a los otros, que tenemos una relación de parentesco en la gran familia de la vida.

Hace veinte años, el estudio de gemelos del doctor Kenneth Kendler me alumbró el camino hacia mis primeras investigaciones del cerebro despierto. El suyo fue un estudio notable para la época, ya que demostró que la capacidad humana para la espiritualidad es innata. Los estudios de gemelos nos dan una perspectiva general de nuestra estructura genética. Pueden mostrarnos que, a medida que nos desarrollamos, cierta proporción de nuestra identidad es adquirida y cierta proporción es innata, es decir, proviene de nuestros genes. Cuando a este estudio estructural le añadimos una investigación del genotipo, empezamos a identificar, dentro de esa proporción genética, los genes individuales que contribuyen a que seamos quien somos y quien lleguemos a ser. Otras investigaciones posteriores podrán aclarar cuál es el efecto epigenético, es decir, la sinergia que crean los genes al colaborar como una orquesta sinfónica. De momento, la investigación genética ha empezado a identificar los instrumentos individuales que suenan en la sinfonía.

Nuestros colaboradores de la Universidad de Columbia empezaron a buscar posibles correlaciones genéticas de la depresión y la espiritualidad.[6] Identificamos cuatro genes candidatos asociados cada uno de ellos con el grado en que están presentes determinados neurotransmisores en estado de depresión y de espiritualidad,* y evaluamos esos genes en los hijos y nietos de individuos con alto y bajo riesgo de depresión. Descubrimos que la dopamina, la serotonina, un transportador llamado VMAT1 y la oxitocina se asociaban los cuatro favorablemente con una alta importancia de la espiritualidad o la religión en la vida de los participantes. Los genes asociados con los neurotransmisores que favorecen los vínculos afectivos, la trascendencia, la vitalidad y una profunda sensación de paz y bienestar *se encuentran en el sistema del cerebro despierto* y están directamente relacionados con la espiritualidad personal. Curiosamente,

---

* N. de la T.: Un gen candidato es aquel que, en una investigación, se relaciona con una enfermedad determinada, ya sea por su posición genómica en un cromosoma (candidato posicional) o por sus productos proteicos (candidato funcional). Normalmente, los genes candidato se seleccionan en estudios basados en un conocimiento *a priori* del impacto biológico funcional de un trastorno o un tratamiento.

los mismos genes que se correlacionan con la espiritualidad personal se correlacionan *también* con la depresión, pero en combinaciones de gen dominante y recesivo opuestas, lo que da a entender, una vez más, que la depresión y la conciencia espiritual comparten cierta fisiología común: que hay un territorio neuronal en el que la espiritualidad y la depresión se encuentran frente a frente.

Todos tenemos las bases neuronales para una conciencia despierta. ¿En qué se traduce que los genes sean recesivos o dominantes? Simplemente en que, al igual que algunas personas ven los colores con más intensidad, por tener más bastones y conos en los ojos, otras ven con más facilidad los matices de la conciencia despierta. Este no debería ser un ámbito más en el que clasificarnos o compararnos con los demás. Todos tenemos lo necesario para vivir con una conciencia despierta, una puerta que hace posibles toda una diversidad de viajes y aventuras personales, una vía de acceso común a un mundo más unificado y sustentado en el amor. Compartimos todos una base neurogenética fundamental, y luego cada uno experimentamos a nuestro modo particular la vida despierta atendiendo a la vibración de nuestra constelación perceptual.

Este trabajo sobre genes candidatos estudiados individualmente aporta una alta resolución al histórico estudio de gemelos del doctor Kendler sobre la espiritualidad como componente hereditario de los seres humanos. Él descubrió que una tercera parte de nuestra propensión a la espiritualidad proviene de los genes, lo cual significa que dos terceras partes de nuestra apertura a la espiritualidad se derivan de cómo cultivemos nuestra capacidad natural. El despertar espiritual depende más *de cuánto aprovechemos deliberadamente nuestra vida interior* que de cuál sea nuestra respectiva dotación biológica. La biología es un factor que contribuye a esa capacidad, pero no es la única que define nuestro destino. Cada uno tenemos la posibilidad de elegir cómo relacionarnos con el mundo, y esto nos puede despertar enorme respeto y compasión hacia nosotros mismos y hacia todos, puesto que todos existimos dentro del paisaje de la espiritualidad. **Todos estamos en camino de despertar, afrontando nuevos retos una y otra vez, cerrando y abriendo puertas, avanzando siempre e ineludiblemente hacia un mayor despertar.**

Tenemos la capacidad para hacer que nuestra vida sea eficaz, creativa, conectada y plena. Y juntos, tenemos la capacidad para construir una sociedad despierta. Donde las escuelas acepten la responsabilidad y la oportunidad de cultivar la esencia espiritual de todos los niños y niñas. Donde ir a trabajar no signifique solo cumplir una función y recibir un sueldo, sino que nos dé la posibilidad de desarrollar nuestra vocación y contribuir al mundo con ella, así como de enriquecernos para poder dar a los demás. Donde los dirigentes se levanten de sus sillas y salgan al mundo a preguntar a aquellos a quienes sirven: «¿Qué tal te va la vida? ¿Cómo está hoy tu alma?». Donde se imparta justicia desde una perspectiva de interconexión y amor. Donde aquellos que están enfrentados por diferencias aparentemente irreconciliables puedan encontrar un terreno común. Donde tratemos a todos los demás seres y sistemas vivos como parte de una inmensa red de vida interconectada. Donde todas las áreas de nuestra vida y nuestra cultura nos inviten a utilizar nuestro cerebro despierto para tomar conciencia de la realidad trascendente que de otro modo pasamos por alto y para traducir esa información e inspiración en decisiones y acciones que sirvan al bien más elevado.

CONCLUSIÓN

ISAIAH Y LOS GANSOS

Una tarde de abril Isaiah, Leah y Lila, que acababan de volver de la escuela, estaban sentados alrededor de la mesa de la cocina dibujando con los rotuladores mientras merendaban. Isaiah, rubio, fuerte y noble, les estaba pintando el pelo de color amarillo brillante a las figuras que había dibujado, como si les salieran de la cabeza rayos de sol. Lila, con la melenita morena cortada al estilo paje y el habitual vestido encima de los *shorts* de acción. Leah, delicada, concentrada en sus trazos artísticos mientras dibujaba con una media sonrisa a la familia: Isaiah a su lado, su gemelo; Lila, una versión de sí misma mucho más pequeña, la cara llena de pecas. De repente, Isaiah miró por la ventana y gritó: «¡Ah, no!».

Miré hacia donde señalaba. En medio del agua revuelta, entre las crestas blancas de las olas que formaba aún el deshielo tardío, un grupo de pollitos de ganso luchaba contra las olas intentando cruzar a la orilla de enfrente. Parecía que les estaba costando nadar en las aguas revueltas. Isaiah corrió hacia la puerta de atrás, apenas se paró un instante a ponerse las botas antes de salir y empezar a gritar: «¡Aquí, gansitos! ¡Aquí, aquí, gansitos!». Bajó hasta el borde mismo del agua, agitando los brazos para que lo vieran.

Se quedó de pie en la orilla resbaladiza, al borde del agua, justo allí donde yo había entrado a nadar con cada uno de mis tres hijos desde que eran bebés, todos en fila como patitos. Allí donde le habíamos contado cómo había llegado hasta nosotros: «Mamá rezó por que viniera Isaiah —le dijimos—. Papá rezó por que viniera Isaiah. El abuelo rezó y la abuela rezó por que viniera Isaiah. Y luego nos montamos en un tren y un avión y un coche y subimos una cuesta corriendo, ¡y allí estaba Isaiah!».

Lo lanzábamos en alto mientras repetíamos: «¡Hemos encontrado a Isaiah! ¡Hemos encontrado a Isaiah!». Él se retorcía de gusto. Cuando se hizo un poco mayor, señalábamos un punto río arriba hacia las olas que bajaban con suavidad y le decíamos: «Isaiah, tú bajaste por este río, eres nuestro bebé Moisés». Él arrastraba los dedos de los pies por el barro, les decía a las ranas y a los patos cantando: «Soy vuestro bebé Moisés, sí, soy vuestro bebé Moisés». Nunca dudó de lo querido que era, de que pertenecía al río, de que todos éramos su hogar.

Hasta hace poco, un día que volvíamos a casa después del entrenamiento de fútbol y los traía en el coche a su mejor amigo, que acaba de cumplir ocho años, y a él. Iban los dos hablando en voz muy baja en el asiento de atrás.

—Mamá, mamá —dijo de pronto Isaiah—. Jake dice que no soy judío, que no me apellido Miller y que tú no eres mi madre.

Se me hizo un nudo en la garganta.

—Pero, Isaiah —le dije—, ¿es que no te acuerdas?

—¡Ah! —exclamó, y se volvió hacia Jake—. ¡Soy el bebé Moisés!

Los vi por el retrovisor volver a juntar las cabezas y susurrar muy serios.

—¿Mamá? —dijo de nuevo Isaiah, esta vez con verdadera ansiedad en la voz—. Mamá, pero ¿y la mujer que me abandonó?

Inspiré hondo, mientras escogía las palabras para hablarle de las cartas que su madre había dejado en el hospital después de que él naciera, rezando por encontrar la mejor manera de explicarle su decisión. Me pareció la inspiración más larga que había hecho en mi vida. Dejé salir el aire poco a poco, demorando el momento de tener que abrir la boca y hablar. Pero antes de que pudiera decir nada, Isaiah dijo:

—¡Ah, ya sé! Dios le susurró al oído que tú estabas llorando por que viniera.

En lo que duró aquella respiración, él había pasado de la conciencia de logro, y el sentimiento de fractura y abandono, a la conciencia despierta de que es un niño querido, de que el mundo está lleno de amor.

Ahora lo miraba a la orilla del río, la mitad de mí con un poco de miedo a que fuera a perder pie, lista para salir disparada a sacarlo del agua. Él seguía llamando a los polluelos. Y de repente ocurrió algo asombroso. Empezaron a nadar hacia él. Él los animaba: «Venid, gansitos», moviendo los brazos. Al final llegaron. No le tenían miedo. Fue caminando orilla abajo y ellos lo seguían nadando en fila hacia un recodo tranquilo del río, de poca profundidad, desde donde podrían cruzar sin peligro a la otra orilla. Esperó hasta que último hubo cruzado. Cuando se giró para volver a entrar, una inmensa sonrisa le iluminaba la cara.

Había visto a los gansos gracias a una atención, una conexión y un corazón despiertos. Un rato antes, mientras los tres dibujaban en la mesa, yo había estado absorbida en la pantalla del ordenador, mirándola con una atención descendente. Isaiah había advertido al grupo de gansos, que para mí había sido totalmente invisible. Y mientras yo tecleaba nerviosa, mirando el reloj, intentando dejar hecha la mayor cantidad de trabajo posible antes de que los niños decidieran pasar a otra cosa, Isaiah no solo había advertido la presencia de los gansos, sino que había sabido por lo que estaban pasando porque se había reconocido en ellos. No los había percibido como formas de vida distintas y separadas, sino como seres cuya experiencia tenía que ver con él.

Todos y cada uno nacemos con el don innato de la conciencia. Si al ir haciéndonos mayores alimentamos esa conciencia despierta, seguimos viviendo en diálogo con la vida. Oímos sus indicaciones, sentimos su amor, nos entregamos a su abrazo. La distimia crónica, el sufrimiento de los seres humanos por la desconexión, es menos probable que la sientan el niño y la niña que permanecen despiertos. Observar a mi hijo me trajo a la mente el estudio de epidemiología que había hecho veinte años antes. Cuando vivimos despiertos, tenemos un ochenta por ciento menos de probabilidades de sufrir un episodio de depresión. Este es nuestro camino y el de nuestros hijos e hijas para tener una vida inspirada: mantener y ratificar nuestra forma de ser innata.

Cuando vivimos con un cerebro despierto, equilibrando la conciencia de logro y la conciencia despierta, hacemos pleno uso de quienes somos y del modo de percibir para el que estamos hechos. El cerebro despierto es el fundamento del saber y de la historia de la humanidad; la llamada al despertar de la conciencia resuena en todas las tradiciones religiosas, culturales y éticas; en el arte y la música de todos los lugares a través de los tiempos, y en el servicio humanitario y el altruismo. El cerebro despierto es nuestro sitio de percepción de lo trascendente e inmanente. Es la función interna que nos permite pasar de ser un punto a ser una onda y que nos alerta de la presencia en cuya guía podemos confiar y de la cualidad sagrada de lo cotidiano. Para cultivarla, disponemos de todo un abanico de posibilidades, reflexivas y prácticas, expresadas con los más diversos símbolos y lenguajes. Cuando llevamos este modo de saber más consciente y pleno a nuestras familias, comunidades, escuelas y gobiernos, creamos un mundo más ético y sostenible, y a su vez esto da a nuestra vida individual más propósito y sentido; conseguimos mucho más para nosotros, para otras personas y para los demás seres vivos.

Esto es lo que me han enseñado la búsqueda de una familia y la búsqueda de una nueva ciencia de la espiritualidad: que a cada instante podemos elegir cómo nos vemos a nosotros mismos y vemos el mundo. Podemos vivir persiguiendo objetivos y recompensas, sumidos en la preocupación y las lamentaciones. O podemos despertar al verdadero tapiz en evolución que es el mundo que contemplamos y ayudamos a crear, en el que cada hilo importa y ninguna hebra está sola. Podemos vivir aislados, o podemos despertar al saber que es común a todos los seres vivos y a la comunicación con ellos, en profundo alineamiento con la fuente de la conciencia.

Cuando Isaiah entró en la casa, tenía las mejillas rojas por el frío. Me sonrió. «¿Has visto, mamá? —dijo—. Los he ayudado y me han seguido».

Me dio un abrazo rápido, feliz, antes de volver corriendo a sentarse a la mesa con sus hermanas. Los oí reírse juntos, y al volverme los vi mirando por la ventana a los pollitos, que deambulaban por la hierba de la otra orilla, escarbando con brío en busca de comida.

Pensé en los residentes de la Unidad 6, donde empezó mi búsqueda, y en toda la gente que había conocido en los más de veinte años que habían pasado desde aquel Yom Kipur improvisado en la cocina del hospital. Desde Iliana hasta Gary Weaver, desde adolescentes ansiosos hasta padres y madres desolados, desde jóvenes marginados hasta líderes del cambio social, y todos los que habían experimentado la sanación que trae consigo ver el mundo que estamos hechos para ver. El cerebro despierto, y la realidad iluminada que nos revela, no son el privilegio de unos pocos afortunados, sino el derecho de todos por haber nacido.

AGRADECIMIENTOS

E ste libro lo ha creado un equipo. Queridos Mark Warren y Chayenne Skeete, a vosotros y a vuestros excepcionales colegas de Random House, quiero expresaros mi más profunda gratitud por hacer que las verdades que nos ha revelado la ciencia lleguen al centro de nuestra sociedad. En estos tiempos de tremenda necesidad, vuestra audacia va a hacer posible que nos unamos a los lectores en un momento transformador. Vosotros, los editores, creáis la cultura de nuestro tiempo.

Desde que se empezó a gestar, este libro ha sido una colaboración energética e imaginativa. He contado con los mejores colaboradores del mundo, gracias al equipo extraordinariamente despierto de Idea Architects. Su visión, sus principios y su perspicacia artística han hecho posible que el método científico, tal como se desarrolla realmente, conviva en estas páginas con mi viaje profesional y mi búsqueda interior, así como con la de otros investigadores, activistas, ciudadanos y líderes empresariales.

Doug Abrams, gracias por servir a la más elevada causa con tu genialidad y tu generoso corazón. Aportas tu ojo innovador y los mejores valores a cada momento: ya sea una sesión creativa ante el tablero en blanco, una subasta, la dirección de ese exquisito equipo de colaboradores de IA del que te has rodeado, tan querido para mí, o incluso un diálogo de exploración interior paseando entre las secuoyas de California. La maravillosa Lara Love Hardin y tú juntos sois capaces de convertir las ideas y los descubrimientos que estaban atrapados en el ámbito académico en oportunidades para cambiar el mundo.

Esmé Schwall Weigand, mi coautora, eres una artista en todo el sentido de la palabra. Tu prosa es capaz de expresar el conocimiento científico a cualquier nivel; tus giros hacen que las frases lleguen a un tiempo a la cabeza y al corazón. Estoy profundamente agradecida por tu amor a esta ciencia, por el respeto y la ternura con que has escrito mi historia y las de otros colaboradores, y por tu valoración global de la obra en conjunto. Eres como escritora el equivalente de un Stanislavski por tu completa inmersión en el trabajo: has venido a mi casa en dos ocasiones, has chapoteado con nosotros en el Saugatuck, has asistido a las conferencias de Columbia, te has sentado a cenar con mis hijos y mis padres, e incluso has conocido la «Plaza Perdida».

Rachel Neumann, podrías pulir un petrolero hasta convertirlo en una estilizada lancha rápida. Tienes un ojo extraordinario para identificar la espina dorsal de entre una alta pila de borradores. Tu enorme conocimiento del campo editorial nos permite hablarle de frente a la cultura. Ty Love, eres tan competente, siempre consciente de la misión y situándote justo en el umbral de la transformación cultural. Eric Rayman, eres un asesor legal perspicaz y exquisito.

Mis colaboraciones con estudiantes de posgrado durante veinte años han sido una constante en este viaje científico. Queridos alumnos actuales y anteriores, nuestra espléndida colaboración destaca todo a lo largo de las páginas de referencia. Muchos y muchas de vosotros aparecéis con vuestro nombre en los artículos de las notas como coautores de importantes investigaciones, extraídas de más de cien artículos y capítulos que hemos creado juntos como laboratorio. Todos y cada uno de vosotros habéis sido coautores, copensadores, coestadísticos, coescritores y compañeros de viaje. Gracias por vuestro amor a la verdad, y por vuestra perspicacia y valentía profesional cuando juntos nos hemos adentrado en este nuevo terreno científico.

Mis mentores, con vuestra mirada aguda y transparente y la calidez de vuestro corazón, me animasteis enérgicamente a seguir indagando mucho antes de que mi tema de estudio tuviera un sitio en el centro de nuestro campo profesional y de la sociedad. Os estoy inmensamente agradecida: Martin Seligman, Myrna Weissman, Carol Dweck, Mahzarin Banaji, David Shaffer, Tom James, Steven Rockefeller, Frank Peabody y la difunta Susan Nolen-Hoeksema. Mi más sincera gratitud igualmente al equipo Weissman de la Facultad de Medicina de la Universidad de Columbia por sus veinte años de colaboración: Myrna, Priya, Connie, Marc, Steven, Adi, Phil, Jurgen, James, Karl, y nuestros queridos y difuntos Craig y Virginia. Al equipo de la Universidad de Yale, por nuestros cuatro años de magnífica colaboración: Marc, Rajita, Iris y Patrick.

La conciencia despierta ilumina el camino hacia un liderazgo inspirado en el bien de todos, como revelan las historias personales de algunos de nuestros grandes líderes nacionales: Steven Rockefeller, Tim Shriver, Bob Chapman, Tom Solhjem, Walter Fluker y Mary Evelyn Tucker. Los efectos externos de vuestro compromiso hacen avanzar a nuestra sociedad. Gracias por compartir tan generosamente con nosotros la búsqueda que os ha llevado a vivir con una conciencia despierta y el camino que habéis recorrido para crear un trabajo que salve vidas y por sostener vuestra brillante antorcha en alto e iluminar a la vez nuestro viaje.

Mi más profunda gratitud y cariño a la eterna pareja dadora de amor que formabais Colleen Weaver y el difunto Gary Weaver: transformasteis infinidad de vidas, indudablemente la mía entre ellas. Gracias por el amor que nos habéis dado a todos, mereciéndolo o sin merecerlo; como vosotros diríais, por el simple hecho de ser «preciosos hijos de Dios».

A nuestras lectoras y lectores: hemos escrito este libro para vosotros. La vida nos une aquí como parte de una ola de cambio. Gracias por servir a los demás con un corazón despierto, por estar abiertos y abiertas a aprender y a crecer, y por vuestro apoyo y amor incondicional a todos los seres vivos del planeta.

Mis hijas y mi hijo, mis amores: Leah, Lila e Isaiah. A cada momento, abrís de par en par la puerta a la inspiración en nuestra vida familiar. Vuestra conciencia despierta es a diario trascendente e inmanente. Nuestra familia vive en un mundo infinitamente más grande gracias a vosotros, que rebosáis de amor y alegría y sois un flujo constante de vitalidad y creatividad. Utilizáis vuestra conciencia despierta para dar.

Mamá, papá y Mark, tuvimos un insuperable comienzo, y ahora compartimos una maratón igual de maravillosa. Sois una verdadera bendición.

Philip, no podría haber hecho el viaje sin ti.

NOTAS

Introducción

1. Substance Abuse and Mental Health Services Administration (2018). «Key substance use and mental health indicators in the United States: Results from the 2017 National Survey on Drug Use and Health (HHS Publication No. SMA 18-5068, NSDUH Series H-53)». Rockville, Maryland: Center for Behavioral Health Statistics and Quality, Substance Abuse and Mental Health Services Administration. https://www.samhsa.gov/data/.

2. Harvard Medical School, 2007. National Comorbidity Survey (NCS) (21 de agosto de 2017). https://www.hcp.med.harvard.edu/ncs/index_php. Data Table 2: 12-month prevalence DSM-IV/WMH-CIDI disorders by sex and cohort. Harvard Medical School, 2007. National Comorbidity Survey (NCS) (21 de agosto de 2017). https://www.hcp.med.harvard.edu/ncs/index_php. Data Table 1: Lifetime prevalence DSM-IV/WMH-CIDI disorders by sex and cohort. Kessler R.C., Chiu W.T., Demier O. Meri kangas K.R., Walters E.E. Prevalence, severity, and comorbidity of 12-month DSM-IV disorders in the National Comorbidity Survey Replication. *Arch Gen Psychiatry*, junio de 2005, 62(6): 617-627. PMID: 15939839.

3. National Institute of Mental Health. Depression. Recuperado el 30 de enero de 2020, https://www.who.int/news-room/fact-sheets/detail/depression [Depresión. Recuperado el 13 de septiembre de 2021. https://www.who.int/news-room/fact-sheets/detail/depression].

4. GBD 2017. Disease and Injury Incidence and Prevalence Collaborators (2018). «Global, regional, and national incidence, prevalence, and years lived with disability for 354 diseases and injuries for 195 countries and territories, 1990-2017: A systematic analysis for the Global Burden of Disease Study 2017». *The Lancet*. https://www.who.int/news-room/fact-sheets/detail/depression. Wang, et al. (2007). «Use of mental health services for anxiety, mood, and substance disorders in 17 countries in the WHO world mental health surveys». *The Lancet* 370 (9590): 841-850. https://www.who.int/news-room/fact-sheets/detail/depression.

5. National Institute of Mental Health. Major Depression (febrero de 2019), https://www.nimh.nih.gov/health/statistics/major-depression.shtml.
6. National Institute of Mental Health. About Underlying Cause of Death 1999-2019. https://www.nimh.nih.gov/health/statistics/major-depression.shtml.
7. Liu, C.H., Stevens, C., Wong, S.H., et al. (2019). «The prevalence and predictors of mental health diagnoses and suicide among U.S. college students: Implications for addressing disparities in service use». *Depression and Anxiety* 36 (1): 8-17.
8. Ionescu, D.F., Rosenbaum, J.F. y Alpert, J.E. (2015). «Pharmacological approaches to the challenge of treatment-resistant depression». *Dialogues in Clinical Neuroscience* 17(2): 111-126; Kato, M., Hori, H., Inoue, T., et al. (2020). «Discontinuation of antidepressants after remission with antidepressant medication in major depressive disorder: A systematic review and meta-analysis». *Molecular Psychiatry*, https://doi.org/10.1038/s41380-020-0843-0. Culpepper, L., Muskin, P. y Stahl, S. (2015). «Major depressive disorder: Understanding the significance of residual symptoms and balancing efficacy with tolerability». *American Journal of Medicine* 128(9A): S1-S15.
9. Miller, L., Bansal, R., Wickramaratne, P., et al. (2014). «Neuroanatomical correlates of religiosity and spirituality: A study in adults at high and low familial risk for depression». *JAMA Psychiatry* 71(2): 128-135.

Capítulo 2
1. Miller, L. (1997). «Yom Kippur on a Psychiatric In-Patient Unit. Case reports of spiritual issues and interventions in psychotherapy». En Richards, P.S. y Bergin, A.E. (1997). *A Spiritual Strategy for Counseling and Psychotherapy,* APA Press, 275-280.

Capítulo 3
1. Miller, L., Warner, V., Wickramaratne, P. y Weissman, M. (1997). «Religiosity and depression: Ten-year follow-up of depressed mothers and offspring». *Journal of the American Academy of Child and Adolescent Psychiatry* 36(10): 1416-1425.

Capítulo 4
1. Kendler, K.S., Gardner, C.O. y Prescott, C.A. (1997). «Religion, psychopathology, and substance use and abuse: A multimeasure, genetic-epidemiologic study». *American Journal of Psychiatry* 154 (3): 322-229.
2. Miller, L., Davies, M. y Greenwald, S. (2000). «Religiosity and substance use and abuse among adolescents in the national comorbidity survey». *Journal of the American Academy of Child and Adolescent Psychiatry* 39 (9): 1190-1197.

Capítulo 5
1. Kendler, K.S., Gardner, C.O. y Prescott, C.A. (1999). «Clarifying the relationship between religiosity and psychiatric illness: The impact of covariates

and the specificity of buffering effects». *Twin Research* 2: 137-144. Piedmont, R. (1999). «Strategies for using the five-factor model of personality in religious research». *Journal of Psychology and Theology* 27 (4): 338-350.

Capítulo 7

1. Cho, L., Miller, L.J., Hrastar, M.G. y Sutton, N. (2009). «Synchronicity awareness intervention: An open trial». *Teachers College Record* 111 (12): 2786-2799.
2. Berman, M.G., Jonides, J. y Kapland, S. (2008). «The cognitive benefits of interacting with nature». *Psychological Science* 19 (12): 1207-1212.

Capítulo 9

1. Nolen-Hoeksema, S., Wisco, B.E. y Lyubomirsky, S. (2008). «Rethinking rumination». *Association for Psychological Science* 3 (5): 400-424. Lyobomirsky, S., Layous, K., Chancellor, J. y Nelson, S.K. (2015). «Thinking about rumination: The scholarly contributions and intellectual legacy of Susan Nolen-Hoeksema». *Annual Review of Clinical Psychology* 11: 1-22.
2. Miller, L. (2005). *Spiritual Awareness Psychotherapy* [DVD]. American Psychological Association Psychotherapy Video Series.
3. Freedman, R., Lewis, D.A., Michels, R., et al. (2013). «The initial field trials of DSM-5: New blooms and old thorns». *American Journal of Psychiatry* 170 (1): 1–5.
4. Pratt, L.A., Brody, D.J. y Gu, Q. (2011). «Antidepressant use in persons aged 12 and over: United States, 2005-2008». *National Center for Health Statistics Data Brief*, n.º 76.
5. Takayanagi, Y., Spira, A.P., Bienvenu, O.J., et al. (2015). «Antidepressant use and lifetime history of mental disorders in a community sample: Results from the Baltimore epidemiologic catchment area study». *Journal of Clinical Psychiatry* 76 (1): 40-44. Mark, T.L., Levit, K.R., Buck, J.A. (2009). «Data points: Psychotropic drug prescriptions by medical specialty». *Psychiatric Services*. 60(9): https://doi.org/10.1176/ps.2009.60.9.1167.
6. Boukhris, T., Sheehy, O., Mottron, L. y Bérard, A. (2016). «Antidepressant use during pregnancy and the risk of autism spectrum disorder in children». *JAMA Pediatrics* 170 (2): 117-124. https://doi.org/10.1001/jamapediatrics .2015.3356. PMID: 26660917. Lugo-Candelas, C., Cha, J., Hong, S., et al. (2018). «Associations between brain structure and connectivity in infants and exposure to Selective Serotonin Reuptake Inhibitors during pregnancy». *JAMA Pediatrics* 172(6): 525-533.
7. Sharma, T., Guski, L.S., Freund, N. y Gøtzsche, P.C. (2016). «Suicidality and aggression during antidepressant treatment: Systematic review and meta-analyses based on clinical study reports». *BMJ* 352: i65. Fornaro, M., Anastasia, A., Valchera, A., et al. (2019). «The FDA "black box" warning on antidepressant suicide risk in young adults: More harm than benefits?». *Frontiers in Psychiatry*. https://doi.org/10.3389/fpsyt .2019.00294.

Capítulo 10

1. Barkin, S.H., Miller, L. y Luthar, S.S. (2015). «Filling the void: Spiritual development among adolescents of the affluent». *Journal of Religion and Health* 54(3): 844-861. https://doi .org/10.1007/s10943-015-0048-z. Luthar, S. (2003). «The culture of affluence: Psychological costs of material wealth». *Child Development* 74(6): 1581-1593. Rabin, Roni Caryn. «Study Links Depression to Thinning of Brain's Cortex», *New York Times,* 24 de marzo de 2009.
2. Miller, L., Wickramaratne, P., Gameroff, M.J., et al. (2012). «Religiosity and major depression in adults at high risk: A ten-year prospective study». *American Journal of Psychiatry* 169 (1): 89-94. https://doi.org/10.1176/appi.ajp. 2011.10121823.

Capítulo 11

1. Peterson, B.S. y Weissman, M.M. (2011). «A brain-based endophenotype for major depressive disorder». *Annual Review of Medicine* 62: 461-474. https:// doi.org/10.1146/annurev-med-010510-095632. Dubin, M.J., Weissman, M.M., Xu, D., et al. (2012). «Identification of a circuit-based endophenotype for familial depression». *Psychiatry Research: Neuroimaging* 201 (3): 175-181. https://doi.org/10.1016/j.pscychresns. 2011.11.007. Rabin, Roni Caryn. «Study Links Depression to Thinning of Brain's Cortex», *New York Times,* 24 de marzo de 2009.
2. Miller, L., Bansal, R., Wickramaratne, P., et al. (2014). «Neuroanatomical correlates of religiosity and spirituality: A study in adults at high and low familial risk for depression». *JAMA Psychiatry* 71 (2): 128-135.
3. Tenke, C.E., Kayser, J., Miller, L., et al. (2013). «Neuronal generators of posterior EEG alpha reflect individual differences in prioritizing personal spirituality». *Biological Psychology* 94: 426-432. Tenke, C.E., Kayser, J., Svob, C., et al. (2017). «Association of posterior EEG alpha with prioritization of religion or spirituality: A replication and extension at 20-year follow-up». *Biological Psychology* 124: 79-86.

Capítulo 12

1. Miller, L., Balodis, I.M., McClintock, C.H., et al. (2018). «Neural correlates of personalized spiritual experiences». *Cerebral Cortex* 29 (6): 2331-2338.
2. Miller, L. (2013). «Spiritual awakening and depression in adolescents: A unified pathway or "two sides of the same coin"». *Bulletin of the Menninger Clinic* 77(4): 332-348. Barton, Y.A., Barkin, S.H. y Miller, L. (2017). «Deconstructing depression: A latent profile analysis of potential depressive subtypes in emerging adults». *Spirituality in Clinical Practice* 4 (1): 1-21.
3. McClintock, C.H., et al. (2019). «Spiritual experiences are related to engagement of a ventral frontotemporal functional brain network: Implications for prevention and treatment of behavioral and substance addictions». *Journal of Behavioral Addictions* 8 (4): 678-691.

Capítulo 13

1. Xu, J., McClintock, C.H., Balodis, I.M., Miller, L. y Potenza, M.N. (2018). «Openness to changing religious views is related to radial diffusivity in the genu of the corpus callosum in an initial study of healthy young adults». *Frontiers in Psychology* 9 (330): 1-8.
2. Bora, E., Harrison, B.J., Davey, C.G., et al. (2012). «Meta-analysis of volumetric abnormalities in cortico-striatal-pallidal-thalamic circuits in major depressive disorder». *Psychological Medicine* 42: 671-681. Chen, G., Hu, X., Li, L., et al. (2016). «Disorganization of white matter architecture in major depressive disorder: A meta-analysis of diffusion tensor imaging with tract-based spatial statistics». *Scientific Reports* 6 (21825). Choi, K.S., Holtzheimer, P.E., Franco, A.R., et al. (2014). «Reconciling variable findings of white matter integrity in major depressive disorder». *Neuropsychopharmacology* 39: 1332-1339. Jiang, X., Shen, Y., Yao, J., et al. (2019). «Connectome analysis of functional and structural hemispheric brain networks in major depressive disorder». *Translational Psychiatry* 9: 136. Liao, Y., Huang, X., Wu, Q., et al. (2013). «Is depression a disconnection syndrome? Meta-analysis of diffusion tensor imaging studies in patients with MDD». *Journal of Psychiatry and Neuroscience* 38: 49-56. Peters, S.K., Dunlop, K. y Downar, J. (2016). «Cortico-striatal-thalamic loop circuits of the salience network: A central pathway in psychiatric disease and treatment». *Frontiers in Systems Neuroscience* 10: 104. Schilbach, L., Müller, V.I., Hoffstaedter, F., et al. (2014). «Meta-analytically informed network analysis of resting state fMRI reveals hyperconnectivity in an introspective socio-affective network in depression». *PLOS ONE*. https://doi.org/10.1371/journal.pone.0094973. Cisler, J.M., James, G.A., Tripathi, S., et al. (2012). «Differential functional connectivity within an emotion regulation neural network among individuals resilient and susceptible to the depressogenic effects of early life stress». *Psychological Medicine* 43 (3): 507-518. Lu, Q., Li, H., Luo, G., et al. (2013). «Impaired prefrontal-amygdala effective connectivity is responsible for the dysfunction of emotion processing in major depressive disorder: A dynamic causal modeling study on MEG». *Neuroscience Letters* 523 (2): 125-130. McCabe, C. y Mishor, Z. (2011). «Antidepressant medications reduce subcortical-cortical resting-state functional connectivity in healthy volunteers». *Neuroimage* 57 (4): 1317-1323.
3. Antinori, A., Carter, O.L. y Smillie, L.D. (2017). «Seeing it both ways: Openness to experience and binocular rivalry suppression». *Journal of Research in Personality* 68: 15-22.
4. Tsai, J., et al. (2014). «Post-traumatic growth among veterans in the USA: Results from the National Health and Resilience in Veterans Study». *Psychological Medicine* 45: 165-179.

Capítulo 14

1. Zeidan, F., Baumgartner, J.N. y Coghill, R.C. (2019). «The neural mechanisms of mindfulness-based pain relief: A functional magnetic resonance

imaging-based review and primer». *Pain Reports* 4(4), doi: 10.1097/ PR9.0000000000000759. Zeidan, F., Martucci, K.T., Kraft, R.A., et al. (2014). «Neural correlates of mindfulness meditation-related anxiety relief». *Social Cognitive and Affective Neuroscience* 9(6): 751-759. https://doi. org/10.1093/scan/nst041. Brambilla, C.A. y Serretti, A. (2010). «Functional neural correlates of mindfulness meditation in comparison with psychotherapy, pharmacotherapy and placebo effect: Is there a link?». *Acta Neuropsychiatrica* 22: 104-117. Creswell, J.D., Way, B., Eisenberger, N.I. y Leiberman, M.D. (2007). «Neural correlates of dispositional mindfulness during affect labeling». *Psycho-somatic Medicine* 69: 560-565.
2. Janes, A.C., Datko, M., Roy, A., et al. (2019). «Quitting starts in the brain: A randomized controlled trial of app-based mindfulness shows decreases in neural responses to smoking cues that predict reductions in smoking». *Neuropsychopharmacology* 44: 1631-1638. Kober, H., Brewer, J.A., Height, K.L. y Sinha, R. (2017). «Neural stress reactivity relates to smoking outcomes and differentiates between mindfulness and cognitive-behavioral treatments». *NeuroImage* 151: 4-13.
3. Bratman, G.N., Hamilton, J.P., Hahn, K.S., et al. (2015). «Nature experience reduces rumination and subgenual prefrontal cortex activation». *Proceedings of the National Academy of Sciences* 112 (28): 8567-8572. Bratman, G.N., Daily, G.C., Levy, B.J. y Gross, J.J. (2015). «The benefits of nature experience: Improved affect and cognition». *Landscape and Urban Planning* 138: 41-50.
4. McClintock, C.H., et al. (2019). «How spirituality may mitigate against stress and related mental disorders: A review and preliminary neurobiological evidence». *Current Behavioral Neuroscience Reports* 6: 253-262.

Capítulo 15
1. Grinberg-Zylberbaum, J. (1982). «The orbitals of consciousness: a neurosyntergic approach to the discrete levels of conscious experience». Central Intelligence Agency. https://www.cia.gov/library/readingroom/docs/CIA-RDP96-00792R000700130001-6.pdf. Grinberg-Zylberbaum, J. (1981). «The transformation of neuronal activity into conscious experience: The syntergic theory». *Journal of Social and Biological Structures* 4 (3): 201-210.
2. Newberg, A. (2018). *Neurotheology: How Science Can Enlighten Us About Spirituality* (cap. 11). Nueva York: Columbia University Press. Newberg, A. (2016). *Principles of Neurotheology.* Nueva York: Routledge (Taylor & Francis).
3. Fabbri-Destro, M. y Rizzolatti, G. (2008). «Mirror neurons and mirror systems in monkeys and humans». *Physiology* (American Physiology Society) 23 (3): 171-179. https://doi.org/10.1152/physiol.00004.2008. Rizzolatti, G., Fabbri-Destro, M. y Cattaneo, L. (2009). «Mirror neurons and their clinical relevance». *Nature Clinical Practice* 5 (10): 24-34.
4. Goldstein, P., Weissman-Fogel, I., Dumas, G. y Shamay-Tsoory, S.G. (2018). «Brain-to-brain coupling during handholding is associated with pain

reduction». *Proceedings of the National Academy of Sciences of the United States of America* 115 (11).

5. Schwartz, S. y Dossey, L. (2012). «Nonlocality, Intention y Observer Effects in Healing Studies: Laying a Foundation for the Future». En Miller, L. (ed.), *Oxford University Press Handbook* (cap. 34). Nueva York: Oxford University Press. Achterberg, J. (2002). *Imagery in Healing: Shamanism and Modern Medicine*. Boulder, Colorado: Shambhala Publications.

6. Mastropieri, B., Schussel, L., Forbes, D. y Miller, L. (2015). «Inner resources for survival: Integrating interpersonal psychotherapy with spiritual visualization with homeless youth». *Journal of Religion and Health* 54 (3): 903-921. Schussel, L. y Miller, L. (2013). «Best self-visualization method with high-risk youth». *Journal of Clinical Psychology* 69 (8): 1-10.

Capítulo 16

1. McClintock, C.H., Lau, E. y Miller, L. (2016). «Phenotypic dimensions of spirituality: Implications for mental health in China, India, and the United States». *Frontiers in Psychology* 7 (1600): 1-16. McClintock, C.H., et al. (2018). «Multidimensional understanding of religiosity/spirituality: Relationship to major depression and familial risk». *Psychological Medicine* 1-10. https.//doi. org/10.1017/50033291718003276.

2. Miller, L., Wickramaratne, P., Hao, X., et al. «Neuroanatomical protection of love and altruism against depression». Presentado.

3. Kamitsis, I. y Francis, J.P. (2013). «Spirituality mediates the relationship between engagement with nature and psychological wellbeing». *Journal of Environmental Psychology* 36: 136-143.

4. Swimme, B.T. y Tucker, M.E. (2011). *Journey of the Universe*. New Haven, Connecticut: Yale University Press.

5. Sitio web Earth Charter, https://earthcharter .org.

6. Anderson, M.R., Miller, L., Wickramaratne, P., et al. (2017). «Genetic correlates of spirituality/religion and depression: A study in offspring and grandchildren at high and low familial risk for depression». *Spirituality in Clinical Practice* 4 (1): 43-63.

ÍNDICE TEMÁTICO

SOBRE LA AUTORA

La doctora Lisa Miller es autora del exitoso libro *The Spiritual Child: The New Science on Parenting for Health and Lifelong Thriving* [El niño espiritual: la nueva ciencia de la crianza para la salud y la prosperidad a lo largo de toda la vida] y profesora del programa de psicología clínica del Teachers College de la Universidad de Columbia. Es la fundadora y directora del Instituto de Espiritualidad Mente Cuerpo, el primer programa de posgrado impartido en una universidad de la Ivy League, el grupo de las «Ocho Grandes», que asocia espiritualidad y psicología, y ha trabajado simultáneamente en el Departamento de Psiquiatría de la Facultad de Medicina de la misma universidad. Su innovadora investigación ha dado lugar a más de un centenar de artículos empíricos, revisados por pares, que se han publicado en revistas tan destacadas como *Cerebral Cortex*, *The American Journal of Psychiatry* y *Journal of the American Academy of Child and Adolescent Psychiatry*. Ella y su marido viven en Connecticut con su hijo y sus dos hijas.